JN225752

台湾原住民研究

第22号

*

2018

日本順益台湾原住民研究会編

風響社

本書の刊行にあたり、国立民族学博物館が受け入れを行った奨学寄附金（寄付金名『順益台湾原住民博物館研究賛助金』）による研究助成をえた。記して感謝の意を表したい。
（日本順益台湾原住民研究会）

台湾原住民研究
第 22 号／ 2018

目　次

Studies on Indigenous Peoples of Taiwan

Vol.22 / 2018

CONTENTS

台湾原住民研究第 22 号
2018 年 11 月 20 日

プユマの占い鳥をめぐる知識の多様性と変化

蛸島　直

要旨：鳥占に用いる鳥（omen bird：占い鳥）の名称をめぐる知識に、民族・集落間はもちろん、同一集落内においても個人差と時間差があることを指摘し、その背景として、鳥の観察や鳴き声の聴き分けの不確実性、生業形態の変化、集落の平地移動に伴う環境の変化、鳥占に操作的側面があることなどを指摘する。

キーワード：プユマ（ピヌユマヤン）・鳥占・民族生物学・民族鳥類学・知識人類学

はじめに

　筆者は先に、山田仁史氏の論文［山田 2014］に触発され、『蕃族調査報告書』と『番族慣習調査報告書』（以下、両『調査報告書』と呼ぶ）に記載される諸事例等から、台湾原住民における鳥占（ornithomancy, bird augury）の多様性を再確認し、目的や積極度によって鳥占の方法と対象となる鳥が異なること、対象となる鳥が神あるいは祖先霊の使者ともみなされながら、ときに鳥占の結果に操作を加えようとする場合もあることを指摘した［蛸島 2015: 13-15］。

　本稿では、台湾原住民プユマ（ピヌユマヤン・卑南族）が鳥占に使用する鳥（omen birds, oracle birds：占い鳥）の名称に焦点を当てながら先行研究の一部を振り返り、プユマのタマラカオ村・カサヴァカン村を中心とする、鳥名に関する筆者の調査結果を提示し考察を加えたい。結論の一部を先に述べると、同一集落においても、知識の断絶を含め、時間的変化には著しいものがある。また、集落間の地域差はもちろんのことだが、同一集落においても個人差が非常に大きいことが注目される。Scott Simon は、トゥルクにおける現在の鳥占の調査から、占い鳥 sisil の鳴き声の解釈の仕方に個人差があることを指摘しているが［Simon 2017: 245］、プユマにおいても同様である上、占い鳥（プユマ語では *palisi na Hayam*）の名称自体

にも個人差が認められるのである。それらの中には、シノニム（synonym：同物異名）とホモニム（homonym：同名異物）の混在も確認される。それゆえ、鳥名の同定は困難を極めることになる。当然のことながら、明解で整然とした教科書的な記述は望み得ないし、それを試みるのは事実に背を向けることになる。以下、知識の錯綜状態そのものを尊重し、ありのままの記載を試み、知識の多様性と変化の背景について考察を試みたい。

　こうした意味で、本稿は、知識人類学的な課題と作業を含むことになり、同時に民族動物学的調査と記述が潜在的にかかえている問題を指摘し、読者諸氏と共有することを目的としたい。

　民族動物学において、地方名（方名）の生物分類学上の種への同定は非常に重要であるが、その作業にはしばしば多大な労力を要することになる。そもそも両名称は一対一の対応を示すとは限らないし、鳥類の場合、哺乳類や爬虫類に比して同定は一層難しくなる。世界の哺乳類が約 5,500 種であるのに対し、鳥類はおよそ 10,000 種で約 2 倍を数えるが、台湾の場合は、陸生哺乳類が 70 種余りであるのに対し［祁 1998: 14］、迷鳥を含めた鳥類は 589 種（2011年）を数え［廖 2012: 4］、その比は桁違いに大きくなる。さらに、鳥類の場合、雌雄差や季節等による外観の相違や変動が大きいうえ、「声はすれども姿は見えず」という性質が、観察や同定をより困難にしている。さらに、鳥占において、大きな判断基準となるのは鳴き声であるが、しばしば複数種が混群を成して囀ることになるので、そうした中で声の主を特定するのは、極めて困難となる。

　ところで、民族生物学においては、生物の民俗分類やタクソノミーの研究がその基本にあったといえる。伊藤泰信は、象徴システムやタクソノミーの解析の前提に、人々が知識体系を共有するという従来的な人類学パラダイムがあったと指摘している［伊藤 2000: 107］。この点で、知識の個人差への注目は、民族生物学的研究の生産性を減じることになりかねず、さらには、生物をめぐる象徴論的研究にも微修正を促すことになるかも知れない。

1　メジロチメドリへの注目

　台湾原住民の占い鳥として最もよく知られているのは、メジロチメドリであろう〈写真 1〉。『鳥の歌の科学』の著者であり、台湾でも 4 度にわたり調査・探鳥を行っていた動物生態学者川村多実二によれば、メジロチメドリ（眼白知目鳥）の「体の大きさはおおよそ内地のウグイスくらい、頭は鼠色、背、翼ならびに尾にはやや鼠がかった黄褐色、喉と胸が白くて脇

写真1　メジロチメドリ♀：阿里山にて 2012 年 11 月 22 日角南英夫氏撮影

腹が黄褐色、しかして眼の周囲にメジロに見るような白い輪がある小鳥で、平地から海抜二千数百メートルの高地にまでも分布する」[川村 1974: 188]。そして「高砂族が出猟の朝、この鳥（彼らはこれをシレックと呼ぶ）の鳴き声や鳴く場所によってその日の吉凶を占い、勇み進んで出かけ、あるいは断念して引き返すことは有名な話である」と記し、この鳥のいくつかの鳴き声を紹介している。

　地鳴きは「チッ　チッ　ツウ　ツウ」あるいは「ジュク　ジュク」で、それらを組み合わせた「ツツ　ジージージー」とか「チチ　ジージージー」、また個体によっては「ビチ　ビービービー」という浮かれ歌が、恋歌と思われる囀りで、「ピー　ピー　ピロ　チロヒッ」「チーホー　チーホ　ヒッ」、ある個体では「ヒー　フー　ヒフ　ヒーフッ」とも聴こえるのがあるという［同］。

　なお、「シレック」なる名称であるが、これはタイヤル語であろう。森丑之助によるタイヤルの占い鳥の名称は、シレイク（シッシク・シーレ）であり［森 1996: 271］、両『調査報告書』も、タイヤル族馬利古湾蕃・加拉歹蕃・奇拿餌蕃における「シレク」鳥の名称を記載している［臨時臺湾旧慣調査会 1918b: 80-81, 台湾総督府蕃族調査会 1920: 43-44, 57］。シレイクはタイヤルにとっては、祖先を出現させた神話上の鳥でもあり、それゆえにこの鳥で吉凶を占い、捕獲も禁忌とされていた［森 1996: 250-251, 274］。いずれの報告も、この鳥を同定していないが、森は「内地の目白に似たる小鳥」と記している［同 : 271］。先の川村の記載には「メジロに見るような白い輪がある」とあり、山階芳麿も、メジロチメドリの「目瞼には白色羽を生じ繡眼児の如き観を呈する」[山階 1980（1941）: 185] と記している。

　鳥類学者の張萬福は、タイヤル族、ブヌン族、パイワン族がメジロチメドリ（繡眼畫眉）によって鳥卜を行うと述べている［張 1999: 216］。また、鳥類写真家の何華仁も多数の台湾

原住民が出猟前の鳥卜にメジロチメドリ（繡眼畫眉）を用いることに触れている［何 1996: 76］。新居田純野によれば、サオ族の *shmashuni* もメジロチメドリ（繡眼畫眉）であり［新居田 2011: 144］、Simon も、トゥルクにおける *sisil* を、Grey-cheeked Fulvetta すなわちメジロチメドリと同定している［Simon 2017: 245］。そして、山田は、自らの調査において、サイシャット語 *SiSil* のことを口述者が「目白」と語っていることを紹介している［山田 2014: 3-4］。

　以上を総合すると、タイヤル、ブヌン、パイワン、サオ、トゥルクの鳥占の対象はメジロチメドリであり、サイシャットについてもその可能性が高いということになる。メジロチメドリは、2,500 m 以下の山中林に極めて普通にみられる留鳥であるが［張 1999: 216］。これら 6 民族の居住地や活動領域を考えると、メジロチメドリが占い鳥となることは十分理解できる。

　なお、以上の、川村・張・何の記載では、台湾原住民の占い鳥は、メジロチメドリ一種であるかのような印象が与えられる。山田は、タイヤル語の siliq をメジロチメドリと同定したうえで、他の名称として、セデック語 sisil、サイシャット語 SiSil、ブヌン語 hazam または qazam、ツォウ語 oaímɯ、パイワン語 sisił、アミ語 cirot ないし tiroc を挙げるが、「これらがすべて同種の鳥かは疑わしく、多種の鳥が利用されたのであろう」と記している［山田 2014: 14］。重要な指摘といえよう。

　なお、先に筆者は、鳥占の多様性に注目したが、台湾原住民の場合も、首狩り等の前に行われた積極的・意図的な「卜占」たる鳥占、すなわち狭義での鳥占と、例えば、「畑でカラスが鳴くと家に来客がある」といった「予兆」と呼ぶにふさわしい、偶然に得る消極的な鳥占との広狭二義があることを指摘した［蛸島 2015: 3-4］。さらに、両『調査報告書』の記載等から、広義での「鳥占」の対象となる鳥たちが多種多様である一方で、狭義、すなわち積極的な「鳥占」に関わる鳥は、一定の小鳥に固定されがちであることを指摘した［同: 15］。しかし、その一定の鳥も、一種とは限らないのである。

2　プユマ村（卑南社・南王村）の鳥占

　以下、台湾東南部台東市とその近郊に居住するプユマ（ピヌユマヤン・卑南族）における鳥占と占い鳥に目を向けていきたい。両『調査報告書』（1913-1922）には、各民族の「鳥占」の様子が多数記載されているが、プユマ（卑南族）[1] に関しては、卑南社・知本社・バシカウ社・呂家社からの報告がある。なかでも、民族の名称が由来するプユマ村（卑南社・南王

写真 2　マミハウチワドリ：カサヴァカン村にて 2018 年 8 月 21 日筆者撮影

村）においては「鳥占所」なる専用の場所が存在したことが注目される。

　佐山融吉は、プユマ村における「禁忌」を 5 項目挙げているが、（1）耳鳴りと（2）嚏（くさめ）に続いて、（3）「『マナナガン』鳥のテテテと鳴くを忌む」、（4）「同鳥のヒヒヒと鳴くを吉とす」と記している［臨時臺湾旧慣調査会 1913、卑南族卑南社：18］。

　河野喜六の調査によれば、同集落における「出草の方法」として、「出草の議を決せし時は其中三四の者毎朝鳥声を聞き（鳥声を聞くべき一定地点あり）吉兆を得ば其日出草の用意を整へ」とある［臨時台湾旧慣調査会 1915: 461］。「卑南社郊外鳥占所」の写真が掲載されるが、そこでは「図中竹にて方形の床を作れり。此所に踞して鳥声を聞くものとす」と解説している［同：459］[2]。

　この報告には、残念なことに鳥名は記載されていない。しかし、その後、宋龍生が 1962 年から 64 年にかけて同村で行った調査報告（1995 年）によれば、現村落北方の *laluanan* という土地に見張台があり、そこで *munanakan* という小鳥の声を聴いて判断したという。佐山の記す「マナナガン」鳥［臨時臺湾旧慣調査会 1913、卑南族卑南社：18］と同じ鳥であろう。

　宋によれば、*munanakan* は、「体積はスズメの三分の一だが尾は長く、土褐色で肋部は土黄色。声は *pi:ririlio*」だという［宋 1995: 76］。この記載から、*munanakan* とは、マミハウチワドリ（褐頭鷦鶯：*Prinia inornata*）であると考えられる。後述するように同集落から直線距離で 9 km ほどの距離にあるカサヴァカン村にて鳥占の対象となるのもマミハウチワドリである〈写真 2〉。マミハウチワドリは、林英典によれば、「尾羽が非常に長く、全長の半分を占める。平地から中海抜の平原、農耕地、開けた草原地帯に常に見られる。常に単調で平緩に「ti! ti! ti!（啼！啼！啼！）」と鳴く」という［林 2000: 280］。

　宋によれば、*munanakan* による次のような 9 つの鳴き声（①〜⑨の番号は筆者挿入）の聴き分けによって、大吉、吉、凶、大凶にわたる 6 通りの判断がなされたという [宋 1995: 74-75]。

大吉：①"piːriri-lio"　あるいは②"sii-ri-ri-riuai"

吉：③"piti,piti"　あるいは④"hi-hi-hi"

大凶：⑤"tip tip"　あるいは⑥"ti-ti-ti-ti"

凶（1）：⑦"ʔuisiu − ʔuisiu − ʔuisiu −"：獲物はない。

　　（2）：⑧"si − si − si −"：射当てるのは難しく獣に逃げられる。

　　（3）：⑨"ti −"：この声を聞くとメンバーが崖から落ちて怪我をするか溺死する。

　　　　［同：76-77］

　9 通りの鳴き声が聴き分けられているが、川村によれば、マミハウチワドリは、遠距離で聴くと「チン　チン　チン」または「チッ　チッ　チッ」という音のみが達してくるが、実際には、囀りの替え文句が 10 種類くらいはあるという [川村 1974: 149]。

　なお、同じプユマ村での調査により 1 冊の民族誌を上梓した Josiane Cauquelin によれば、年長の猟師が早朝同所で注意深く聞いたのは、*mananagan* と *sirut* の 2 鳥で、ともに未同定だという [Cauquelin 2004: 184]。*mananagan* は、佐山の記すマナナガン、宋による *munanakan* と同様にマミハウチワドリと考えられそうだが、Cauquelin によれば、「嘴の長い小鳥」だという [同：204]。台東地方でもっとも頻繁に見かける小鳥はスズメやキンパラの類であるので、これらに比べるとマミハウチワドリの嘴はたしかに細長いといえようが[3]、マミハウチワドリの最大の特色は尾の長さにある。この点で、尾よりも嘴の長さの目立つ同名異物（homonym）の存在という可能性も否定できない。

　なお、Cauquelin によれば、猟師たちが真似る、*mananagan* の吉兆とされる声は、a）*sii-ri-riviwai*、b）*hi-hi-hi*、c）*piti-piti-piti* であり、凶兆とされるのは、d）*ti-ti-ti*、e）*ʔuisiu-ʔiusiu-ʔiusiu*、f）*si-si-si*、g）*ti:* である（a 〜 g は筆者挿入）[同：204-205]。宋が挙げる鳴き声と比較すると、b、c、d、f は④③⑥⑧と見事に一致し、a と e は、②と⑦に近似し、「獲物が少ない」という b を除いては解釈までも一致している。宋と Cauquelin のインフォーマントは同一人物であったのだろうか、さらに、鳴き声の近似から、Cauquelin のいう、*mananagan* もやはり、尾が長く嘴もやや長いマミハウチワドリだったという可能性が再度高まることに

なる。ただし、Cauquelin による後のプユマ語辞典においては、*mananagan* を「非常に小さな白黒の鳥」と説明し、鳴き声については、*spililiu* と鳴く場合、行程は常に良好であり、*tititi* という鳴き声は常に「悪い言葉」（悪い行程）とある［Cauquelin 2015: 261］。白黒の非常に小さな鳥とはいったい何を指しているのだろうか[4]。鳴き声も、*tititi* は前作の *d:ti-ti-ti*、そして宋の⑥ "ti-ti-ti-ti" に一致するが、*spililiu* という鳴き声は前作にも宋［1995］にも見当たらない。インフォーマントが前作とは異なるのだろうか。このような情報の不一致は、後述するように、筆者も痛いほど体験している。

　なお、Cauquelin が *mananagan* とともに挙げる *sirut* であるが、辞典でも未同定のままである。彼女によれば、山で、*sirut sirut* と鳴く時、頭を見せれば狩猟は成功し、尾を見せると獲物は無い。さらにカラスが鳴くと、家で客が帰りを待っているという［Cauquelin 2004: 204-205, 2015: 436］。

3　カティプル村（知本村）の占い鳥

　佐山融吉執筆による『蕃族調査報告書　排彎族　獅設族』には、「卑南蕃知本社」すなわち、現在のプユマ族カティプル村（知本村）の鳥占について、「第四章　宗教」の「鳥占」の項、「第五章　馘首」の冒頭、「第七章　生活状態」の「狩猟」の 3 項に跨って記述されている。
　まず、「鳥占」の項であるが、ここには、次のように 4 鳥の名が記録されている。

①「ヒュードル」鳥ノ右或ハ左右にて鳴くは凶、左方のみの時は吉
②「トビ」鳥の左にて鳴きそれより右にて鳴くは大吉なり
③「トマギシ」鳥は「ヒュードル」鳥と同じ
④「シミリシリオ」鳥は「トビ」鳥に同じ、但し「ヒュードル」と「トビ」は山地に多く
　　「トマギシ」と「シミリシリオ」は平地に多し［台湾総督府蕃族調査会 1921: 107］。

　いずれも同定がなされていないのが残念であるが、山地の鳥と平地の鳥という情報は貴重といえよう。また、右か左かで吉凶が判断されるが、どのような鳴き声であるかは不明である。あるいは、それを問わないということなのだろうか。
　「馘首」に関する記載においては、「婦女子と共に社を出で適宜の所に止り男は先ず左手にて悪魔を祓い、其より檳榔子を割りて左方に置き次ぎに右方にも置き前方には南京玉と檳榔

写真3　シマキンパラ：カサヴァカン村にて 2018 年 1 月 27 日筆者撮影

子を投じて、鳥よ我等今出草せんと欲すれば吉声を発して啼け。決して悪声を発すること勿れと呪う。斯くて吉声を得れば婦女子を帰らしめ（略）出発す」とある。[同：136]。呪術宗教的な操作が行われているが、それだけ、卜占としての積極度と依存度は高いものといえよう。

　最後の「狩猟」の項では、「途中にて鳥声を聴き、吉なれば出発するも凶なれば延期す。而して出草の時は竹にて区画を定め其の中に蹲踞して鳥声を聴く。其処を『キアヤマン』或いは『ルアナン』と云う。されど狩猟の時には斯ることなし」とある [同：164]。「キアヤマン」とは ki-Hayam-an、すなわち「鳥の声を聞く所」の意であり、プユマ村（南王村）の「鳥占所」（laluanan）に相当する場所であろう。ここで、意図的・積極的な鳥占が行われていたことが確認できるが、その対象は、先の 4 鳥のすべて、あるいは一部であるのかは判然としない。ただし、「ルアナン」とは、南王の laluanan やカサヴァカン村の同名の場所[5] と同様、村外れに位置する儀礼の場のことであろう。さらに「婦女子と共に社を出で適宜の所」ということから、山地の鳥ではなく、平地に多いという「トマギシ」と「シミリシリオ」の 2 鳥が、意図的な鳥占の対象であったと考えられよう。

　ならば、山地に多いという、残る「ヒュードル」と「トビ」の 2 鳥は、予兆のような偶発的・受動的・消極的な鳥占の対象であったのだろうか。もちろん、山中で再び意図的な鳥占の手続きが取られたという可能性もあろう。

　同書に限らず、両『調査報告書』における鳥占の情報は、項目を縦断して記載されることが多く、注意が必要となる [蛸島 2015: 6]。例えば、「出草」「馘首」「狩猟」の項目下では意図的・積極的な鳥占が記述され、「迷信」「卜占」「禁忌」の項では受動的・消極的なものが記載されるが、双方で使用される鳥名が異なっていることも予想しておくべきであろう。

写真 4　コシジロキンパラ：カサヴァカン村にて 2018 年 8 月 22 日筆者撮影

　さて、佐山の調査時、「出草」すなわち首狩はもちろん行われておらず、その様子は、過去形で記載されている。佐山は当時すでにサルベージ的調査を行っていたことになるが、それからほぼ 100 年が経過した現在の様子はどうであろう。もちろん首狩はすでに記憶の彼方にある。ここで現在における筆者による聞き取り調査の結果を報告したい。

　〈女性 Na〉（1935 年カティプル村生まれで同村在住。2017 年 3 月 12 日聞き取り）[6]：畑に行くにも、鳥の声を聞いて悪かったら戻る。トゥリン（*terin*）の声を聞く。これを *kiHayam*（「鳥を求める」の意）という。悪いと"ティーティー"と悲しそう。良いと"ティリリリリリ"と笑ってる。トゥリンは小さく、尻尾が少し長い。あの鳥は見ると、かたまっておらず一匹一匹いる。

　尾が長く、群れを成さない。また鳴き声から、マミハウチワドリのことと考えられる。ただし、隣村カサヴァカン村では、トゥリン（*terin*）とは、キンパラの仲間、とくにシマキンパラ（班文鳥：*Lonchura punctulata*）〈写真 3〉とコシジロキンパラ（白腰文鳥：*Lonchura striata*）〈写真 4〉を指し、しかもこの 2 種は群棲して粟畑等に姿を現す。筆者は、聞き取り時に、この鳥の名を再確認する必要を感じたのだが、同席していた Na の姻族に当るカサヴァカン村の女性が、「ティクティカンではないか?」と替わりに問うてくれた。しかし、Na は「トゥリン」と繰り返していた。

　〈女性 T〉（1942 年カティプル村生まれでカサヴァカン村在住。2018 年 1 月 24 日聞き取り）：トゥリン（*terin*）が"ティーティー"と鳴くのはよくない。"ティティティ"と笑っ

てるのはよい。トゥリンは小さな鳥で粟をよく食べ、"トゥリン、トゥリン"（*terin terin*）と鳴く。

　この情報は、カティプル村の占い鳥の名称がトゥリン（*terin*）であるという点で、Na の口述に一致している。ところが、トゥリンは粟をよく食べるというのである。これは、カサヴァカン村でいう、キンパラ類の特徴である。同村の男性 Ha（1943 年生まれ）によれば、マミハウチワドリも粟畑に姿を現すが、それは単独であり、虫を食べ、粟畑や萱場に巣作りをすることもあるが無害だという。この説明はほぼ精確なようで、筆者も、マミハウチワドリが単独でいる場面しか目撃していないし、方偉宏によれば、単独あるいはまばらな小群を成し昆虫を捕食するという［方 2008: 268］。

　そこで、筆者は、T に図鑑を見てもらったが、シマキンパラがトゥリンであり、マミハウチワドリがティクティカンとのことで、カサヴァカン村の大方の人の知識に一致するものだった。ちなみに、カティプル村には、ティクティカン[7]を題材にした童謡がある。長い尾を上下に動かす様子を火打石の使用に喩える歌詞があるが、この喩えは、複数のカサヴァカン村の人々にも共有されている。ただし、T によれば、カティプル村での占い鳥の名称はトゥリンでありキンパラ類を指しているのである。一方、Na によれば、名称はトゥリンであるが、尾の長く単独行動をとる鳥、おそらくはマミハウチワドリなのである。ここに同村出身の二人の口述者の知識の不一致を認めることになる。

　さらに、二人の口述からは、佐山の挙げる（1）ヒュードル、（2）トビ、（3）トマギシ、（4）シミリシリオの 4 鳥名を聞くことがなかった。そこで、筆者は T にこれらの名称を問うてみた。（1）についてのみは「ヒュードル」ではなく「シュードゥルであれば、見たことはないが名前だけは聞いている」とのことで、他の 3 名称は聞いたこともないという。

　同じくカティプル村で 1936 年に生まれた男性 Ao は、狩猟と山菜の採集を頻繁に行ってきたが、鳥占について「聞いたことはあるが、本当か嘘か分からない。ただし、鳥が飛んで急降下して人間の身体に当たると病気にかかる」と語っている。山の中ではそんなことが実際にあるのだという。また、4 鳥名について同じ質問を行ったところ、（2）のトビについては、「トビ（鳶）は日本語でしょ」とコメントし、他の 3 名称は聞いたことがないという。なるほど、トビ＝鳶というのはありえなくはない。カサヴァカン村では、野生のカモ類はカム（*kamu*）と呼ばれるが、これは日本語の「鴨」の借用語である。しかしながら、佐山の記載は一貫して現地語と日本語を峻別しているので、トビはプユマ語であると考えられる[8]。な

お、後述のタマラカオ村ではトゥヴィ（*tuvi*）という、やはり占い鳥の名称があるので、知本社の「トビ」と同種あるいは同根の可能性が高かろう。

いずれにせよ、佐山の記載と約100年後の3人の口述との間には、断絶と呼べるほどの隔たりが認められる。4種あるいは4名称は、そこにはなかったトゥリンという1種あるいは1名称に転じているのである。この背景については、後に議論することにしたい。

4　リカヴォン村（呂家社・利嘉村）とムリヴリヴック村（初鹿村）の場合

『蕃族調査報告書　排彎族　獅設族』には、現在のプユマ族「呂家社」（リカヴォン社）における鳥占について、「鶏の夜鳴は凶」[9]「鳥の夜啼は他社の攻撃をうくるか又は火災あり」という予兆といえる例を示している［台湾総督府蕃族調査会 1921: 111］。また、「馘首」の項では、「出草せんと欲すれば先づ夢卜を行い、次ぎに鳥占を行うこと他社に同じ。而して共に吉なれば出発」とあるが［同 : 111］、鳥名は特定されていない。

同書には、さらに「バシカウ社」（初鹿村・ムリヴリヴック村）の鳥占に関して「出草せんと欲すれば先づ一日一食に節約し鹹味を避けて五日乃至一箇月間疾走して足を馴らし、それより鳥声を聴き吉なれば霊屋に赴き『ラハン』を招きて勝利を祈願」とある［台湾総督府蕃族調査会 1921: 139］。また、社人同士の喧嘩により、一方が忿怒の余り出草するとなった場合には、老蕃等が霊屋に集まり、「今敵なきに出草せし者あり。神よ、願わくは鳥をして凶声を発せしめよ」と祈るとも記されている［同］。積極的な鳥占が行われており、その結果を左右すべく祈願がなされていたことが理解できるが、ここでも鳥名は特定されていない。

なお、笠原政治は、1977年から78年にかけての同村での調査から、「狩猟に関する呪術も発達している。獲物の多寡を占う方法は3つある。夢占い、竹占い（*məltalta*）、鳥占いがそれで、いずれも他の儀礼場面にもよく使われるものである」と記している［笠原 1980: 154］。この時期なお、鳥占が重要な意味をもっていたことが確認できるが、鳥名についての記載はない。筆者は2016年に、わずか1名であるが、同村で最高齢の男性から、鳥名を含めて次のような聞き取りを行った。

〈男性 Ki〉（1927年ムリヴリヴック生まれで同村在住。2016年3月12日聞き取り）：鳥に聴くことを *kiHayam* という。小さな鳥が、「フューフューフューフューフュー」と聴こえるのはパリシ（*palisi*：禁忌）[10]。「フューフュフュ、フューフュフュ」と鳴く。こ

れもだめ。あの鳥は *tuhiH* という。〈姿を問うと〉あまり見えないくらい小さい。葉っぱに囲まれて見えないよ。色は山の木々の葉っぱのよう。鳥だけではない。山に行く時、罠を見に行く時に蛇が前を通るともうだめ。どんな蛇でもだめ。

tuhiH は、樹上に見かける大変小さな鳥で、木の葉のような色をしているという。この点でメジロチメドリであろうかとも考えられるが、Ki の模写による、笛のように単調な鳴き声は、これまで引用してきた記載に類例を見ない。台東地方でよく見かけるメジロ（暗緑繍眼：*Zosterops japonicus*）のそれに近いようにも感じられ[11]、「木々の葉っぱのよう」な色というのもメジロにも当てはまる。

5　タマラカオ村（泰安村）の鳥占に関する先行研究

　プユマのタマラカオ集落（大巴六九：泰安村）出身の巴代（Badai）は、作家として著名であるが、原住民族文化の研究者でもある。巴代によれば、同村では、出猟の前に鳥占（*Gianez za hayiam*）が行われていた。集落の出入口の林や竹林で、鳥が集まりやすい場所 2 箇所に「鳥占区」がある。そこで、鳥の鳴声が左から右に移動し、かつ澄んだ音であったときが吉で、その反対は凶だという。

　巴代は、若い頃に、有名な猟師に同行して鳥占を経験しており、その様子を次のように記述している。

　　　鳥占区に入り、歩みは遅いが、立ち止まることなく、鳥が鳴くのを待った（略）ここでは、いわゆる左から右への鳴声といったものは、実際には、軌跡を探すことは困難で、一群のかまびすしく鳴き止まない声の中から、突然右に向かって飛ぶ一羽あるいは数匹の鳥が現われた。鳴きながら新しい位置へ飛んでいた。もしも、慌しく驚いたような声を発して鳴き止むと、それは凶とみなされ、進行を見合わせる［巴代 2009: 85-86］。

　筆者は、巴代とは面識があり、彼が鳥獣に関して豊かな知識をもつことを知っている。その巴代が、鳥占について詳述する中で、鳥名について一言も触れていないのはなぜだろう。小鳥たちは他種の小鳥たちと混群を成すことが多い。多種多様な鳴き声の中に、おそらくは

複数種の飛翔が目撃され、吉凶を判断すべき鳥は特定できなかったのはなかろうか。

　さて、土田滋は、同村の占い鳥に関して大変興味深い報告を行っている。1977 年の調査に基づく「プユマ語（タマラカオ方言）語彙」であるが、タマラカオの鳥（*Hayam*）に関して、25 の地方名を収録している。その多くが同定され、英名・和名が記載されるが、そのうち、占い鳥と呼べるものに次の 2 名称がある。

tuvi　an omen-bird 猟や畑仕事に出る時に占う鳥、高い声でルルル…と鳴く場合（吉）

siwzeR　ibid. 上と同じ鳥だが、〔ʃiwzə̟ːr〕と鳴く場合（凶）［土田 1980: 273］[12]

tuvi と *siwzeR* がシノニム（同物異名）であり、鳴き声によって呼び分けられるのだという。鳥類の命名法、ことにシノニムの存在理由をめぐって大変興味深い事例といえよう。

6　タマラカオ村の占い鳥をめぐる知識の個人差

　筆者もまた、タマラカオ集落にて、2015 年から 2016 年にかけて、鳥占と占い鳥について、7 名の男女から聞き取り調査を行った。そこには少なからぬ情報の不一致が認められることになった。やや冗長になろうが、ここで、その結果を記述することにしたい。

　〈1〉男性 N（1940 年生。2015 年 8 月 31 日聞き取り）：収穫祭の前、男たちが集団で山に行く前の 12 月 28 日、集落を出た野原の小屋で、ラハン（司祭）や 2、3 名の年寄りたちがスミリシリウ（*semirisiiriu*）の声を聴く。キィアアヤム（*kia Hayam*）という。*kia* は「求める」、*Hayam* は「鳥」で、*kia Hayam* は「鳥（の声）を求める」の意味になる。ラハンが檳榔子を置いてキィアアヤムする。鳥が歌っているようならよいが、もしだめなら 29 日に再びキィアアヤムする。帰ってくると「昨日の鳥はこうだこうだ」と長老たちが告げる。一方個人の場合、山に登ると一人一人出会うことが違う。鳥の声をやはり聴く。ここを通っていいかどうか。〈筆者の問いに対し〉これはキィアアヤムといわない。キグルカナアヤム（*kinger kana Hayam*）「鳥（の声）を聴く」という。私もこの経験がある。やはり、スミリシリウが、“ティーティー”と声を出したらよくない。進んでいけない。“ヒヒヒヒー”と歌っているようなら良い。

　それから、トゥヴィ（*tuvi*）という平地の鳥。鳩より小さく、色は少し赤黒くて、木

の上のところで、ヒヨヒヨヒヨと鳴く。同じ鳴き方でも一人一人聴き方が違う。私の場合は、右にあったらよい。左にあったらよくない。"ヒューヒューヒュ、ヒューヒューヒューヒュー"。遠い近いもある。近いとすぐに何事かがある。私も、ある時、台東の改良場に楠の苗の申請に行った。その帰り、改良場を出て苗畑に行くのに道が分からない。ずーと行ったら、トゥヴィが"ヒヨヒヨヒヨヒヨ"と左にいる。ずっと鳴くので、"ヒヨヒヨヒヨ"の声から離れないように、ずっと歩いた。これは「あんたの通ってる道は当たってるという印」だなと思った。木々の中をずっと行ったらちょうど苗畑に出た。

　18歳の時、こんなこともあった。粟刈りに山に登って森の道を通っていった。左右と上、沢山の鳥、様々な声、とってもやかましい。8時か9時、人が来て「あんたのお父さん亡くなったよ」という知らせを受けて急いで帰った。

　シュウルル（*siwzer*）はスズメの大きさで少し白い鳥。"シュウルール、シュウルール"と鳴くと雨が降る。また、家に何かあるときも、"シュウルール、シュウルール"と鳴いていつも付いてくる。

※口述後、図鑑『発現台湾野鳥』を用い、同書掲載の3葉の写真等の情報からスミリシリウがマミハウチワドリであることを確認した［林 2000: 280-281］（以下、口述者との同定の際には同書を使用）。

　意図的・積極的な鳥占（*kia Hayam*）と偶発的・受動的・消極的なそれ（*kinger kana Hayam*）が名称上も区別されるが、マミハウチワドリは両方の対象となり、トゥヴィは後者に限られるようである。

〈2〉男性M（1940年生。2015年8月31日聞き取り）：1年に2回、7月と12月の収穫祭の前、集落の外れに石を積んであるキィアアヤマンドゥ *kiaHayamandu*（鳥声を求める所）〈写真5〉でスミリシリウ（*semirisiiriu*）の声を聴く。この時は男だけで女は来ていけない。"ティティティティ"といったらだめ。今日はもう山に行けない。翌朝もう1回キィアアヤムする。だめならまた行かれない。もう一日待つ。"ヒヒヒヒ"と鳴いたらよい。スミリシリウは平地の鳥で山に行ったらもう少ない。

※口述後、図鑑でスミリシリウはマミハウチワドリと確認［同］。

写真5　タマラカオの鳥占区（リパリパダン）：2011年12月31日筆者撮影

〈3〉男性Ag（1944年生の男性司祭ラハン。2015年9月1日聞き取り）：収穫祭の前、アヤワン（頭目）がラハン（*rahan*：司祭）に尋ねる。ラハンである私は、村外れのリパリパダン（石を積んでいるところ：〈2〉のキィアアヤマンドゥに同じ）で鳥の声を聴き始め、山の方に向かって歩く。行って鳥の声を聴く。だめだとその日は戻り、3回行くこともある。結果をアヤワンに報告し、それをアヤワンが村人に告げる。キィアアヤムは、スミリシリウ（*semirisiiriu*）が“ヒヒヒヒヒヒー”と鳴くのがよい。左の方がよい。右の方はだめ。“ティーティー”と鳴くと右でも左でもだめ。左でも遠いとまだいいほう。近いとすごく悪い。何歩か歩くとすぐに悪いことがある。スミリシリウは平地の小さな鳥だが、シュウルル（*siwzer*）も小さな鳥で山の方にいる。シュウルルは、“シュールール、シュールール”と鳴く。右でもだめ。左の近くで鳴くとよくない。シュウルルの声は右でも左でも常にいいことはない。シュウルルが遠くで鳴くと良い悪いではなく雨が降ってくる。トゥヴィ（*tuvi*）とシュウルルは同じ鳥で2つの名前を持っている。この鳥とスミリシリウは絶対獲っていけない。これはパリシだ。それから、百歩蛇（*kaunanan*）が道の横にいるのもよくない。人を止めている。気にしないで行くとすごく悪いことがある。キィアアヤムのアヤム（鳥）は、スミリシリウとシュウルル、そして百歩蛇の3種類だな。

　なお、山に行く前の夢にも良い悪いがあるが、それは個人のことで、鳥は集落全体のこと。〈ここで、筆者は「ラハンの夢が悪かったらどうするのか」？という意地悪な質問をしてしまったが〉「夢が悪くても鳥の鳴き声がよければ行く」とのことだった。※スミリシリウはマミハウチワドリ、シュウルルはメジロチメドリと確認［同：280-281, 262-263］。

　収穫祭における積極的な鳥占に携わり、自ら吉凶を判断してきたラハン当人の説明という点で貴重である。マミハウチワドリに加え、メジロチメドリが使用され、後者には、*tuvi* と *siwzer* という2名称があり、それを鳴き声によって呼び分けるというのは、先の土田の報告と一致するものである。ただし、土田の *tuvi* の項には「高い声でルルル…と鳴く場合（吉）」とあるが、Ag は、このような鳴き声には触れず、"シュールールが" が常に凶兆であると語っている。なお、鳥と並んで百歩蛇との出会いに触れ、「キィアアヤムのアヤム（鳥）は、スミリシリウとシュウルル、そして百歩蛇の3種類」と話をまとめている。百歩蛇は鳥ではないので、日本語としては厳密さを欠く表現と言えよう。しかし、プユマ語のアヤム（*Hayam*）の範疇には、蝙蝠やムササビが含まれ、日本語の「鳥」のそれとは一致しない。さらに、Ag は、この後、百歩蛇が成長とともに太く短くなり、鳥になるという話をしてくれた[13]。むしろ、かれらの卜占法の体系から鳥に関するものを切り離すことにより見失うものがあることに注意すべきであろう。ムリヴリヴック村（初鹿）の男性 Ki や、つづく〈6〉の P も、鳥とともに蛇の禁忌を語っている。

〈4〉男性 Ku（1930年生。2015年9月1日聞き取り）：畑に行く時、小さい鳥、スミリシリウ（*semirisiiriu*）が "テーテーテーテーテーテー" といったらパリシ（禁忌）。"ヒッヒッヒッヒッヒッ" と笑ってるみたいなのは上等。トゥヴィ（*tuvi*）も小さいが、あれは少し悪い鳥。"ハーヒヒヒヒヒヒ" と笑い声みたいな声は上等。シュウルルは悪い声が出る。〈筆者が「トゥヴィとシュルルは同じ鳥か？」と問うと〉「トゥヴィとシュウルルは大体同じだな」とのこと。

〈5〉男性 I（1937年生。2016年3月11日聞き取り）：畑に行く時の迷信の鳥はシュウルル、トゥヴィ（*tuvi*）、スミリシリウ（*semirisiriu*）の3種類。シュウルルは、"シュルール、シュルール" と鳴く。無理して行くと事故がある。薄茶色で目の周りは白く、真ん中は黒い。山の方に群れでいる。平地にいない。樹の下の草たくさんのところにいる。

　トゥヴィは、"ビュービュービュービュービュービュービュービュー" と鳴く。近寄ったら事故を起こす。山の方に一匹一匹いる。色は少し空色。

　スミリシリウは平地の鳥。"シリュウ、シリュウ、シリュウ、シリュウ、シリュウ、シリュウ" と鳴く。色はペタコ（クロガシラ）と同じ。一番小さく、目が小さく白い。

写真6　クロエリヒタキ：カサヴァカン村北西の樹林にて 2018 年 8 月 25 日筆者撮影

道のそばにいる。萱の所に巣をつくる。一匹一匹いる。

※図鑑を用いた確認では、スミリシリウはマミハウチワドリ、トゥヴィはおそらくは
クロエリヒタキ（黒枕藍鶲, *Hypothymis azurea*）〈写真6〉であるとのこと［同：280-281,
284-285］。なお、シュウルルは、目の周りが白く山の方にいるという点でメジロチメド
リである可能性が高い。

〈6〉女性 P（1936 年生。2015 年 9 月 1 日聞き取り）：畑に行く時、スミリシリウ（*semirisiriu*）
が "ヒヒヒヒヒヒヒ" と左にあったらよい。右はだめ。鳥はみな左がよい。右はだめ。
スミリシリウは平地にいる。トゥリン（キンパラ類）よりもやや小さい。平地にも山
にもいる。一匹一匹くる。アブタル（野鼠）の罠掛けのときにスミリシリウが鳴くといっ
ぱい獲れる。18 匹取れたこともある。アブタルはススキのところいっぱいいる。だか
ら鳥も多い。スミリシリウは萱や草の中に巣を作る。スミリシリウは上等な鳥。何か、
事があれば鳴く。10 何年前、私の牛がいなくなった。3 か月以上経って、清明節の際に、
私の母の兄の墓参りに行った時に「牛を捜しに行くので、私を連れて牛を捜して下さい」
とお願いした。すると、スミリシリウが鳴いた。道端でずっと鳴いている。私が「ワー」
と声出したら、牛が返事をした。私の声が分かる。甘蔗畑の真ん中にいた。本省人が
盗んで隠していたのを見つけることができた。

　シュウルルは、彼氏がいるとき、左で鳴いたら山で彼氏がちゃんといる。男だった
ら女の友達が待っている。シュウルルは平地の鳥だが、姿は見たことない。日本人の
兵隊がシュウルルを撃って自分も死んだ。

　トゥビィ（*tuvi*）は山にいる。平地にいない。トゥビィが鳴いたら畑に行かない。パ

リシ。山で牛飼いをしていて、トゥビィが出たら牛が断崖から落ちる。姿は見たこと
ないが、小さい。鳴き声は"ヒューヒュー、フューフューフュー"。

　スプスプイ（*supuspuy*）も小さい。あれが鳴いたら、もうその先行ったらいけない。
見たことないが、"プイ、プイ"と鳴く。

　ティティ（*tiHtiH*）は、"ティーティー"と鳴く。平地の鳥で尾が長い。あれもだめ。
これが鳴いたら、蛇に遭ったり、悪いことがある。ティティも殺したらだめ。あれも
一匹一匹、パリシの鳥はみな一匹一匹行動する。〈シュウルルが平地の鳥でトゥビィは
山の鳥というのは、〈3〉の Ag（男性司祭）による情報と異なるので、筆者が「ラハン
はシュウルルとトゥビィは同じだと言っている」と問うと〉「あれは子供よ。私より 11
歳若いよ。どうして分かるか？。私は、父親の仕事の関係で 13 歳からサヌヌン（地名）
の山におるでしょ」とのことだった。

※図鑑によりスミリシリウはメジロチメドリ、ティティはマミハウチワドリと確認［同：
　262-263, 280-281］。なお、他の口述者が、スミリシリウをマミハウチワドリと同定する
　ことから、尾の長さを問うと、「尾は短くトゥリン（キンパラ類）よりもやや小さい」
　という。スミリシリウ＝メジロチメドリは、彼女にとっては確固とした知識のようで
　ある。

　彼女の語る、占い鳥は、スミリシリウ（*semirisiriu*）、シュウルル（*siwzer*）、ティティ（*tiHtiH*）、
トゥヴィ（*tuvi*）、スプスプイ（*supuspuy*）の 5 鳥を数え [14]、内 2 鳥は、メジロチメドリとマ
ミハウチワドリと同定されたが、彼女がティティと呼ぶ後者の地方名は、他の口述者によれ
ばスミリシリウであり、同名の鳥を彼女はメジロチメドリだというのである。同一集落にお
けるシノニムの併存ということになろうか。なお、彼女は、他の 3 鳥については、地方名を
把握し、声を占いに使用するものの、姿を見たことはないという。まさに、声はすれども姿
は見えず。鳥の認知を考える際に忘れてはならない要素である。なお、彼女によれば、「ス
ミリシリウは二つある。台湾語（マカパイラン）をしゃべるやつと、鳴くと奇麗な声を出す
のと」というが、個体差をいっているのか別種なのかは不明である。なお、翌年 3 月、筆者
は村内でメジロ（緑繍眼：*Zosterops japonicus*）を撮影して、彼女に見てもらうと「これはス
ミリシリウ」とのことであった。彼女にとっては、メジロチメドリとメジロはともにスミリ
シリウのようである。2 種に共通するのは白色のアイリング（眼圏）である。実は、筆者は
前年の聞き取り時に、「スミリシリウは目のまわりが白いか？」と問うていたが、「遠いから

写真 7　メジロ：カサヴァカン村近郊にて 2018 年 8 月 21 日筆者撮影

分からない」とのことだった。このように視覚情報はもともと限られており、図鑑や写真を用いた同定には常に危険が伴うものと自戒しなくてはならない〈写真 7〉。

〈7〉女性 An（1931 年生。2015 年 9 月 1 日聞き取り）：畑に行く時、鳥の鳴き方を聴く。トゥヴィ（*tuvi*）が、"ヒヒヒヒヒヒ"と鳴いたら上等。別の鳥、シュウルルとスミリシリウ（*semirisiriu*）がある。シュウルルは、"シューウルル、シューウルル"と鳴く。左で鳴いたら悪いが、右で鳴いたら良い。スミリシリウは、"ヒッヒッヒッヒッヒッヒ"と笑ったらとっても良い。悪いときもあり、"ティーッ、ティーッ"は良くない。"ティーティーティー"はとても悪い。どの鳥もよいことも悪いこともある。外れるときもある。どれも小さいが、トゥヴィはやや大きい。

※図鑑による同定を試みたが、「声は聴くけど、はっきり見えない」とのことで、3 鳥いずれも不可能だった。

　以上、内容は大きく異なり、読者も混乱されたに違いない。ここで、7 人による情報から占い鳥の名称のみを整理し、同定されたものについては、和名を（　）内に示すことにする。

〈1〉男性 N（1940 年生）：スミリシリウ（マミハウチワドリ）・トゥヴィ

〈2〉男性 M（1940 年生）：スミリシリウ（マミハウチワドリ）

〈3〉男性 Ag（1944 年生）：スミリシリウ（マミハウチワドリ）・シュウルル＝トゥヴィ（メジロチメドリ）

〈4〉男性 Ku（1930 年生）：スミリシリウ・トゥヴィ≒シュウルル

表1　タマラカオ村の占い鳥の名称・卜占の積極度・出没地

	N（男）	M（男）	Ag（男）
スミリシリウ	マミハウチワドリ Act&Pass ／ pln	マミハウチワドリ Act ／ pln	マミハウチワドリ Act ／ pln
シュウルル	未同定 Pass ／ ？	φ	メジロチメドリ Act&Pass ／ mtn
トゥヴィ	未同定 Pass ／ pln	φ	メジロチメドリ Act&Pass ／ mtn
ティティ	φ	φ	φ
スプスプイ	φ	φ	φ

※ Act：積極的　Pass：受動的　pln：平地　mtn: 山地

〈5〉男性 I（1937 年生）：シュウルル（メジロチメドリ？）・トゥヴィ（クロエリヒタキ）・スミリシリウ（マミハウチワドリ）

〈6〉女性 P（1936 年生）：シュウルル・トゥヴィ・スミリシリウ（メジロチメドリ）・ティティ（マミハウチワドリ）、スプスプイ

〈7〉女性 An（1931 年生）：スミリシリウ・トゥヴィ≠シュウルル

　比較してみると、相互に様々な不一致が認められる。全員に一致するのは、みなスミリシリウの名を挙げていることであるが、その同定に際しては異論があった。占い鳥の数についても、1 種から 5 種と多様であった。なお、N が教えてくれるように、積極的な鳥占（キィアアヤム）と受動的な鳥占（キグルカナアヤム）が区別されている。そして、前者の場面からは、女性が排除されていた。

　〈表 1〉は、5 名称の占い鳥それぞれに、積極的（active）か受動的（passive）か、山地の鳥か平地の鳥かについての 7 人による情報を加えて表化したものである。

　ここで、積極的な鳥占（キィアアヤム）に限ってみると、スミリシリウ（マミハウチワドリ）を挙げるのが、ラハンである Ag を含む 3 名の男性で、さらに彼は、山に進んだ場合に、シュウルル（メジロチメドリ、別名トゥヴィ）を対象に加えている。

　一方の、受動的な鳥占（キグルカナアヤム）であるが、その対象として、6 名がトゥヴィの名を挙げていた。ただし、Ag によれば、トゥヴィはシュウルルの別名で、メジロチメドリであった。一方、I によれば、空色をしたクロエリヒタキのようである。N は「少し赤黒」いと表現していたが、クロエリヒタキの雌の背・翼・尾羽は灰褐色であり［廖 2012: 163］、雌の描写としては矛盾しないことになる。さらに、同じく 6 名が、シュウルルの名を挙げ（加

Ku（男）	I（男）	P（女）	An（女）
未同定 Pass	マミハウチワドリ Pass／pln	メジロチメドリ Pass／pln,mtn	未同定 Pass
未同定 Pass	メジロチメドリ Pass／mtn	未同定 Pass／pln	未同定 Pass
未同定 Pass	クロエリヒタキ？ Pass／mtn	未同定 Pass／mtn	未同定 Pass
φ	φ	マミハウチワドリ Pass／pln	φ
φ	φ	未同定 Pass	φ

え）ており、内2名がこれをメジロチメドリと同定している。そして、4名が、積極的鳥占にも使用されるスミリシリウの名を挙げ（加え）ている。Pのみが、スミリシリウはメジロチメドリだというが、4名によればマミハウチワドリである。Pの知識は、この他でも他と異なり、ある意味、その知識は豊かである。彼女のみが、さらにティティとスプスプイの2鳥を加え、合計5名称を挙げており、ティティこそがマミハウチワドリなのだという。尾の長い平地の鳥で単独行動という説明からも、たしかにマミハウチワドリだと考えられる。他の6名のいうスミリシリウのシノニムということになろう。一方、彼女のいうスミリシリウは、他の2名がシュウルルと呼ぶメジロチメドリのことであり、Agによれば、この鳥の別名がトゥヴィなのだという。実に複雑である。

　なお、シュウルルは、AgとIによれば、山の鳥だが、Pによれば、反対に平地の鳥だという。しかし、Pは、この鳥の姿を見たことがないという。鳥の認識の手掛かりは姿形よりも鳴き声の比重が大きいようである。

7　カサヴァカン村（建和村）の占い鳥

　先述のように、プユマ（南王）、カティプル（知本）、タマラカオ（泰安）の3村では、村境に鳥占を行う場所が設けられ、首狩や集落祭祀という公的行事に際して積極的な鳥占が行われていたが、カサヴァカン村での現在の聞き取り調査では、その痕跡や記憶は確認できない。

　一方で、受動的・消極的かつ私的な鳥占すなわち偶然遭遇した鳥の鳴き声を何らかの予兆として捉えることは現在も行われている。その対象となる鳥は、大方の口述者が語るところ

では、マミハウチワドリ（*tiktikan*）、カラス（*waHwaH*）、ゴイサギ（*kadelwaH*）の 3 種であった。これら 3 種に対する意識はそれぞれ異なり、通常、*palisi na Hayam*（占い鳥）と呼ばれるのはマミハウチワドリのみであるが、先に他の 2 鳥について簡単に報告しておきたい。

カラスとゴイサギ

　ワウワ（*waHwaH*：カラス）については、「畑でワウワが鳴くと家に来客があることを知らせている」（1937 年生の男性 Sa）、「お客さんが来る時、カラスが一生懸命回って鳴く。山でカラスが、ワンガ、ワンガと鳴いたら獲物がある」（1937 年生の男性 Su）。一方で、「カラスが間を置いて何度か鳴くと、病気している家の人が亡くなることもある」（1935 年生の女性 Si）などという。なお、カラスは、第二次大戦後、急速に姿を消したとされ、現在、台東地方で目撃することはまずない。

　カドゥルワッ（*kadelwaH*）は不気味な鳥として嫌われている。夕方にときたま、集落の上を「クワーッ、クワーッ」と鳴いて飛ぶことがあるが、集落の誰かが数日内に亡くなるという。目撃者は少ないが、一部の口述者がゴイサギ（夜鷺）と同定しており、筆者も声を聴いたことがあるが、その声の主はたしかにゴイサギのようであった。

ティクティカン（ミハウチワドリ）

　ティクティカン（*tiktikan*：マミハウチワドリ）に関するいくつかの口述を提示してみたい。

　〈男性 Ha〉（1943 年生。2015 年 8 月 28，30 日聞き取り）：キィアアヤム（*kia Hayam*）するパリシの鳥（*palisi na Hayam*）はティクティカン（マミハウチワドリ）。ティクティカンが、"ティティティティ"と早く鳴いたら獲物がある。"ティーユ、ティーユ"と長い音ならパリシ（禁忌）。「危ない」といっている。畑も行かない。罠も見ていけない。ティクティカンは小さくて尾が長い。粟畑に来て、巣を作るが、粟は食べずに虫だけ食べる。※図鑑によりティクティカンをマミハウチワドリと同定。

　冒頭、キィアアヤム（*kia Hayam*）とあるが、カサヴァカン村では、以下の複数の口述者たちも、予兆と呼ぶべき受動的・消極的な鳥占をこう呼んでいる。先のタマラカオ村の場合、鳥占区での男性たちによる積極的な鳥占がキィアアヤム（鳥〈の声〉を求める）であり、受動的なそれはキグル・カナ・アヤム（鳥〈の声〉を聴く）と呼ばれ区別されていた。鳥占に

関するキーワードにも集落間差を認めることになるが、そもそも、現在のカサヴァカン村では、積極的な鳥占は行われないのである。先のムリヴリヴック村の Ki の語る *kiHayam* も同様な状況下での受動的な鳥占を指しているようである。

〈男性 Sa〉（1935 年生。2005 年 8 月 23 日聞き取り）：ティクティカンは、日本語ではメジロだろう。尻尾がとっても長く、それをよく動かす。僕らの左側、遠くで"ティーティ"と鳴いたら遠い親戚に事故がある。近くで鳴くと近い親戚に事故がある。右側で鳴いたら良いことがある。これは本当。若い頃、朝 4 時頃、オートバイで知本渓の河口に釣りに行った。知本の人が 3、4 名いたが、聞くと、一晩釣っていても釣れないという。私の右側でティクティカンが"ティーティ"と鳴いた。2 回目を投げたら 5、6 斤の魚がパーとかかった。知本の年寄は「あの子供おかしいね」と言った。しかし、ティクティカンが"ヘレヘレヘレー"と笑うと、釣っても当らない。「あんたが行っても当らない」とティクティカンが笑っている。以前釣りに行っていた頃、そんなことがよくあったよ。

〈男性 Hi〉（1936 年生。2015 年 8 月 29 日・2017 年 3 月 11 日聞き取り）：ティクティカンは尻尾が長い。山登るとき"ヒヒヒー"。あれはいいよ。必ず山豚がある。間違いない。悪い鳴き方もある。"ティー、ティー"。これは悪い。年寄りは道端で石の上で休むよ。必ず悪いことがある。ティクティカンは平地の鳥。海岸までいるが、海岸の方のティクティカンは色がちょっと違って緑色している。

　図鑑によりティクティカンをマミハウチワドリと同定したが、緑色のティクティカンというのは、同様なシルエットを示すアオハウチワドリ（青葉団扇鳥：*Prinia flaviventris*）のことであろう。山階によれば、同鳥は、夏季に一体に淡色となるものの「冬羽にては頭上はオリーブ色を帯びた暗褐色、背はオリーブ緑色、喉・胸は白色にて胸はバフ色を帯び、腹は淡黄色を呈」し、もちろん台湾にも産するという［山階 1980: 62］。また張萬福によれば、マミハウチワドリが「平地から 1200 m の間に普通にみられる留鳥」であるのに対し、アオハウチワドリは「700 m 以下の開墾された平地の草叢に普通に見られる留鳥」である［張 1999: 256-257］。なお、河口でティクティカンにより釣果を予知した Sa は、ティクティカンを日本語で「めじろ」と呼んでいる。同時に、尾が大変長く、それをよく動かすと説明しているので、日本語のメジロではないことが確認できるが、アオハウチワドリにも（少なくとも夏

羽では）「白色のアイリング（眼圏）がある」［同］。もちろん、マミハウチワドリも河口近くで目撃できる。筆者も、台北においてではあるが、淡水河の河口近くでこの鳥を目撃している。カサヴァカン村でいうティクティカンとは、マミハウチワドリとアオハウチワドリの双方を指しているようであるし、そもそも両者の識別は難しい。

　続いて、二人の女性口述者からの聞き取り結果を提示したい。

〈女性 Su〉（1938 年生。2016 年 3 月 9 日聞き取り）："ティーティーティーティー"という鳥の声は意味がある。近くで鳴いたら悪いことがある。例えば、今道を歩いて"ティーティティティ"といったら、おかしいね、この鳥。自動車とかに注意する。遠い所で鳴いたら人が来るって。"ヒヒヒヒヒッ"と笑ってるのは良い。どんな鳥かわからない。見たことはない。

〈女性 Mi〉（1940 年生。2017 年 3 月 9 日聞き取り）：粟蒔きと粟の収穫の時、"ティーッ、ティーッ、ティーッ"、悲しい声で鳥が鳴くと、仕事を止めて、翌日から行く。キィアアヤム（kiaHayam）という。良いのは、"ティティティティ"と笑ってる。〈筆者が鳥の名を尋ねると、やや間をおいて〉トゥリン（terin）。小さい鳥でスズメ（sasari）とやや同じ。ときたまスズメと間違える。〈筆者が色を尋ねると、筆者の着ていた濃褐色のジャンパーを指差し〉「これに似ている」とのことであった。

　Mi は、鳥の名をトゥリンと語っている。彼女は、占い鳥の名をティクティカンと語る先の Sa の妻であり、夫婦間でも知識が異なることが注目される。トゥリンは、粟を大変好むシマキンパラ（班文鳥）やコシジロキンパラ（白腰文鳥）を指し、とくにカサヴァカン村付近で目立つ前者は、頭部から背、尾羽までが濃褐色である。筆者は、粟畑にてこれら 2 種のキンパラとの混群に混じり、マミハウチワドリが単独で現われる姿を目撃している。Mi の場合は、姿と声の誤認・混同ということになろう。そして、先の Su の場合は、鳴き声とその主の名や姿を結びつけられずにいるということになる。先述のカティプル村（知本）の二人の女性（Na と T）も、Mi と同様に占い鳥の名をトゥリンと語っていたが、彼女たちが語るこの鳥の鳴き声も、"ティーティー、ティティティ"あるいは"ティリリリリリ"であったので、これも 3 種の同所性に基づく誤解とも考えられるが、Na にとってのトゥリンは「尻尾が少し長く、一匹一匹いる」という点でやはりマミハウチワドリなのであろう。

8　同一口述者による情報の不一致

　以上、プユマ諸村の占い鳥とその名称に関しての、地域差、時代差、そして個人差に関して、記述を続けてきたが、最後に、同一口述者による時間差ともいえる情報の不一致の事例を紹介しておきたい。

　カサヴァカン村の 1935 年生の男性 L より、筆者は、2015 年から 2018 年の間に都合 5 回、鳥占と鳥の名について聞き取りを行ったが、最初と 2 度目は、チェリチェリウ（メジロチメドリ）であったのが、3 度目以降はティクティカン（マミハウチワドリ）に転じていた。

　〈男性 L：第 1 回〉（1935 年生。2015 年 8 月 28 日聞き取り）：罠掛けの人が気にする鳥。鳥が笑えば行ってよい。悪ければ行っていけない。"ヒヒヒー" はよい。"ヒーヒー" は悪い。右側で鳴いたら上等。左側はよくない。しかし、よい時は笑ってるのと同じ。悪いときはとっても悲しい。〈筆者が鳥の名と色を尋ねると〉チェリチェリウ（*tyelityeliu*）。少し黄色い。野原に多い。水田に少ない。たまに集落に来る。樹の上に止まる。

　〈同：第 2 回〉（2015 年 8 月 30 日聞き取り）：罠掛けに行く時、キィアアヤム、鳥の声を聴いたら獲物があるかないかわかる。声を聴くのはチェリチェリウ。チェリチェリウはトゥリンと同じ大きさ。スズメ（*sasari*）よりも小さい。上には行かない。下のほうで餌を探す。鳴き方に良い悪いがある。"チィチィチィチィチィチィ" と高速で笑うのは良い。

　聞き取りの後、図鑑で確認を試みると、L は、メジロチメドリこそがチェリチェリウだという［林 2000: 262-263］。川村によれば、この鳥は、「林樹の間を枝から枝へと忙しく移りゆくこともあるが、ときにはまた灌木の茂みのなかをおもむろに徘徊し、路傍に姿を現すことさえ稀でない」という［川村 1974: 188］。この点でも L の口述と矛盾しないことになる。

　〈同：第 3 回〉（2016 年 3 月 11 日聞き取り。一部他日補足）：以前は、山に上がる人、ティクティカンの声が怪しいなと思ったら上がらない。笑うと上等。"ティティティティティ" と鳴くのは笑ってるのと同じで上等。"ティー" と鳴くのはだめ。ティクティカンは、

　身体は小さく尻尾（*ikur*）が長い。4, 5本あって広い。それを上下に動かす。今は少な
いが昔はたくさんいた。ティクティカンは二種類ある。頭だけ同じだが、黄色いのと、
少ないが、緑色のもある。

　鳴き声から予想できたことだが、図鑑で確認すると、ティクティカンは他の口述者同様マ
ミハウチワドリだという［林 2000: 280-281］。緑色というのはアオハウチワドリのことであ
ろう。

〈同：第4回〉（2017年3月9日聞き取り）：ティクティカンの声、野原に行くときに鳴
き出したら二種類ある。"ティティ" と笑うのは良い。悪いときは "ティーー"。山に入
る人は戻る。悪いという。動物捕る人は信じる。魚釣りでも同じ。ティクティカンは
野原の方が多い。一匹一匹いる。一緒にならない。尻尾が長く、止まると尻尾を上に
上げる。

〈同：第5回〉（2018年1月24日聞き取り）：ティクティカンは、野原に行く時、道路
で鳴くよ。昔は沢山。今は少ない。小さくて尻尾が長い。声は大きい。一年中いる。
野原に多い。団体ではないが、一匹鳴き出したら集まるよ。昔の人、山に上がる時、ティ
クティカンを聴いたら分る。悪いっていったら、そのまま残る。"ティックティック"
と鳴くからティクティカンと名付けたのだろう。鳴き方何種類もある。"ティー、ティー"
と鳴いたらとっても悪いそうだ。いろんな鳴き方ある。偉いよ、あの鳴き方。山に行っ
てる人は分る。釣りに行く人もとっても気にする。悪い声を聴いたらすぐに戻る。
悪いのは、"ティー、ティー、ティー" と鳴る。良いのは、"ティティティティッティティ
ティカティティカティティティ" と早い声。ティクティカンは鳴きながら頭と尾を上
下に動かす。"ヒッヒッヒッヒッ"、笑うようなのもある。あれは同じくないだろう。昔、
若い人、悪い声を信じないで山に上がった。山豚が罠にかかっていたが隠れていて見
えなかった。その人が近寄った時に跳ばされた。翌日、人が捜しに行って担架で運んだ。
助かったが、怪我が大きく危なかった。

　占い鳥の名称は、2015年8月における二度の聞き取りではチェリチェリウ（*tyelityeliu*）で
あったのに、半年を経た3回目には、ティクティカン（*tiktikan*）に転じていた。しかも、名

称のみが変わったのではなく、鳴き声も異なり、前者がメジロチメドリ、後者がマミハウチ
ワドリ・アオハウチワドリと同定されたので、彼にとっての占い鳥（少なくとも、「筆頭占
い鳥」とでも呼ぶべきもの）が変化したということになる。

　Ｌは、大変誠実な男性で、決していい加減な物言いをする人ではない。どちらかが言い間
違い、あるいは勘違いなのだろうか？　占い鳥をティクティカンとするのは同村の他の口述
者の知識と一致し、Ｌの場合も、この鳥に関する説明が、より具体的になっていた。一方、
チェリチェリウというのが単なる勘違いだとすれば、それを二度繰り返すだろうか。疑問が
残る。

　図鑑での確認では、メジロチメドリこそがチェリチェリウだというのだが、＜第１回＞の
口述にある「野原に多い」「たまに集落に来る」というのは森林を好むメジロチメドリとは
考えにくい。カサヴァカン村の多数の口述者は、メジロ（緑繍眼：*Zosterops japonicus*）をチェ
リチェリウと呼んでいるが、メジロはたしかに集落にもやって来る。そして、メジロの声も
また鳥占に使用されていた可能性が高い。メジロをはじめ小鳥たちは、しばしば多種との混
群を構成し、鳴き声の聴き分けは困難になるからである。Ｌによる〈第２回〉の聞き取りに
おける“チィチィチィチィチィチィ”などは、まさにメジロの代表的な鳴き声と一致してい
る。

　さらに、先のSaは、ティクティカンを「日本語ではメジロだろう」と語っていた。尻尾
がとっても長く、それをよく動かすのは、メジロではなく、マミハウチワドリ・アオハウチ
ワドリと考えられ、後者には白いアイリングが認められた［張 1999: 255-256］。「目白」とい
う要素に注目すると、メジロチメドリ・メジロ・アオハウチワドリの間に連続性を見出すこ
とができ、このことが、チェリチェリウとティクティカンにある種の互換性を与えているの
かも知れない。

　あるいは、メジロチメドリが占い鳥だという〈第１回〉〈第２回〉の口述時には、山での「罠
掛け」のイメージが強かったものが、ティクティカンだという〈第４回〉〈第５回〉では、「野
原に行く」で始まり、「魚釣り」も対象に加えられている。彼にとっては、２鳥ともに占い
鳥であり、脳裏に浮かんだ標高差に応じて語り分けたということなのかも知れない。

　渡邊欣雄は、「民俗的知識は個人のうちに変化しうる特徴をもっている」と述べ、「知識の
非伝統性であり創造性」を指摘するが［渡邊 1990: 13-14］、Ｌによる鳥名の変化などには知
識の文脈依存性とでも呼びうるものが認められるかも知れない。

蛸島　直

9　情報の錯綜をめぐって

1　知識人類学的課題

　占い鳥をめぐる知識には、大きな時間差と地域差、そして個人差が認められた。馬淵東一は、「高砂族の系譜」（1935 年）において、「歴史的知識」が「物知り」に独占されることに注目している［馬淵 1974a: 222］。そして、同論文の『著作集』への再録に際して、昭和 6、7 年当時の調査を振り返り、「在来の知識がどのように方向づけられ、また、保持されるのかという問題」が後々まで脳裏を去らず、「知識民族学」（Wissensethnologie）あるいは「知識人類学」（anthropology of kwowledge）ともいうべき分野の開拓を望んでいたと付記している［馬淵 1974a: 234］。その後、馬淵の期待通り、「知識人類学」なる領域が成立する。1982 年には、*Annual Review of Anthropology* 誌が、Crick によるまさに Anthropology of Knowledge と題するレヴューを初めて掲載し、170 件の研究が紹介されている［Crick 1982］。

　なお、「在来の知識の保持」という表現に見るように、当時の馬淵は、通時的な方向にも関心を寄せていたようであるが、後の知識人類学の関心は、共時的な方向に向かっている。筆者が頭を悩ますのも、とくに共時的な知識の錯綜状態に対してである。

　占い鳥をめぐっては、知識の集落間差は当然のこととして、それに負けないほどの個人差の存在が確認された。そもそも「知識」とは、ヘルムート・R・ワグナーの表現によれば「当人がそう考えるものすべて」であり、「常識的知識」の蓄積は「まとまりに欠け、一貫しておらず、部分的にしか明晰でない」。一方、「哲学的および科学的知識は純粋に知的な関心に奉仕し、統一性や一貫性の原理による統制をうける」が［ワグナー 1980: 367］、プユマの鳥占や占い鳥をめぐる知識の有り様にも、統一性や一貫性は決して求め得ないのである。ワグナーの師アルフレッド・シュッツによれば、「通常人」の知識とは、「類型的な状況において類型的な手段によって類型的な結果をもたらし得るような処方（recipe）についての知識」であり、「曖昧さにも関わらず、手もちの実際的な目的に対しては十分に正確」であるという［シュッツ 1980a: 251］。プユマの鳥占も、曖昧さをもち、個々の処方を異にしながらも、今日なお実際的な目的に使用され、人々を満足させているかのようである。

　しかし、シュッツのいうように「知識は社会のうちに一様に分配されているわけではない」［同 : 247］。生物の民俗分類にかかわる知識も同様であろうが、松井健は、それらが「どのように分かちもたれているのか」が「民俗分類の研究にとってどうしても必要である」と述べている［松井 1983: 125］。松井は、沖縄県野甫島の 20 名ものインフォーマントに対し、

植物や貝の 120 方名に関する知識の量と、方名の知名度に関する調査を行っている。その結果、男性の方が貝よりも植物を、女性の方は植物よりも貝をより詳しく知っているらしいこと。子供たちの用いる方名と、大人たちのそれとが異なったまま並存していることなどを指摘しているが［同：126-139］、現在のプユマの占い鳥に見るような錯綜や著しい個人差は認められないようである。

渡邊は、「知識の社会的分配」［シュッツ 1980a: 250］に関して、知識の成層性、解釈の質的相違、知識の拮抗性、知識の伝統性と非伝統性。知識の不均衡・可塑性・可変性という性質。さらに、知識の量的な差として、全知・部知・無知・偽知という状態を挙げている［渡邊 1990: 13-14, 17, 22-24］。これらは、プユマの占い鳥をめぐる考察に際して、非常に有力な手引きとなってくれる。

ここで、タマラカオ村の様子を再考してみたい。7 名の口述者が共通して挙げる占い鳥の名はスミリシリウのみであったが、4 名がそれをマミハウチワドリと同定するのに対し、女性 P（1936 年生）のみは、メジロチメドリと同定している。多数決によって、これを「偽知」と疑うこともできようが、せめて「異知」と呼び、個々の知識を尊重しておきたい。なお、Ag（1944 年生）はラハンすなわち男性司祭であり、毎年の収穫祭において積極的な鳥占を主導し、自らの解釈を頭目に伝える役割を担っている。この点で鳥占に関する知識の成層の頂点にあるともいえるが、彼が、3 名称 2 種の占い鳥を挙げるのに対し、P は 5 名称を挙げていた。鳥名に限っての知識量では、彼女が勝ることになろう。さらに、二人の知識の不一致についての筆者の確認に対し、P は、自分が 11 歳年長であり、かつ山間部での居住経験を挙げ、Ag の知識を否定していた。とはいえ、二人の知識の背景は同一ではない。男性司祭の知識が、積極的・意図的・公的な鳥占に比重を置くものであるのに対し、P の経験は、受動的・消極的・私的な鳥占の機会に限られるのである。

さらにここで、数のみに注目し、5 名称を挙げる P の知識が、渡邊のいう「全知」に近く、1 から 3 名称を挙げる他の 6 名のそれが「部知」であると仮定してみよう。しかし、3 名称を挙げる Ag や I がそれらを同定しているのに対して、P が同定するのは 2 鳥のみで、他の 3 鳥は姿を見たことがないという。すなわち、質的な面では、Ag や I の知識の方が優れていると見るべきかも知れないが、こうした評価は保留しておきたい。なぜならば、少なくとも現在のプユマの鳥占にとって、重要なのは鳥の声である。姿や同定にこだわるのは、調査者のエスノセントリズムや愛鳥家のエゴに過ぎないかも知れないからである [15]。

2　積極度と性差

　筆者は、前稿において、目的や積極度によって占い鳥が異なる可能性を指摘した［蛸島 2015: 15］。タマラカオ村では、意図的すなわち積極的な鳥占（*kia Hayam*）と偶発的で受動的すなわち消極的なそれ（*kinger kana Hayam*）を名称上も区別し、前者は、女性を排除していた。この点で、(1)「意図的鳥占／受動的鳥占＝男／女」という対立が認められよう。たしかに、この村に限らず女性口述者たちが挙げる占い鳥は、みな受動的鳥占の対象であった。また、男性が狩猟や営林で山に入る機会が多いのに対して、女性の行動領域は平地に限られがちである。ここに、(2)「山地／平地＝男／女」という図式を描くことができる。ところが、意図的鳥占を主として行う鳥占所は、集落に隣接し、女性たちも日常通過する平地にあった。このことから、(1) と (2) は連立しがたくなる。ただし、後述するように、プユマの諸集落は移動を繰り返してきた。タマラカオ村の故地も山脈地帯にあったと推測され、かつては、集落とともに鳥占所もより高標高域にあったと考えられる。ならば、「意図的鳥占／受動的鳥占＝山地／山地・平地＝男／女」という図式が導かれることになろう。

　かつては、鳥占に関する知識の男女差はより明確であったと考えられ[16]、このことも現在の知識の多様性の一因となったと想像される。意図的・公的な鳥占においては、司祭をはじめ複数名が知識を共有する必要があり、その知識は比較的安定性をもつことになる。それに対し、受動的・私的な鳥占の場合は、知識は個人に属し、より柔軟なものになりえよう。ただし、先述のように、知本社の戦首に際しては、「婦女子と共に社を出で適宜の所」にて最初の吉声を聞く場面までは、婦女子は公的な鳥占から排除されていなかったようである［台湾総督府蕃族調査会 1921: 136］。しかし、出発後は、男子のみで鳥占は繰り返されるので、知識の共有度にはやはり男女差が生じたものと考えられる。

3　知識の多様性と混乱の背景

　ここで、占い鳥をめぐる知識が、何故かくも多様で不安定であるのか、とくに個人差の背景について考えていきたい。

①観察の難しさ

　第一に指摘できるのは、鳥の観察の難しさであろう。これは占い鳥に限ったことではない。カサヴァカン村における筆者のこれまでの聞き取りでは、複数の口述者から合計 50 ほどの鳥名を聞いているが、同定できたのは 30 種程度である。「声はすれども姿は見えず」という性質等が、観察や同定をより困難にしている。「見たことがない」や「はっきり見えない」

という口述者たちのコメントは繰り返し記載してきた通りである。さらに、姿を見たとしても、鳥の場合は、雌雄、成鳥か亜成鳥か幼鳥かという成長段階、繁殖期か否かを含む季節による外観の相違や変動が大きく、同定や名称の確認、他者との知識の共有が困難となる。さらに、身を伸ばした状態と縮めた状態では輪郭や体長が大きく異なって見えることもあり、写真や図鑑を用いた同定が困難になる [17]。

　色彩も指標としては不安定である。タマラカオ村のトゥヴィは、Nによれば「少し赤黒」く、Iによれば「少し空色」であった。そもそも鳥の色彩は、雌雄また部位によって大きく異なっている。Iによればクロエリヒタキのようであるが、この鳥の雄がほぼ全身青色であるのに対し、雌の背・翼・尾羽は灰褐色であり［廖 2012: 163］、Nによる「少し赤黒い」との描写は雌の目撃に基づくのかも知れない。部位による色の相違も著しく、鳥の色彩を一言で述べることは危険である。これは標準名にもいえることで、例えば、カサヴァカン村で、マミハウワドリとともにティクティカンと呼ばれるアオハウチワドリ（*Prinia flaviventris*）は、日本語で「青羽団扇鳥」、中国語で「灰頭鷦鶯」別名「黄腹鷦鶯」、英名は「*Yellow-bellied Prinia*」である。そして、学名の種小名 *flaviventris* はラテン語で「黄色い腹」の意である。

　雌雄や部位による相違を前提とし、さらに木々の枝葉の間から逆光状態で見え隠れする鳥の色彩は、調査や記述に際しての落し穴になりかねない。雌雄どちらの鳥のどの部位がどの角度から目に入るのかによって、選択される色彩は大きく異なってくる。このように、色彩をめぐる情報は不確かになりがちで、調査を困難にするとともに、当事者たちの知識を不安定にさせる一要因であるともいえよう。

　なお、目撃が可能であっても、知識の不一致は十分に生じうる。カティプル村（知本）のNaとT、そしてカサヴァカン村のMiの3女性は占い鳥の名をトゥリンと語っていた。先にも述べたが、トゥリンは、一般に、キンパラ類を指し、それらの混群の間にマミハウチワドリも単独で現われる。これらの鳥の同所性が、誤認や異知の成立の背景にあったと考えられる。

②有用性・危険性・神聖性

　占い鳥のほとんどは小鳥であり、肉眼での識別がいっそう困難になるうえ、小型ゆえに食用価値も低い。また、タマラカオの司祭たちが語っているように、占い鳥には捕獲の禁忌が伴った。捕獲・食用の対象外であることから、占い鳥は、多くの哺乳類とは異なり、手にとって名称を確認しあう機会が皆無に近く、知識が共有されにくいといえよう。

　さらに、小鳥たちには毒蛇のような危険性もない。蛇に関しては、カサヴァカン村では

蛸島　直

13 種の蛇に 13 の地方名が一対一で対応している。その半数以上が毒蛇であるので、蛇の識別は生活上きわめて重要である。蛇に対する人びとの利害関心すなわち関連性（relevance）の程度は共通して高く、それに応じて知識も豊かになるはずであるが［シュッツ 1980b（1964）: 5］、危険性の面から、小鳥たちに対する関連性と知識は低くなって当然であろう。

　ところで、タイヤルの占い鳥はシレイク（メジロチメドリ）一種であった。シレイクは、タイヤルの神話では、祖先を出現させた鳥であり、それゆえに鳥占の対象となり、捕獲も禁じられていた［森 1996: 250-251, 274］。捕獲の禁忌は、手にとっての観察を妨げるが、神話上の特殊な位置づけが、この鳥への関心や敬意、関連性を拡大し、しかも 1 鳥に限られていたことも、知識の共有度を高めていたと考えられる。一方、プユマ諸村においては、占い鳥をめぐる神話の存在は確認されない［蛸島 2015: 17］。こうした文化表象としての意味づけの欠如も、占い鳥に関する知識を相対的に不安定にさせる素地の一つであったといえよう。

③声の聴き分けの難しさ

　プユマの鳥占で尊重されるのは、姿ではなく声であった。ちなみに、カサヴァカン村で地方名の由来を確認できた鳥のほとんどは、鳴き声に基づいて命名されており、チェリチェリウもその一つである。とはいえ、鳴き声もまた聴き分けが容易ではない。とくに小鳥たちは混群を成すことが多く、それを見分け以上に困難にしてくれる。カサヴァカン村のチェリチェリウは、少なくともメジロチメドリとメジロの 2 種を指しているが、L が、メジロチメドリによる吉声として挙げる"チィチィチィチィチィチィ"は、むしろメジロの鳴き声であったかと考えられる。

　巴代は、タマラカオ村の鳥占を参与観察しているが、鳥名への言及はない。「一群のかまびすしく鳴き止まない声」の中で、種の特定は困難である。筆者も、カサヴァカン村の周囲でしばしば鳥の鳴き声に耳を澄ましている。季節を問わず、鳴き声と姿がとくに目立つのがクロガシラ（*TiHur*：烏頭翁：*Pycnonotus taivanus*）[18] である。クロガシラは、早朝から日暮れまで高く明るく澄んだ声で様々な旋律を奏でてくれる、まさに名歌手である。それゆえ、平地付近では、他の鳥の声をなかなか聴き分けられない。筆者も、巴代の記すタマラカオ村の鳥占区で鳥たちを観察したことがあるが、やはり耳立つのはクロガシラであった。個体数は著しく少なくなるが、8 月以降に渡ってくるタカサゴモズ（棕背伯勞：*Lanius schach*）の存在にも気になる点がある。地方名アリアタン（*HariHatan*）は、男性の友人同士を意味する *HariHan* に基づく「社交家」「饒舌家」といった意味になり、口述者たちによれば、他のあらゆる鳥の声を上手に模倣し、聴き分けは難しいという。

34

　さらに、同種であっても、鳴き声には個体差がある。地方名に関して大きな不一致のあったメジロチメドリであるが、先に引用したように、川村は、その鳴き声を詳述する中で、いくつかの囀りの個体差を紹介している［川村 1974: 188］。多様な鳴き声の一部は、ときに他種の典型的な鳴き方に重なることもあろう。こうした諸条件が重なる中で声の主を特定するのは、非常に困難である。また、川村は、同種であっても、標高が高いほど囀りがうまくなることを指摘し、「ウグイス科やチメドリ科の各種は嘉義や台南付近よりも阿里山上のほうが断然勝れている」という［同 : 118, 151］。マミハウチワドリはウグイス科、メジロチメドリはチメドリ科の小鳥であった。同種の鳴き声の、標高差による巧拙により、声の主が別種であると誤認され、鳥名に関してもシノニムを生んだという可能性も推測できよう。

④ *tuvi* と *siwzer*

　ここで、タマラカオ村における、*tuvi* と *siwzer* について再考しておきたい。土田はこの2名称を、同一の占い鳥であり、鳴き声の吉凶によって呼び分けると報告していた［土田 1980: 273］。筆者は、現在の司祭 Ag からも2名称がやはり同一の占い鳥（*tuvi* = *siwzer*）であり、ともにメジロチメドリの地方名であると聞き取っている。このことについて、女性 P は猛反発し、シュウルルとトゥヴィは別の鳥だというが（*tuvi* ≠ *siwzer*）、ともに姿は見たことはないという。彼女は鳴き声の相違により2名称を別種と断定しているのであろうか。さらに、名称が異なれば種が異なるという、いわば「常識」に従っているのだろうか。しかし、まったく反対の見方も可能であろう。男性 I によれば、*tuvi* ≠ *siwzer* であり、シュウルルはメジロチメドリだが、トゥヴィは空色をしておりクロエリヒタキだろうということであった。とはいえ、クロエリヒタキの姿を見ずして、その鳴き声（凶声）をメジロチメドリが発したものと理解すれば、*tuvi* = *siwzer* が成立することになる。

　もちろん、このような当事者の意識外に向けた詮索は不毛であるかも知れないが、生物の世界では、かつて別種と考えられていたものが、後に同一種と確認されることや、その反対の例もある。鳥に関しても、日本のツミ（*Accipiter gularis gularis*）のオスは、かつてはエッサイと呼ばれ［小林桂助 1983: 71］、雌雄が別種と考えられていた。*tuvi*・*siwzer* の2名称の併存もそうした名残であるのかも知れない。推測に過ぎないが、ある時期まで鳴き声の相違によって両鳥は別種と考えられていたが、後の観察によって、姿が同じであることに気づき、同種と理解されるようになったという過程があったかも知れない。あるいは、標高差による鳴き声の巧拙が2名称を生んでいたのかも知れない。

　反対に、*tuvi* = *siwzer* が、いわば古典的な知識であったが、その後の観察により一部の者

が別種であることを確認したものの、古典的知識がなお一部の間に残存しているという可能性もあろう。日本におけるブッポウソウ（*Eurystomus orientalis*）も、長年の間「仏法僧」と鳴くと思われ、コノハズクと混同されていたという事実［浜口他 1991: 256］が想起される。

　ところで、「*tuvi*」なる名称は、先述の、カティプル村の「トビ」や、ムリヴリヴック村の「*tuhiH*」と発音が近似することが注目される。ともに、未同定であるが、タマラカオ村の情報を手がかりに同定あるいは比定が可能となるかも知れない。

⑤「解釈名称」の存在と「聞きなし」の有無

　tuvi と *siwzer* に見るような混乱の背景に関して、鳥名そのものでも、また鳴き声でもない、解釈に関わる名称の存在に注意してみたい。森丑之助は、タイヤルのシレイク（メジロチメドリ）による鳥占に関して、鳴き声そのものには言及していないが、シレイクの位置または飛び交わす方向と鳴く順序によって「ミッシュク、サーヂン」（吉）、「ツンツン」（凶）、「メラアフ」（大凶）などの 8 つの「占方」に関する名称を記載している［森 1996: 271-273］。また、佐山融吉によれば、北ツォウ番では、「オジョム」という小鳥が「セーセーセー」と鳴けば「トゥムサゴサゴ」といい「元気の旺盛なる」意味で、「オジョム」に加え「ツムエブン」という鳥が「ズジュズジュ」と啼くことを「エームアウ」と呼び、「元気の衰弱なる」を意味するという［臨時臺湾旧慣調査会 1918a: 88-90］。これらを仮に「解釈名称」と呼ぶことにしたいが、両報告とも、鳴き声と解釈名称との間に音声上の類似は認められないので、後述する「聞きなし」とは異なるものといえよう。

　両報告には、「鳥名」「鳴き声」「解釈名称」が連記されるが、これら 3 者の間に混同が生じる可能性はないだろうか。伝聞や仄聞の過程で、鳴き声である「ズジュズジュ」や解釈名称と呼びうる「トゥムサゴサゴ」が、「オジョム」という鳥名の別称に転じたり、また、「シュウルル」という鳴き声あるいは解釈名称が「トゥヴィ」の異名を産んだりという経緯が存在したかも知れないのである。

　もっとも、プユマにおけるこうした解釈名称の存在を、少なくとも筆者は確認できずにいる。もしかすると、それらが記録される以前に、鳥名に転じていたという可能性も完全には否定できないであろう。少なくとも、鳴き声等に基づく新名称が新たに誕生することは十分に予想される。菅原和孝は、ボツワナのグイにおける鳥名の調査時に、「属性記述が方名へと変化するプロセス」に遭遇している［菅原 2015: 238］。

　ところで、プユマの場合は、鳥の声の「聞きなし」もほとんど行われていない。日本の場合、ホトトギスの「てっぺんかけたか」などがよく知られているが、カサヴァカン村では、

カノコバト（珠頸斑鳩：*Streptopelia chinensis*）の鳴き声を「*Tapukau-ku*」（私を叩け）と聞きなすのが、筆者が知る唯一の例である。地域を問わず、「聞きなし」は、知識の共有度を高める装置として機能するものと考えられよう。菅原は、「聞きなし」とほぼ同様な行為を、人間の言葉への「聞きなぞらえ」と呼んでいる。例えば、ムナジロガラスの鳴き声が「イカオ・カワ・キャ・アー」（お前たちは今におれを知るだろう）と言語化されるが、これは邪術師が囁くことばである［同：249］。このようにグイの人びとは「生活の文脈とぴったり合致したことばを鳥の声に聞き取っている」のだという［同：252］。また、スティーブン・フェルドによれば、パプアニューギニアのカルリでは、多くの鳥がボサビ語を話すとされ、オビヒロヨタカは夜、「ばあちゃん、薪持ってきて」と鳴き、つねに飛び回っているユキボウシカッコウは「背中が痛い」と叫んでいるという［フェルド 1988: 110］。

　もちろん、「鳥の声が人語に聞きなされるという」ことと「鳥が人語を発するという」ことは区別されなくてはならない［小林博行 2000: 189］。後者のような観念の有無は、民族や時代によって異なり、また、その人語を、「鳥の声」として聞くのか、「人の声」として聞くのか、あるいは、カルリのように「死者の声」として聞くのか［フェルド 1988: 51］、ボルネオ島のプナンにおけるように「カミの声」として聞くのか［卜田 1996: 87］、それらの弁別が重要であることはいうまでもない。いずれにせよ、こうした聞きなし（聞きなぞらえ）は人びとの間で共有され、鳥名の共有に寄与していると考えられる。川村は「聞きなし」の行為を「章句仮充法」と呼び、「声色も抑揚長短も同時に覚えられ、かつ一度で記憶にとどめられる」のだという。この方法は欧米の鳥類学者の間でも採用され、米国では Catch phrase と呼んでいるという［川村 1974: 30-32］。厳密な比較は困難であるが、プユマの場合、聞きなしをほとんど伴わず、Catch phrase を欠くということも、鳴き声に関する知識の個人差を生み、変化を容易にさせる一因になっているとも考えられる。

4　知識の多様性の許容

　プユマの占い鳥に関する多様な知識は、とくに問題を生じることなく併存し、許容されているようである。ここで、このことの背景について考察してみたい。そもそも、プユマの人びと自身は、鳥に関する知識の個人差にあまり気づいていないのかも知れない。彼らが占い鳥を手にして他者と知識を確認しあう機会は皆無に近い。知識が共有されないばかりか、異知を異知と気づかず、批判もしないし・されもしない。こうして、各自の自前の占い鳥（one's own omen bird）が存続することになる。

　さらに、タマラカオ村のNは、「同じ鳴き方でも一人一人聴き方が違う。私の場合は…」と、またAnは「トゥヴィもシュウルもよいことも悪いこともある。外れるときもある」と語っていた。それぞれ印象的な言葉であるが、筆者は、夢占について、同様なコメントを何度か耳にしている。両『調査報告書』は、夢占に関して「○○の夢は□□の前兆」という例を数多く列挙している。約100年前の調査当時には、こうした知識の共有度は高かったのであろう。

　ところが、少なくとも、現在のカサヴァカン村における聞き取りでは、「夢は一人一人違う」という考えが大勢を占めており、個人差の存在は自明のもとして尊重されている。「人の話を聞くと間違える」ともいい、各自の夢見の解釈には個人の経験が照合されるのである。同じことが鳥占にもいえ、私的な経験則が積み上げられるようである。

　しかし、これは、鳥占自体もまた私的なものであることを前提としている。首狩や収穫祭、集団猟前の、集団的で公的な積極的鳥占に際しては、司祭や年配男性たちの間で知識が共有されていたはずである。森丑之助による記載や両『調査報告書』に見る、精緻で定形化された様式は、まさに共有された知識あるいは処方であり、先の「解釈名称」は解釈上の共有財産であったといえよう。ところが、こうした集団的な鳥占は姿を消しつつある。首狩りはもはや記憶の彼方にあり、集団による追い込み猟もほぼ消滅し [19]、現在では、一年に1、2度の収穫祭における集団猟が残存している程度である。集団猟であれば、鳥占に関する知識も共有・伝授されるであろうが、私的な狩猟の場合、鳥占もまた私的なものとなり、知識の断絶の一方で、個人的な経験則が追加・照会される余地が生じることになる。

　なお、これも男性の場合であるが、集落の様々な伝統的知識は男子集会所（パラクワン）にて共有・伝達されていた。しかし、年齢階梯制は衰退し、カサヴァカン村では、男子集会所も1958年に取り壊されている。この頃には収穫祭も一時中断し、狩猟や鳥占に関する知識の伝達も困難になったと考えられる。

　一方の女性たちであるが、収穫祭に際しての公的・積極的な鳥占からは排除されていたものの [20]、集団での労働交換を頻繁に行っていた。これには2種類があり、一つは、2、3名から10名ほどで構成されるサライパンで、粟の除草・間引き・粟刈り、田植え、稲刈り、サトウキビの刈り取りなどを交互に行っていた。こちらには男性が参加することもあったが、一方のメサウルは、機会は少ないものの、女性のみ30名ほどで構成され、粟の除草と間引きに当っていた。ともに、世帯・世代をまたがった構成であることから、それらを超えた知識の共有・伝承の場になっていた。粟耕作に関しては、呪術宗教的な要素が強く、さまざ

な場面で、いくつかの禁忌が課せられていた。そこでは、受動的とはいえ、参加者たちが鳥の鳴き声に耳を澄ませ、凶声を聴けば作業を中断していた。集団的、いわば、半公的な鳥占がなされ、占い鳥に関する知識もそこで開示・共有されていたはずである。しかし、両制度も 1980 年代には廃止される。

その結果、女性たちにあっても、集団的な鳥占への参加の機会は失われ、私的で受動的な鳥占が残るのみとなった。こうして、鳥占や占い鳥に関する知識において、先の男性たちと同様な、あるいはそれ以上の変化が生じたものと考えられる。男女を問わず、個人的な経験によって選別あるいは追加される自前の占い鳥に関する知識は、「手もちの実際的な目的に対しては十分に正確」［シュッツ 1980a: 251］な方向へ修正されることになろう。

ところで、こうした知識の個別化は、伝統的な民俗分類体系やそれを中核とする民族科学（エスノ・サイエンス）を蝕みはしないのかという疑問が生じてくる。しかし、寺嶋秀明によれば、エスノ・サイエンスとは、「動的かつ複眼的なもの」であり、「さまざまな不整合をそのまま包摂する」ような「ブリコラージュ」的体系なのだという［寺嶋 2002: 8］。すなわち、エスノ・サイエンスは、知識の多様性を許容しうるものであり、プユマの鳥占をめぐる知識も、もとより動的なものであったとも考えられるのである。

5 集落間差と環境

個人差の問題に関心を集中してきたが、ここで、集落間の相違に目を向けてみよう。その際、「木を見て森を見ず」の格言に従い、これまで尊重してきた個人差をいくぶん捨象することにしたい。

集落間差でまず気になるのは、プユマ・カサヴァカン・カティプルの各村における占い鳥が、マミハウチワドリほぼ 1 種であったのに対して、タマラカオ村では個人差はあるものの最多で 5 名称を数えたことである。同村では、7 名全員がマミハウチワドリを挙げ、内 3 名がメジロチメドリの名を連ね、合計 5 鳥を挙げる者もいた。

〈表 2〉は、これら 4 村の現集落の標高と海岸からの直線距離、そして現在得られた占い鳥の名称数等を示すものである [21]。

マミハウチワドリの生息地は平地の農地や草原であり、メジロチメドリのそれは低海抜の森林であった。4 村の標高差と海岸からの距離による鳥類相の微妙な相違が、占い鳥の選択肢に影響を与えているものと予想される。4 村を巡れば、鳥類相の相違はすぐにも明らかになる。標高の高いタマラカオ村では、集落内でも、ゴシキドリ・タイワンオナガ・オウチュ

表2　プユマ4村の位置と占い鳥の名称数等

	標高	海岸からの距離	占い鳥の名称数	和名
タマラカオ （泰安）村	170 m 前後	10 km	5 名称	マミハウチワドリ・メジロ チメドリ他
カサヴァカン （建和）村	60 〜 80 m	4 km	2 名称	マミハウチワドリ・メジロ チメドリ
カティプル （知本）村	30 〜 40 m	3 km	1 名称	マミハウチワドリ
プユマ村 （南王）村	30 〜 40 m	6 km	1 名称	マミハウチワドリ

ウ等を頻繁に目撃することができる。同村では合計5鳥の占い鳥の名称が得られたが、次に標高の高いカサヴァカン村では、マミハウチワドリとメジロチメドリの2種となり、もっとも低いカティプル・プユマ両村では、マミハウチワドリ1種となった。集落の標高が高いほど、占い鳥の数が多いということになり、このことは現集落周辺の環境に基づく鳥類相の相違と無関係ではないと考えられる。

6　集落の移動にともなう変化

しかしながら、プユマの諸村は、これまでに移動を繰り返しており、居住地における鳥類相の変化に応じた占い鳥の交代や追加があったものと予想される。同時に、旧集落や故地の環境における鳥の知識や名称を継承し続けている可能性もあろう。

Simon は、トゥルクの、山間から平地への移動が、彼らの社会や文化に極めて大きな影響を与えたことを論じているが［Simon 2017］、鳥名に関して、「新たな環境で出会った類似の鳥たちを呼ぶのに、なじみの名称を使用する」という興味深い現象を指摘している。南投の森林に見られたベニサンショウクイの地方名は *mayas* であったが、花蓮ではその複数形 *mmayas* が「美しく歌のうまい鳥たち」の総称に使用され、南投ではチャイロウソのみを指していた *pulut* がスズメの名称に転じているのである［Simon 2015: 193-194］。

さて、プユマ（パナパナヤン族）の4集落であるが、馬淵東一によれば、タマラカオ村は、口碑にみる移動経路と伝説から「元来大南社の分派であり、後にパナパナヤン族化したしたもの」と推測される［移川他 1988: 351］。そして、大南社の口碑に従えば「大南社の伝説上の故地は中央山脈地帯とせられ、漸次東方に下って今の地に来たとなっている」という［同：238］。Pなどが語る豊かな知識のいくつかは、旧集落や故地からの継承であるかも知れない。カサヴァカン村（射馬干社）については、発祥地以降の15回に及ぶ集落移転の口碑が記述されている。同社とカティプル村（知本社）の「移動経路はほぼ一致しており、最初太麻里

上流地方まで進み、次に知本渓岸に出、漸次これを下って現在の地に来たとされている」。知本社の口碑では、始祖から 6 代目の時代に、Karukalan に移動し［同：332］、カサヴァカン村のそれでは、始祖から 16 代目が同地に移動し、知本社と一緒に住むことになった。同村にとっての 12 番目の集落になるが、その後も久しく同地のやや下方に居住していたという［同：343］。Karukalan とは「真の集落」の意味であり、発祥地とともに現在も神聖視されている。

　Karukalan は、標高約 420 ～ 440 m の森に囲まれた地にあり、現在の同集落の占い鳥であるマミハウチワドリは出現頻度が低いものと考えられる。カサヴァカン村の L は、一人のみ、しかも一時的ではあったが、占い鳥の名をチェリチェリウ（tyelityeliu）すなわちメジロチメドリと語っていた。「異知」ともいえるこの知識は、マミハウチワドリ以前の様子を伝えているのかも知れない。それは、北中部諸民族の信仰とほぼ重なるものといえよう。

　同村の場合、その後の平地への移動に伴い、新たな環境・鳥類相に応じた種、具体的にはマミハウチワドリを占い鳥に追加あるいは変更した可能性が高いものと考えられる。メジロチメドリとマミハウチワドリは同業者であるばかりでなく、先輩／後輩の関係でもあったという推測である。平地の鳥であるマミハウチワドリは、山間に入れば、姿も見えず、声も聞こえない。したがって、首狩りの伴侶には成りがたく、狩猟についても現場で予兆を得ることは不可能となる。もちろん、首狩りは遠い過去の習慣であった。

　プユマ村（卑南社）は、集落が南北に二分され、首長家も 6 家を数え、由来や移動に関する口碑は大変複雑である。しかし、紅頭嶼・火焼島との関係や鯨に関する伝説が語られ［移川他 1988：358-364］、プユマの他の諸村に比して海洋あるいは平地指向であると考えられる。これに対応するかのように、同村における占い鳥の名は、佐山による記載以来、マナナガン・munanakan（マミハウチワドリ）1 鳥に終始していた。この鳥は同村において、かなりの古顔であるといえよう。

　なお、林豪勲と陳光榮によれば、プユマ村では、かつて大猟祭（冬季収穫祭）において司祭たちが、早朝野外で特定の鳥の声を聴き、猟場について卜占していたが、1996 年現在、鳥占は一切行われていないという。そもそも近年は、猟場が次第に少なくなり、都蘭山山麓に限定されている［林・陳 1996：55］。宋の報告による、先の munanakan の 9 種の鳴き声による 6 通りの吉凶の判断［宋 1995：74-75］は、内容から集団猟に関する鳥占であったと読み取れるが、猟場が限定されれば、積極的卜占は不要となって当然である。同様なことは農耕にも言えるだろう。焼畑（切替畑）から常畑への移行に伴い、どこへ（where）という疑問

詞は消え、鳥に求めるのは、行くか休むか（go/no-go）の二分法、すなわち吉凶の判断のみに収斂されたのである。吉声と凶声の2声があればそれでよく、かつ同一種でそれらを鳴き分ける鳥が一種いれば、事足りる。さらに、常畑や水田を設けた平地では、鳥類相が単調になったが、そこには、10種もの囀りをもつマミハウチワドリがいたのである。

　平地居住と猟場の縮小に伴い、狩猟対象、すなわち獲物（ラワッ）もまた大きく変化している。カサヴァカン村における現在の主たる獲物は、なんと野鼠である。その生息域たる野原や畑には、マミハウチワドリが営巣し、野鼠たちがその直下を駆け回っている。占い鳥の変化は獲物の変化にも対応するものといえよう。人間がマミハウチワドリの声から猟の成否を読み取るとともに、野鼠たちはマミハウチワドリの警戒声に助けられているものと想像される。市川光雄によれば、ムブティ・ピグミーの知識では、ゾウの耳もとで人間の接近を知らせる「ゾウの鳥」、オカピに危険を知らせる「オカピの鳥」がいる［市川 1984: 126］。また、奥野克巳によれば、プナンでは、ハシリカッコウの鳴き声がヒゲイノシシを救い、リーフモンキーはリーフモンキー鳥の囀りによって命拾いをしているという。鳥の声は、「あらゆる生きものにとっての共通言語のようなもの」なのである［奥野 2016: 92-93］。ここに、最近注目される、multispecies な関係［Kirksey & Helmreich 2010 他］の一端を認めることができよう。

　Simon も multispecies ethnography を標榜する研究者の一人であるが、ここで、Simon がトゥルクにおいて指摘した「なじみの名称の転用」について、プユマの場合を考えてみよう。カサヴァカン村のチェリチェリウは、少なくともメジロチメドリとメジロの2種を指しているが、後者が平地の鳥であることから、古くは前者に対する名称であった可能性が高い。メジロは、カサヴァカン村の郊外で通年目撃可能である。さらに、メジロチメドリとメジロ、そしてティクティカンの一種であるアオハウチワドリは、白色のアイリング（眼圏）を共有していた。平地への移住により、鳥類相が変化したものの、白いアイリングが三者を橋渡ししたのかも知れない。もしかして、こうした移行がかなり新しいものだとするならば、特に日本語世代の人びとにとって「目白」という日本語が3鳥を結びつけたとも考えられる。

　タマラカオ村では、7名の口述者中、P の知識は異彩を放っていた。スミリシリウという地方名をめぐり、他の4名が、平地の鳥でマミハウチワドリだとするのに対し、彼女一人は、それが、平地にも山にもいる鳥であり、メジロチメドリと同定している。そして、マミハウチワドリのことを彼女一人がティティ（*tiHtiH*）と呼んでいた。彼女の「異知」の基盤は、少女時代から父親とともに山間に住んでいたことにあったと自身が言う。スミリシリウは、

本来はメジロチメドリを指していたが、「なじみの名称」を他の人びとが平地のマミハウチワドリを呼ぶホモニムとして使用しだしたが、Ｐのみは、対象を変更していないという可能性が浮上してくる。

　ところで、集落の移動と環境の変化による占い鳥の追加があれば、新たな鳥に「なじみの名称」の転用があったとしても、占い鳥の名称数は減じるとは限らないと予想される。ところが、カティプル村の場合、佐山の調査による、①「ヒュードル」、②「トビ」、③「トマギシ」、④「シミリシリオ」４鳥が、約100年後の現在では、⑤トゥリン（マミハウチワドリ）１鳥となり、しかも鳥名は一つとして連続していない。しかし、①と②が山地の鳥であるのに対し、③と④は平地に多いということから［台湾総督府蕃族調査会 1921: 107］、居住地主体説とでも呼ぶべき視点からみると、佐山の調査時には、すでに平地居住下にあり、③と④は平地移動後に追加されたと推測できる。さらに、この100年間で４鳥の知識が揃って失われ、新たに⑤が加わったという流れも想像される。すなわち、同村の占い鳥は、Ⅰ：①・②→Ⅱ：①・②・③・④→Ⅲ：⑤、という３段階を経て変化したものと仮定できる。しかし、少なくともⅡとⅢの間には、「なじみの名称」の継承は認められない。いずれにせよ、知識の断絶や忘却・置換が非常に短期間に進行したものと考えられるのである。

7　知識の記述

　ここで、佐山を含む先学諸氏に対して、甚だ失礼な推測を示したい。繰り返し述べてきたように、現在の口述者たちの鳥名に関する知識は実に多様であった。複数名が知識と処方を確認しあう公的・積極的な鳥占はともかく、私的な鳥占に関しては、もともと（より具体的には100年前にも）知識が多様であったという可能性があろう。そうしたなか、渡邊が指摘するように、民族誌の多くはキイ・インフォーマントの知識に依存してきたのである［渡邊 1990: 13］。

　佐山の調査時にも、他の口述者には他の占い鳥があったという可能性も否定できず、当時も一部の者は⑤トゥリンと称する鳥を鳥占に使用していたかも知れないのである。渡邊は、これまでの研究者が、コミュニティ内部に「知識の闘争や葛藤がある」にもかかわらず、いずれかの立場を代表するような選択をせまられ、そのような「操作をほどこしてきたきらいがあるのではないか」と指摘している［同：13-14］。代替手段として、両者あるいはそれ以上のデータの併記があるが［同：14］、本稿における筆者の基本姿勢をここで確認するならば、「選択」を避け、冗長ではあっても「併記」を心がけてきた[22]。なおかつ、個々の知識、さ

らにはそれが変化したとしても、個々の口述を、すべて尊重するという姿勢をとってきた。

　知識の記述には危険が満ちている。先のLによる鳥名の変化であるが、もしも、筆者の聞き取りが、彼からのはじめの1、2回のみであったならば、「カサヴァカン村における鳥占の対象はチェリチェリウ（メジロチメドリ）である」と記述していたかも知れない。さらに同村一村のみの調査であれば、「プユマ（卑南族）の占い鳥はメジロチメドリである」などと報告してしまったかも知れないし、選択による危険は、その後の引用者にも波及する。

　ここで、鳥名に関する筆者の誤報告未遂について告白しておきたい。筆者が整理中の「カサヴァカン村の鳥名一覧」というデータには「マドゥムス（*madumus*）」という鳥名があり、「日本統治期にはマドゥムスという黄色い鳥がいた。美味しくもない。もういない」と記していた。口述者は、男性 Ka（1929 年生。故人）と先の Hi の二人で、2004 年 1 月の聞き取りであった。後に、Hi からこの鳥について再度話を聞こうとすると、「そんな鳥はいない」というのである。*madumus* とは「もはや存在しない」「なくなった」という意味の動詞であった。当時の二人が「もういない」と繰り返し語っていたのを、筆者は鳥名と勘違いしたのであった。確認を怠っていれば、筆者は大失敗を犯していたかも知れない。

　さらに、知識には語られないものがある。もしも真の秘儀といえる鳥占があったとすれば、誰も聞き取ることはできないであろう。また、知識には言語化しえないものもある。とくに名称を指標にした聞き取りとそれによる記述には限界があり、名称や同定へのこだわりにより見失ってしまうものもあろう。タマラカオ村の N は、鳥たちによる父の死の知らせを「左右と上、沢山の鳥、様々な声、とってもやかましい」と表現していた。鳥名の把握や知識を必要・可能としない鳥占も存在しうるのである。

8　知識の多様性と鳥占の操作的側面

　最後に、知識の多様性に関して、もう一つの要因を考えたい。佐山はカティプル村の鳥占に際して、呪術宗教的な操作が行われていることを記していたが［台湾総督府蕃族調査会 1921: 136］、操作はより具体的な方法でも行うことができよう。首狩りや狩猟の行路で、鳥たちへの刺激を意図的に変え、期待に近い鳴き声を引き出すことも可能であろう。より容易なのは、聞こえてくる複数種の囀りや地鳴きから、都合の良い音を選択あるいは報告するという方法である。そして、期待に近い判断をするには、より多くの鳥による、より多くの鳴き声のパターンをストックしておくほど有利である。ときに、進みたいのか引き返したいのかなど、希望や期待が他者と対立した場合、都合のよい知識を開示・主張することにより、

結果を期待に近づけることが可能となろう。場合によっては、当意即妙、新たな知識を主張することがあったかも知れない。鳥占や占い鳥に関する知識の多様性は、このような鳥占の操作的側面から説明することも可能であろう。そして、こうした操作が首狩りや集団猟という生命にかかわる場面において、より必要とされたと仮定するならば、鳥占をめぐる知識の多様性は、古くから存在していたと考えられるのである。

　もちろん、私的で受動的な鳥占にも、こうした操作が多用されてきた可能性が指摘できる。他者との照合の必要はなく、結果を自身の都合に合わせることはより簡単である。体力や体調次第での、行くか休むかの判断に加え、かつては、焼畑の開墾地や個人の猟場の選択に際して、安全や住み分けを考慮の上、鳥の声を選択することがあったとも考えられよう。

　さらに、知識の多様性は、人々の意識外の効果や機能を有しているかも知れない。Michael R. Dove は、西カリマンタンのカントゥにおいて、焼畑の開墾地の選択における鳥占の機能に関して、不安定な環境のもとでは、鳥占によるランダムな選択により、むしろ長期的には収穫量が増すことを報告している［Dove 1993: 145-164］。カントゥは、主神の娘婿とされる7種もの森の鳥を鳥占に使用するが、それだけでも知識と解釈は複雑になる［同：148］[23]。一方、プユマにおいては占い鳥の数は少なく、判断も吉凶の二択へと収斂してきたが、占い鳥に関する個々の知識は複雑に錯綜していた。そのこと自体が、耕作地や猟場の選定、休耕や休猟のタイミングをランダムに選択させ、資源の活用と危険性を幾分なりとも分散させてきたと考えることもできよう。

　なお、鳥の声から他の動物の動きを察知するのは人間だけではない。鳥の行動により、捕食・捕獲されずにすむ動物たちも多いはずである。きわめて広い意味での鳥占は、人間以外の動物たちにも共有されているのである。multispecies な視点から台湾原住民たちの鳥占を再考する必要を実感するが、それについては今後の課題としたい。また、鳥名に関する知識の多様性や安定性は、鳥類の命名法や分類法の様式と無関係ではないと予想される。プユマの鳥類全体の民俗分類については、稿を改めて報告・考察の機会を持ちたいと考える。

［謝辞］
　カサヴァカン村での調査に際しては、頭目である陳文生（ハコ）氏をはじめ多くの住民たちにお世話になり続けている。タマラカオ村での調査に際しては、口述者の皆さんに加え、長谷川治氏・孫美英（アラウ）氏の多大な協力を得た。メジロチメドリの写真については、広島大学名誉教授で野鳥写真家の角南英夫氏よりご提供いただいた。また、音素表記の一部については、愛知学院大学文学部准教授の高田三枝子氏（言語学）の協力を得た。なお、本稿の概要は、2018 年 3 月 16 日（金）に国立民族学博物館

蛸島　直

にて開催された日本順益台湾原住民研究会2017年度第2回研究会において「プユマの占い鳥をめぐって」
と題して発表させていただいた。当日、貴重なコメントとご教示をいただいた参加者の皆様に感謝申し
上げたい。とくに、Scott Simon 氏からは、後日、私信に添えて仏文論文の英語版をご提供いただいた。
また匿名の査読者からは適切なコメントとご助言をいただいた。以上の諸氏に、そして誰の目からも冗
長といえる本稿にお付き合い下さった読者諸氏に心より感謝申し上げる次第である。

注

(1) 現在のプユマ（卑南族）は、『蕃族調査報告書』（1913）においては「卑南族」、『番族慣習調査報
　　告書』第二巻（1915）においては「台東庁ぷゅま族」と表記されていたが［臨時台湾旧慣調査会
　　1915］、『蕃族調査報告書　排彎族　獅設族』（1921）においては、「排彎族卑南蕃」と分類されて
　　いた［台湾総督府蕃族調査会 1921］。

(2) 両『調査報告書』からの引用に際しては、原文の片仮名表記を平仮名に変え、必要に応じて現代
　　仮名遣いに改め、句読点を適宜加えた。

(3) 山階芳麿は、マミハウチワドリ属（Prinia）の「嘴は細くして尖り」と記載している［山階 1980:
　　61］。

(4) 体長 12 cm で嘴も細長いシロクロヒタキ（小剪尾：*Enicurus scouleri*）が候補となろうが、山間の
　　渓流付近に生息する希少種であり［方 2008: 340］、プユマ村の鳥占所に姿を現すかは疑問である。

(5) カサヴァカン村では、村境にある祭祀の場所を luanan と呼び、laluanan とは、同地の儀礼時に限っ
　　ての名称となる。

(6) 本来は口述者一人一人の氏名を明記して謝意と敬意を示したいところだが、集落間・集落内を問
　　わず、知識の不一致に際して口述者たちが他者を批判したりすることがある。この事例の聞き取
　　り後も、同席していたカサヴァカン村の口述者は「あれは間違いだ」と筆者に語っていた。後顧
　　の憂い無しとはいえず、すべての口述者名をイニシャルで表記することにした。

(7) 曽建次は、tiktikan を「小鵑」と中国語訳しているが、具体的な鳥名は不明である［曽 2009: 63］。

(8) アミにおいては鳶も占い鳥であった。河野喜六によれば、花蓮港廳あみす族の「出草」に際して、
　　「バラン」（鳶）に注意を払うとあり［臨時臺湾旧慣調査会 1915: 164］、やはり地方名と和名を併
　　記している。

(9) カサヴァカン村では家禽たる鶏（*vuyuw*）は鳥類（*HayaHayam*）の範疇には含まれない。

(10) この文脈では「禁忌」の意だが、パリシは、呪術宗教的行為や事象の総称であり、日本語が堪能
　　な人たちは「迷信」と訳すことが多い。

(11) ちなみにメジロの中国語での俗称は「青笛」あるいは「青笛仔」である。

(12) 土田による語彙の作成後の注には、「/r/ は有声そり舌弾き音。/R/ は有声歯茎ふるえ音。注に「そ
　　り舌音を L で、ふるえ音を r で表した方がよいとあとで気がついた」とある［土田 1980: 305］。

(13) 百歩蛇が鷹に変態するという伝承については、胡［2006］、蛸島［2007］等を参照されたい。なお、
　　イバン語のブロンは通常は「鳥」一般を指すが、拡大されて未来を予兆する事象のすべてを指し、
　　虫の音もブロンになるという［内堀 1996: 19］。未確認ではあるが、プユマにも同様な拡大解釈が
　　潜在しているかも知れない。

(14) 2016 年 3 月 12 日の再訪時、P は、これら 5 鳥に加え、「もしも亡くなる人がいれば、その家の木の上で夜、アルトゥ（*HalTu*：梟）が鳴く。あれが来たらもうだめ」と語ってくれた。合計 6 鳥となるが、先の 5 鳥は、畑に行く前に声を聴く鳥である点で、文脈が異なることになろう。

(15) 鳴き声の重要性は、フェルドをはじめ多くの民族鳥類学的研究によって指摘されている。市川は、ムブティ・ピグミーの調査において、同定のために自らかすみ網を使用して成果を上げているが、彼が捕えた小鳥をムブティに「見せても姿形だけではどの鳥か識別できなかったが、声を聞いて初めてはっきりと鳥の名を言うことができたという例がいくつかあった」と述べ、鳥の識別における音の重要性を指摘している［市川 1984: 123］。

(16) フェルドによれば、カルリにおいても「女性の鳥に関する知識は、経験豊かな中年男性の狩人がもっている知識に比べてたいへん限定されている」という［フェルド 1988: 88］。

(17) そもそも鳥類の全長は、「測定の際の頸の引き伸し具合によって結果が変って来る」ので学問上も余り利用されないという［山階 1980（1934）: 15］。

(18) この鳥の分布は南部墾丁、恆春、台東及び花蓮に限られるが［蕭 2015: 58］、プユマの諸集落内外では常に目撃される鳥である。

(19) 野林厚志は、パイワンにおける調査から「集団猟が日本統治時代も含めて日常生活における食糧摂取に大きく寄与していたとは考えがた」く、むしろ「特別な猟法であったと考えたほうが適切である」と指摘している［野林 2008: 95］。

(20) ただし、先述のように、知本社の馘首に際しては、「婦女子と共に社を出で適宜の所」にて最初の吉声を聞く場面までは婦女子は排除されていなかったようである［台湾総督府蕃族調査会 1921: 136］。

(21) ムリヴリヴック村（標高約 220 〜 240 m、海岸からの距離 9.5 km）の情報は、口述者 1 名のみに対する短時間の聞き取り調査に基づくもので、複数名あるいは複数の出典から情報を得た他村との比較には問題があると判断し、比較の対象外とした。

(22) 筆者はかつてカサヴァカン村におけるある出来事をめぐり、その災因論が多面的に語られることに注目し、併記の方法をとったことがある［蛸島 1998］。そこでは個人の立場や思惑が反映されていた。鳥の名に関する知識は、一見、立場や思惑に左右されるものではないと考えられる。だが、実際の鳥の鳴き声の聴き分けと解釈にも、思惑や意図的操作が介在しうるようである。

(23) カントゥの鳥占では、さらに、飛び方、鳴き声の種類と回数、方向、複数種間における順序等々が解釈を非常に複雑にさせている［Dove 1993: 148］。

文献

巴代（Badai）
 2009 『Daramaw──卑南族大巴六九部落的巫覡文化』耶魯国際文化事業。

Cauquelin Josiane
 2004 *The Aborigines of Taiwan: The Puyuma: from headhunting to the modern world.* Routledge Curzon, London.
 2008 *Ritual Texts of the Last Traditional Practitioners of Nangwang Puyuma.* Institute of linguistics,

Academia Sinica, Taipei.

2015 *Nanwang Puyuma-English Dictionary.* Institute of Linguistics, Academia Sinica.

Crick, Malcolm R.

1982 *"Anthropology of Knowledge" Annual Review of Anthropology,* Vol. 11: 287-313.

Dove, Michael R.

1993 "Uncertainty,Humility,and Adaptation in the Tropical Forest:The Agricultural Augury of the Kantu". *Ethnology* 32: 145-167.

方偉宏

2008 『台湾鳥類全圖鑑』貓頭鷹出版。

フェルド、スティーブン

1988 (1982) 『鳥になった少年――カルリ社会における音・神話・象徴』山口修・山田陽一・卜田隆嗣・藤田隆則訳、平凡社。

浜口哲一・叶内拓哉・岡崎立・佐野裕彦

1991 『野鳥　山渓フィールドブックス④』山と渓谷社。

何華仁

1996 『台灣野鳥圖誌』常民文化出版。

蕭木吉

2015 『台湾山野之鳥常見100＋特有種』台北市野鳥学会。

胡台麗

2006 「百歩蛇與熊鷹――排灣族的文化表徵與詮釈」『歴史・文化與族群――台湾原住民国際研討会論文集』順益台湾原住民博物館、171-195頁。

市川光雄

1984 「ムブティ・ピグミーの民族鳥類学」伊谷純一郎・米山俊直編著『アフリカ文化の研究』アカデミア出版会、113-136頁。

伊藤泰信

2000 「知の状況依存性について――知識人類学試論」『社会人類学年報』Vol. 26、東京都立大学社会人類学会、97-128頁。

笠原政治

1980 「台湾プユマ族の二つの祭祀」『黒潮の民族・文化・言語』黒潮文化の会編、角川書店、150-182頁。

川村多実二

1974 (1947) 『鳥の歌の科学』中央公論社。

Kirksey, Eben and Helmreich, Stefan

2010 "The Emergence of Multispecies Ethnography". *Cultural Anthropology,* Vol. 25-4: 545-576.

小林桂助

1983 『原色日本鳥類図鑑　新訂増補版』保育社。

小林博行

2000 「聞きなしの成立」『人文学報』第 83 号、京都大学人文科学研究所、185-193 頁。

小池誠

1991 「知識の人類学」『社会人類学年報』Vol. 16、東京都立大学社会人類学会、193-208 頁。

廖本興

2012 『台湾野鳥図鑑　陸鳥篇』晨星出版。

林豪勲・陳光榮

1996 『卑南族神話故事集錦』台東県立文化中心。

林英典

2000 『發現台湾野鳥』晨星出版。

馬淵東一

1974a 「高砂族の系譜」『馬淵東一著作集』第一巻、社会思想社、221-235 頁。

1974b 「山地高砂族の地理的知識と社会・政治組織」『馬淵東一著作集』第一巻、社会思想社、237-283 頁。

松井健

1983 『自然認識の人類学』どうぶつ社。

森丑之助

1996（1917）『台湾蕃族志』第一巻、臨時台湾旧慣調査会（南天書局復刻版）。

新居田純野

2011 「台湾原住民サオ族の伝承物語と昔の生活：Ⅱ　生活編」『台湾原住民研究』第 15 号 日本順益台湾原住民研究会編、142-162 頁。

野林厚志

2008 『イノシシ狩猟の民族考古学——台湾原住民の生業文化』御茶の水書房。

奥野克巳

2016 「リーフモンキー鳥のシャーマニック・パースペクティヴ的美学——ボルネオ島プナンにおける鳥と人間をめぐる民族誌」野田研一・奥野克巳編著『鳥と人間をめぐる思考——環境文学と人類学の対話』勉誠出版、79-101 頁。

祁偉廉

1998 『台湾哺乳動物』大樹文化事業。

臨時臺湾旧慣調査会

1913 『臨時臺湾旧慣調査会第一部　蕃族調査報告書　阿眉族南勢蕃・同　馬蘭社・卑南族卑南社』臨時臺湾旧慣調査会。

1915 『臨時臺湾旧慣調査会第一部　番族調査報告書』第二巻、臨時臺湾旧慣調査会。

1918a『臨時臺湾旧慣調査会第一部　番族調査報告書』第四巻、臨時臺湾旧慣調査会。

1918b『臨時臺湾旧慣調査会第一部　蕃族調査報告書　大么族　前篇』台湾総督府蕃族調査会。

シュッツ、アルフレッド

1980a（1970）『現象学的社会学』森川眞規雄・浜日出夫訳、紀伊国屋書店。

1980b（1964）『現象学的社会学の応用』桜井厚訳、御茶の水書房。

卜田隆嗣

1996 『声の力――ボルネオ島プナンのうたと出すことの美学』弘文堂。

Simon, Scott

2015 "Émissaires des ancêtres:Les oiseaux dans la vie et dans la cosmologie des Truku de Taïwan". *Anthropologie et Sociétés,* 39 no. 1–2: 179–199.

2017 From Millet to Rice: Human-Plant Relations and Ontological Change in Indigenous Taiwan. 官大偉編『民族、地理與発展――人地関係研究的跨学科交会』順益台湾原住民博物館、229-259 頁。

菅原和孝

2015 『狩り狩られる経験の現象学――ブッシュマンの感応と変身』京都大学学術出版会。

宋龍生

1995 「南王村卑南族的宗教信仰」『民族學研究所資料彙編』第 10 期、中央研究院民族学研究所、41-119 頁。

台湾総督府蕃族調査会

1920 『臨時臺湾旧慣調査会第一部　蕃族調査報告書　大么族　後篇』台湾総督府蕃族調査会。

1921 『台湾総督府蕃族調査会　蕃族調査報告書　排彎族　獅設族』

1922 『番族慣習調査報告書』第五巻ノ三、台湾総督府蕃族調査会。

蛸島直

1997 「くしゃみはタブー」『台湾原住民研究』第 2 号、258-260 頁。

1998 「事件を記述する――プユマ族の災因論の多面性をめぐって」『台湾原住民研究』第 3 号、158-177 頁。

2007 「鳥に変態する蛇――プユマにおける百歩蛇の伝承」『台湾原住民研究』第 11 号、106-137 頁。

2015 「台湾原住民の鳥占の多様性をめぐって」『台湾原住民研究』第 19 号、3-21 頁。

寺嶋秀明

2002 「フィールドの科学としてのエスノ・サイエンス――序にかえて」寺嶋秀明・篠原 徹編『エスノ・サイエンス　講座・生態人類学 7』京都大学学術出版会。

土田滋

1980 「プユマ語（タマラカオ方言）語彙――付・語法概説およびテキスト」黒潮文化の会編『黒潮の民族・文化・言語』角川書店、183-307 頁。

内堀基光

1996 『森の食べ方』東京大学出版会。

移川子之蔵・馬淵東一・宮本延人

1988（1935）『台湾高砂族系統所属の研究』台北帝国大学土俗人種学研究室（凱風社復刻版）。

ワグナー、ヘルムート・R

1980（1970）「用語解説」シュッツ、A　『現象学的社会学』森川眞規雄・浜日出夫訳、紀伊

国屋書店、360-370 頁。

渡邊欣雄

    1990 『民俗知識論の課題』凱風社。

山田仁史

    2014 「夢占と鳥占」『台湾原住民研究』第 18 号、3-26 頁。

山階芳麿

    1980（1941）『復刻版 日本の鳥類と其の生態』第二巻、出版科学総合研究所。

曽建次

    2009『台湾原住民台東縣（市）　卑南族簡易字典』天主教会台湾主教団原住民牧靈委員会。

張萬福

    1999『増訂版　臺灣鳥類彩色図鑑』東海大学環境科技研究中心。

台湾原住民研究第 22 号
2018 年 11 月 20 日

現代社会におけるルカイ大頭目の権威の再構築
「伝統のシンボル」と「利他的な貢献者」

尤　驍

要旨：台湾原住民族ルカイの社会は伝統として首長制を有する。「大頭目」と呼ばれる世襲の首長は経済、政治、宗教などの側面において権威を有していた。日本植民地支配以降、近代化の進展とともに、ルカイ社会は大きな変容を遂げた。大頭目の権威は行政組織やキリスト教会組織などに大いに取って代わられ、首長制の弱体化が余儀なくされてきた。一方、現在、大頭目の権威は完全に消滅したわけではない。とりわけ、原住民族の伝統文化の復興と、観光産業の発展との文脈のなかで、首長制に関連する諸文化要素が取捨選択し利用され、大頭目の権威が再構築されている動きが見受けられる。本稿は、近代化した社会状況のなかで、個々人の大頭目が日常実践のなかで、現代社会を生きる道を模索しながら権威を再構築している状況に着目する。その上で、再構築を可能にする社会要因と、再構築された大頭目権威の特徴を考察したい。
キーワード：ルカイ・大頭目・権威・近代化・伝統文化の復興

はじめに

研究目的

　本稿では、台湾原住民族ルカイ（魯凱族、Rukai）[1] の社会が 1990 年代以降、台湾における原住民族権利回復運動の活発化とともに、伝統が重視されるようになり、伝統文化の復興（傳統文化復振）が盛んになった社会状況に着目する。ルカイの首長である「大頭目」が現代社会を生きる道を模索しながら、現在の状況に応じて首長制に関連する諸文化要素を取捨選択して利用し、その権威を再構築する動きに焦点を当てる。ルカイの首長制が変容する具体的なプロセスを把握した上で、今日における大頭目権威の再構築の特徴と、それがなぜ可能であるのかを考察することが、本稿の目的である。

　研究方法としては、文献研究とルカイの村落・コンガダヴァン（Kongdavane）[2] で行った

現地調査[3] で収集したデータを合わせて考察する。

研究背景

　ルカイは台湾島南部の山地に居住する原住民族集団の一つである。2018 年 10 月の統計によると人口は 13,373 人[4] である。

　ルカイ社会は、伝統として首長制を有している。人々は世襲の首長層タリアラライ（talyalalai）と平民層カオカオル（kaokaol）に大別される。首長層の頂点に立つ最高権力者、いわゆる「大頭目」[5] は、一村落に一人いる場合もあれば、一村落に数人いる場合もある［笠原 1998: 94］。大頭目は、名目上村落の全ての土地を領有し、それを利用する平民から収穫物の一部を「貢租」として徴収する特権と、特定の模様やモチーフを独占する装飾特権など、様々な特権を独占し、村落の生活のあらゆる側面に権威を有していた。

　一方、日本植民地支配および戦後の中華民国政権に導入された一連の近代化政策と同化政策によって、ルカイ社会は大きく変貌させられた。村落組織の自律性が破壊され、大頭目の権威も大きく失われた。貢租をはじめ、大頭目の多くの特権は「弊習」として否定され禁止されるようになった［松岡 2012: 91］。

　それと同時に、日本植民地時代から、ルカイの人々は初めて近代国家の下の一国民としての「国民精神」が強要された。そして戦後に、近代化の進展とともに、民主主義、平等主義、個人主義などの近代的な価値観と論理も次第にルカイ社会に普及されるようになった。これらの新たな論理に基づき、行政官僚、経済的成功者、知識人など多様な社会的権威者が現れ、大頭目の権威を分化しつつあった。

　しかしながら、個々人としての大頭目は、現在のルカイ社会においても存続している。確かに村落の日常生活の中で、大頭目の存在感が希薄になりつつあることは否めないが、行政組織、キリスト教会組織、および様々な民間団体の背後には、多かれ少なかれ首長制の影響が見え隠れしている状況が見受けられる。とりわけ、1990 年代以降、原住民運動とともに、各民族集団の伝統文化の復興、村落組織の再建、およびエスニック・アイデンティティの構築が重視されるようになった。各民族集団の伝統文化を中心とする観光産業も盛んになった。この文脈のなかで、首長制に関連する諸文化要素はルカイの伝統文化のなかの重要なファクターとして、大頭目たちのみならず、その他の人々や多様な社会組織によって、利用され、再構築されている状況が見受けられる。

　本稿では、1990 年代以降、とりわけ伝統文化の復興と伝統文化に関連する観光産業が盛

んになってきた 2000 年代以降の社会状況に着目する。ミクロの視点に沿い、現在、二人の
ルカイ大頭目たちが首長制に関連する諸文化要素を取捨選択して利用し、大頭目の権威を再
構築する状況を明らかにする上で、その再構築がなぜ可能であるのか、またそれがどのよう
な特徴をもっているのかについて考察していきたい。

1　先行研究

　台湾原住民族に対する近代的な人類学研究が本格的に始まった日本植民地時代には、ルカ
イに関する報告と研究は全体的に数少ないと言える。民族分類の幾度もの転換が大きな理由
であると考えられる [6]。

　ルカイの首長制に対する日本語の報告は、塙［1898］に遡る。彼はコンガダヴァンとトル
ルカンの両村での踏査に基づき、首長制の様態を断片的に報告した。一方、ルカイの首長制
を体系的に研究したのは、1920 年から 1922 年にわたって台湾総督府蕃族調査会によって刊
行された『番族慣習調査報告書　第五巻』である。同書は、当時パイワンの下位集団として
分類されていたルカイの村々における大頭目の家筋、由来、多様な権限および政治組織のあ
り方などについて体系的に報告し、現在の研究にも欠かせない文献である。一方、同書は慣
習法に対する関心が強く、近代法的な先入観に基づく解釈が混在していることが指摘されて
いる［馬淵 1974a: 451］。そして、1935 年に刊行された『台湾高砂族系統所属の研究』は、
エスノヒストリーの視点から、ルカイ各村落の頭目家の起源、移住、村落間の分脈関係、お
よびそれに関する神話や口頭伝承を綿密に報告し、重要な研究である。

　戦後、日本語によるルカイ研究は、日本植民地時代の基礎資料の不備のため、近代化以前
の時代における「原型モデル」を再構築しようとする志向が強いと言える。その中で、笠原
は系譜伝承に具現化された歴史的知識の認識［1988］、出産をめぐる社会慣行［1992］、流動
的な地位体系とそれを伴う婚姻戦略［1993］といった様々な側面からのアプローチを通して
首長制を考察している。一方、これらの研究は、彼の言葉を借りれば一種の「記憶に基づく
民族誌」であり、首長制の原型モデルの復元に重点を置いている［笠原 1992: 4］。近代化に
よる首長制の変容の具体的なプロセスとそのプロセスの中における個々人のミクロな視点、
および近代化した社会における首長制の意義に対する考慮が欠けていることが批判できる。

　そして、山路［1991］はコンガダヴァンでの現地調査に基づき、ルカイの首長制のあり方
を提示し、地位体系の流動性を指摘している。しかし、彼の論考もやはり無時間的で「伝統

的」と考えられている社会状況に焦点を当てており、文章の中に「伝統社会」の状況と調査時の現状が混在するところも見られる。

これらの研究は、基礎資料に不備があるルカイに対して、貴重なファーストハンドの調査資料と、社会構造に対する理論的考察を提示し、現在において不可欠な価値をもつ。一方、首長制の変容の具体的なプロセスと、1980 年代以降、台湾の民主化・本土化、および原住民運動の活発化以降のルカイ社会の新たな状況における首長制の意義に対する考察は未だに数少ない。それに関する研究として、笠原［2005］による頭目の装飾特権と、エスニック・アイデンティティとの関係性に対する論考はあげられるが、その論考にはミクロのレベルの視点からの考察が欠けていると指摘できる。

戦後、台湾では中国語による原住民研究が盛んになっている。ルカイに関する研究として、戦後の初期には陳［1955］による家族組織と婚姻制度に関する研究、衛によるルカイの親族組織、地位体系および村落組織に関する研究［1963］やリーダーシップに関する一連の研究［1955, 1965］がある。これらの研究もルカイ社会の「原型モデル」の復元に焦点を当てていると言える。

1980 年代以降、原住民族社会の近代化の下での変容と伝統文化の持続が、台湾の次世代の人類学者の主な課題となった。ルカイ社会を台湾社会全体の政治経済背景において考察する研究も現れた。王［1984］は、コンガダヴァンで行った調査に基づき、ルカイの首長制の変容を考察し、植民地時代以降の社会変容をも視野に入れ、日本植民地支配と戦後の中華民国政権の一連の政策と経済的な外圧がルカイ社会に与えた影響を強調している。喬［1990］は、首長制の変容を考察する際に、生業など経済様式の変容に対して考慮することの重要性を強調している。また、黄［2004］は首長制の変容に行政選挙とキリスト教会の影響を取り入れて考察した。そして、王［2003］は、コンガダヴァンにおける観光産業に注目し、エスニック・シンボルとエスニック・アイデンティティの構築を中心に考察を行っている。また、これらの漢族の研究者の他に、ルカイの出身者たちも積極的に自民族の文化を整理し記録している。その中で、頼［2008］、陳［2014］のように、ルカイの出身者が自民族の文化を研究対象とする修士論文も現れた[7]。

これらの研究は、日本語での研究に欠落しているルカイの新たな社会状況を報告し、多様な視点を提示している。一方、これらの研究には、現在の社会状況の中で、ルカイの人々の自文化に対する再構築や再解釈を無批判に受け入れている場合があり、またそれ自体も自文化に対する再構築や再解釈にもなる。現地の人々の多様化した視点や考え方に対する考慮に

欠けていることもあると指摘できる。

　本稿は、まず、これらの先行研究を踏まえ、「伝統社会」と考えられる植民地化以前の社会状況のなかで大頭目が様々な側面で有していた権威を整理し、日本植民地時代以降における首長制の変容のプロセスを具体的に把握する。その上で、ミクロの視点に従い、今日に生きる二人の大頭目の事例を提示する。それを通して、現在のルカイ社会において大頭目の権威が再構築されている状況を考察していきたい。

2　首長制の変容

「伝統社会」における首長制

　「伝統社会」と考えられる植民地化以前の社会状況のなかで、ルカイの大頭目は村落の中で多様な特権を独占していた。ルカイの大頭目は、土地所有（経済）、対外関係（政治）、利害調整（法）、共同祭祀（宗教）など、広く生活全体を取りしきる存在として、社会の権勢の頂点に君臨していた［笠原 1987: 110］。頭目家は名目上、村落のすべての農地、猟場、渓流、山地などを領有し、それを使用する平民から農産物や獲物の一部を貢租として徴収する特権をもっていた。

　そして、首長層の特権と結びついた形で、ルカイは華麗な造形文化を発達させた［笠原 1998: 95］。首長層、とりわけ大頭目家は、古壺、トンボ玉、クマタカの羽などのモノ、そして百歩蛇、人体、人面などのモチーフを使う刺繍、装身具、木彫などを装飾特権として独占していた。

　そして、特権とは言い難いが、大頭目とその親族は、特定の知識をも独占していた。口頭伝承をはじめ、「歴史的知識」はほぼ頭目やその近い親族に当たる古老たちによって独占され、その内容も頭目家に関するものがほとんどであると指摘されている［馬淵 1974b: 222; 笠原 1988: 69］。

　ルカイの首長制は、再分配によって維持されると指摘されている［喬 1990: 27］。山路［1991: 205］は、大頭目が貢租を徴収する行為は、村人自身から見るとむしろ「贈与」であると意識されており、「搾取」という観念が存在していないことを指摘している。大頭目の下に収められた「貢租」は、その一部が頭目家の私的消費に割り当てられたほか、大頭目の補佐役や村落の司祭者などに分配され、また村落の共同祭祀で大量に消費されていた。とりわけ、頻繁に行われていた村落祭典は、大頭目の下に集められたアワや肉の大量消費で特色づけら

れ、村人一同の共食が数日間続く場合も多かった［山路 1991: 205］。また、大頭目家は村落の中に扶養者のいない幼児、身寄りのない老人を扶養する義務も負っていた［王 1984: 94］。

首長制を維持するために、経済的権威の他に、宗教的または象徴的な権威をもつことは不可欠であると考えられる。貢租をはじめとした経済的諸特権だけでは、大頭目が村落における支配の基礎とはなりえないことに注意を払わないといけない。大頭目が平民から徴収した貢租は、儀礼の場で再分配される他に、頭目家やその近親者の日常生活で消費されていた。しかし、その量は生計を立てるには足らず、頭目とその家族も日常的に耕作や狩猟活動に従事していた［塙 1898: 440］。すなわち、首長層と平民層の身分差は、その経済力の格差だけを基礎とするものではないと考えられる［末成 1973: 65］。

ルカイやパイワンの大頭目の宗教的権威は、政治支配力の一つの重要な根拠であると考えられる［末成 1973: 61］。ルカイとパイワン社会においては、頭目家に貢租を納めれば豊作や豊猟がもたらされるという信仰があると指摘されている［馬淵 1974c: 14］。貢租については、政治的、経済的な価値よりも、呪術的儀礼的価値が卓越していると考えられる［松澤 1979: 21; 王 1984: 93］。

このように、ルカイの「伝統社会」において、首長制は社会のあらゆる側面に影響力を及ぼす体系的な制度であった。大頭目の特権的な地位は、彼が政治、経済、宗教など様々な側面に有する権威に基づいていた。

近代化による首長制の変容

台湾原住民族の諸社会は、17 世紀から次々と到来した外来者から影響を受けてきた。とりわけ日本植民地支配と、戦後の中華民国政権が持ち込んだ一連の近代化政策によって、ルカイ社会は大きな変容を余儀なくされた。

日本植民地時代に、ルカイの大頭目の権威は、政治、経済、宗教など、様々な側面から大きな打撃を受けた。

まずは政治的な側面において、原住民族村落における固有の社会組織の解体が促された。その代わりに、近代国家システムという外来統治体系への統合が強要された。原住民村落を統制する機関として、頭目勢力者会、家長会、青年会、婦女会などの組織が作られた［近藤 1996: 266］。1932 年、台湾総督府訓令によって、「頭目章授与規定」が定められ、1933 年に全島の頭目 431 人にメダルを授与し[8]、「官製頭目」という社会的権威を作り出した。

ルカイの場合、各村落において、警察による「頭目調査」の具体的な経緯は明らかにされ

ていないが、大頭目が官製頭目と選定された例が多かった［松岡 2012: 87; 黄 2004: 84］。頭目章の授与は、大頭目の地位を可視化し、大頭目の権威を外来統治体系の末端の一環へと転換した。頭目章の授与、つまり大頭目を官製頭目へ転換することは、大頭目の政治的権威を統治の浸透のために利用しながらも、その権威自体を否定することを意味する［松岡 2012: 87］。

　経済的な側面では、1928 年から「蕃地開発調査」が行われ、「生活保護上の理由」から、約 26 万ヘクタールの「準要存置林野」、すなわち後のいわゆる「蕃人所要地」が設置された［石垣 2011: 66］。原住民族はわずかな面積の「蕃人所要地」に押し込められ、「使用」のみが認められたが、全ての土地所有権は官有化された［顔・陳 2012: 5］。ルカイの大頭目の土地に対する領有は、法律上で否定されることになった。

　それと同時に、「弊習の矯正」という方針の下で、大頭目が貢租を徴収する特権が、「矯正」されるべき「弊習」と見なされ、「蕃租改正」という名のもとで次第に制限され、禁止された。それによって大頭目の経済的権威が奪われた［松岡 2012: 91］。貢租を徴収する特権を失い、農耕活動に不慣れな大頭目の中には、食料を獲得するために、土地を数頭のブタや数枚の布といった安い代償で、裕福な平民に売り払わざるを得ない事例も報告されている［許 1991: 39; 頼 2008: 65］。

　そして、「迷信の打破」の下で、大頭目を中心とした祭祀も厳しく制限され、頭目の宗教的権威の弱体化も促された［黄 2004: 80］。

　一方、日本植民地統治の終焉まで、原住民族の従来の社会組織がある程度存続され、ルカイの大頭目も村落で一定の権威を保ち続けたと言われている［王 2003: 68］。例えば、喬［1990: 28］はルカイの村落・ラブアンで大頭目に納める貢租は、植民地行政下に禁じられたにもかかわらず、終戦まで一部の貢租がひそかに存続され、戦後になってから次第に廃止されたことを報告した。筆者もコンガダヴァンで同じような状況を聞き取った。ルカイの首長制に、より大きな変容をもたらしたのは、むしろ戦後中華民国政権の一連の政策であると指摘されている［衛 1965: 71; 王 2003: 68］。

　戦後、ルカイの首長制の解体を促した要因として、行政官僚制度および民主選挙制度の確立、キリスト教の普及、土地私有制の確立、市場経済への編入などの出来事が指摘されている［王 2003: 62］。

　台湾を「光復」した国民党政権は、かつて蕃地と呼ばれた原住民族の居住地に「山地行政区域」を設置し、日本植民地時代の官製頭目制度を廃止し、行政官僚制度を導入した［林

2004: 68］。戦後の初期、郷長は直接選挙によって選ばれるのではなく、県政府によって選定・派遣されたのであった［松岡 2012: 203］。

ルカイ社会の場合、戦後初期の官選郷長と村長に、日本植民地時代における官製頭目との連続性が見出される。日本植民地時代に官製頭目と指定された各村の大頭目は、戦後、郷長や村長に選定されたことが少なくなかった［松岡 2012: 205-206］。1950 年以降、地方自治法規施行と同時に、山地行政区域における郷長と村長の民主選挙が次第に行われるようになった。民主選挙制度が導入された初期、村落に影響力を有し続けてきた大頭目たちは、引き続いて郷長、村長および郷民代表（議員）に立候補し、行政官僚の主流を占める傾向が見受けられた。

一方、市場経済への編入および都市への就労、就学の増加に伴い、平民層から経済的成功者や高等教育を受けた者が次第に現れた。平民層からの選挙候補者が増加し、選挙における首長層と平民層の競争と対立も見出される［松岡 2012: 220; 王 2003: 63］。行政官僚が首長層出身者から平民層出身者が主流となる「脱首長階層化」という傾向は見受けられる［松岡 2012: 217］。民主選挙によって選出された郷長、郷民代表、村長などの行政官僚は、大頭目の代わりに、村落の政治権力の中心に立つようになっている［王 2003: 63］。

同じく 1950 年代に、政策によるものではないが、キリスト諸教派が原住民村落において精力的に布教を進めた。その結果として、キリスト教が多くの原住民に受容され、急速に普及した。その信者数は 1980 年代には原住民総人口の約 8 割に達したと言われている［石垣 2011: 69］。キリスト教会は、現在原住民社会において最も影響力をもつ社会組織の一つである。

キリスト教会はルカイ社会に新たな論理と価値をもたらした。従来の信仰と儀礼が迷信と見なされ、禁止されるようになり、大頭目は宗教的権威の基盤を失った［王 2003: 64］。そして、教会組織の中で、信者の間に影響力を蓄積し、教会の長老や各下位団体の幹部を務めることは、首長層に対しても、平民層に対しても、新たな社会的上昇の論理と機会を提供している[9]。それを通して新たな社会権威者が現れ、大頭目の権威を分化しつつある。

そして、ルカイの大頭目の権威に大きな衝撃を与えたもう一つの要因は、土地私有化の確立である。1966 年に「台湾省山地保留地管理弁法」が施行され、「農地に対して耕作権を登録し、10 年間耕作した後、無償に土地所有権を取得する」ことになり、「住宅地に対して地上権を登録し、10 年間使用した後、無償に土地所有権を取得する」ことが規定され、「山地」に土地私有制度が導入された[10]［林 2006: 33］。土地私有化の確立によって、大頭目による村

落の土地に対する領有は完全に否定された。そして、「台湾省山地保留地管理弁法」によると、土地の所有権を取得できるのは現在の使用者に限られている。従って、首長層は必ずしも平民層より多くの土地を所有するわけではない［喬 1990: 37］。むしろ、家族の人数の少ない頭目家は実際に使用できる土地が少なかったため、土地私有化によって、経済的な劣位に置かれるケースもある。

　それと同時に、原住民社会は次第に市場経済に編入されていった。就労や就学のために都市に移住する人も増えた。全体的に、未だに国民経済の最低辺に置かれているが、市場経済によって経済的な成功を遂げ、または高等教育を受けるなど、原住民社会に大きな影響力を蓄えた新たな社会権威者も現れた。

　ルカイの首長制の変容のプロセスは、近代的な論理に基づいた多様な社会組織や社会的権威者が大頭目の権威を分化し、それに取って代わるプロセスと言える。大頭目は政治、経済、宗教などの側面における権威を絶えず失いつつあり、多数の社会的権威者の中の一人に過ぎなくなっている。

3　「伝統文化の復興」のなかの大頭目

　1980 年代以降、台湾社会の民主化・自由化・本土化、および世界各地で沸き起こり始めた先住民の権利回復運動を背景とし、台湾原住民族の権利回復運動が盛り上がってきた。1984 年に「台湾原住民族権利促進会」の成立によって、原住民族が初めて一人称主体の身分で社会に向かって発言するようになった［孫 2004: 12］。「名を正す運動（正名運動）」、「土地を返せ運動（還我土地運動）」など、台湾の主流社会を震撼させる幾度かの街頭での闘争運動の結果として、1994 年に「原住民（族）」という自称が憲法に明記された。次いで 1996 年に「行政院原住民族委員会」が正式に成立され、その後「原住民族教育法」「原住民族発展法」などの法規の起草や修正によって、原住民族の法律・政治制度上の存在が制度化された。

　台湾原住民族運動の歴史的な流れでは、1990 年が一つの重要な区切りとされている［汪 1996: 23］。1980 年代半ばから 1990 年までの原住民族運動は、主に都市部の原住民エリートが主導し、各民族集団が一体性をもち、共同に闘争する「汎原住民族運動」であると指摘されている。一方、1990 年以降、運動の焦点は都市から、〈部落〉[11] と呼ばれる原住民村落に回帰し、村落組織と伝統文化の再建を強調する「部落主義」論が現れ始めた［台邦・撒沙勒

1993: 38]。運動は、抗争的色彩が減り、重心が村落の現実的要求に移った。村落における観光産業、手工芸など産業経済の振興、そして民族言語をはじめとした伝統文化の復興や村落組織の再建が重視されるようになった。それと同時に、「伝統文化」に基づき、各民族集団のエスニック・アイデンティティの構築を目指す運動が発展してきた［汪 1996: 23]。2000年代から今日に至って、この動きはますます盛んになってきた。

　ルカイにおける「伝統文化の復興」およびエスニック・アイデンティティの構築と、首長制の関係性を見れば、二つの、一見、反対の方向の動きが見受けられる。

　一つの動きは、かつて首長層が独占していた装飾特権が現在、首長層だけではなく、平民層を含めてより広い範囲で使用されるようになったことである。1980 年代以降盛んに発展してきた「原住民芸術」、および観光産業において、元来首長層が独占した壺、クマタカの羽、トンボ玉、百歩蛇、太陽、人形など、木彫や刺繍の模様とモチーフが広く利用されている［王 2003: 98]。これらのモチーフは、村々の公共施設や学校の建物に飾られており、観光客向けの土産にもよく利用されている。一方、かつて平民層が使用していた素朴で模様のない器具と服装は無視される傾向がある［王 2003: 90]。

　元来、首長制と結びつく形で発達し、頭目と平民の格付けの差異を表していたルカイの造形文化は、大頭目の権威が弱体化されていくにつれて、全体的に衰弱するのではなく、むしろ頭目と平民の違いを越えて増殖し、一段と華美になる傾向が出てきた。かつて大頭目の象徴的特権として独占された造形文化は、現在ではルカイという民族集団のシンボルへとその意味を変え、頭目と平民の差異を越えてエスニック・アイデンティティの拠り所となってきたと指摘されている［笠原 2005: 182]。この状況については、ルカイ全体が「頭目化」しつつあると言えるのであろう。

　もう一つの動きは、一部の大頭目は、村落における冠婚葬祭や観光化された伝統祭典、それに原住民権利回復に関する政治運動に積極的に参与し、地位を顕在化させていることである。一つの顕著な事例として、2017 年 4 月に設立された「ルカイ民族議会」がある。ルカイ民族議会とは、ルカイ民族集団全体を代表し、民族自治の実現、伝統領域の設置、伝統文化の復興を主な目的とする民間組織である [12]。

　ルカイ民族議会の最大の特徴は、民主主義に徹した「議会」の形をとりながら、大頭目を、積極的に「民族議会代表」に取り入れることであると考えられる。「ルカイ民族議会章程」の原案では、各村落の「民族議会代表」は「部落代表」と「伝統領袖（伝統的リーダー）」に分けられている。「部落代表」は村民の間から民主選挙の原則で決められる。一方、「伝統

領袖」は村落の大頭目が担当する。

　公示されている民族議会代表の名簿[13] を見ると、17 のルカイ「部落」に、48 名の民族議会代表がいる。その中に、各「部落」の大頭目に当たる「伝統領袖」は 21 名がおり、半分近く占めている。民族議会での決議は多数決で決められ、「部落代表」と「伝統領袖」の権限に差異はない。人数から見れば半分近くの席を占めている伝統頭目は、民族議会において、また各村落の内部において、重要な役割を果たしていると考えられる。ルカイ民族議会は、民主主義という枠組みの内部で、大頭目の政治的権威をある程度に再活性化させている可能性も考えられる。同時に、大頭目の参与によって、民族議会の「伝統的」な性格は強まる。

　ルカイ社会における「伝統文化の復興」の中で、大頭目が伝統文化の一つの重要な特徴であり、無視できない重要なファクターの一つであると考えられる。その理由は幾つか想定される。まず、「部落主義」の考え方の下で、伝統的な村落組織の再建が重視されており、その村落組織の中心を占めたのは大頭目である。すでに述べたように、大頭目はルカイの民族的特徴となりうるモチーフ、模様などを昔から独占しており、現在でもその多くを所有している。しかも、各村落の歴史に関する神話や口頭伝承もほとんど頭目家に関わるものである[馬淵 1974b: 222]。第二に、台湾原住民族の各集団は多様な社会制度を有しており、首長制はルカイの重要な特徴である。他の民族集団と弁別できる特徴として、ルカイの首長制がしばしば取り上げられている。ルカイの内部においても、他の村落との弁別特徴として、各大頭目が村落の代表として重要な役割を果たしていることが指摘できる。最後に、日本植民地時代以来、ルカイの首長制を強調してきた人類学者の研究も、伝統の再構築において、大いに参照され、影響を与えているに違いないと考えられる。

　その結果として、現在、首長制に関連する諸文化要素に焦点が当てられ、ルカイ全体の伝統文化として再構築されている。この動きのなかで、大頭目が装飾特権など実在の特権を失いつつあると同時に、その存在自体が一種の伝統のシンボルとして抽象化されているのである。

4　日常実践における大頭目の権威の再構築

　本章は、ミクロの視点に沿い、現在のルカイ社会に生きる二人の大頭目が日常実践の中で、現代社会で生きる道を模索しながら、首長制に関連する諸要素を取捨選択し、大頭目の権威を再構築している状況を考察する。コンガダヴァンのラルグアン（Lalegeane）家の DL 氏の

事例を中心として考察し、対照するためにアデル（Adiri）[14] のアパリュース（Apaliusu）家のラブラス氏（漢語名包基成氏）の事例を取り上げる。前者の事例は、主に筆者がコンガダヴァンで行った現地調査に基づく。後者の事例は、彼が 2006 年に国立屏東科技大学に提出した「自伝的」な修士論文［包 2006］を参照した[15]。論文の中で、ラブラス氏は自身が2001 年から 2006 年までアデルで行った村落の再建とエコツアーの推進に関する一連の活動を事例として取り上げ、原住民村落における持続可能な開発の可能性を論じている。まずは、コンガダヴァンの DL 氏の事例に目を向ける。

コンガダヴァンのラルグアン家について

　コンガダヴァン（多納里）は、高雄市茂林区[16] にあり、標高約 500 メートルの山地に位置している。近隣のトルカン、オポノフの二つの村落とともに、しばしば「下三社」と呼ばれている。村民の大部分はルカイであり、総人口は 2018 年 10 月の時点の統計で 187 世帯、計 642 人である[17]。近年、就労や就学が目的で平地、都市への転出者が多く、実際に村に住んでいるのは約 200 人だと言われている。

　コンガダヴァンはルカイ最古の村落の一つであり、村名と戸数は 1647 年にオランダ植民地行政による統計に記録され［中村 1951: 96］、少なくとも 17 世紀の半ば頃からおおよそ現在の地に居住していることが考えられる。

　先行文献において、『番族慣習調査報告書　第五巻ノ四』の中で、コンガダヴァンにはラルグワネ家が大頭目家であり、それに加えてタリヤバ家、サグラダ家、ラサオラ家といった三つの世襲補佐役家があると記載されている［台湾総督府蕃族調査会 1921: 78］。一方、『台湾高砂族系統所属の研究』の中で、コンガダヴァンには θangiradan、Laluguan、Tailavan、Tamaoror、La-putoan の五つの頭目家があると記載されている［移川・宮本・馬淵 1988（1935）: 258］。

　筆者の現地調査によると、コンガダヴァンは歴史上、複数の小集落の併合によって形成されたことが村民に広く認識されている。これらの小集落には、それぞれの頭目家があった。主にサガアタン（Thangeatane）家、ラウパラテ（Laupalate）家、タモウル（Tamoulru）家、パオリシ（Paolithi）家、ラプドゥアン（Lapuduan）家、タリラヴァン（Talilavane）家などがある。

　併合後、これらの頭目家の中から、軍事力などと考えられる何らかの理由によって、サガアタン家が村落の権力構造の頂点に立つ大頭目となった[18]。後にサガアタン家の長男が分

出し、ラルグアン家を建てた。それ以降、サガアタン家とラルグアン家の両家がともにコン
ガダヴァンの大頭目として村落を取りしきっていた。両家は名目上、村落の全ての農地と、
大部分の猟場を所有していた。貢租は先に長男筋であるラルグアン家に納められていた。そ
の後、ラルグアン家によってサガアタン家に分けられていた [19]［王 1984: 49; 山路 1991:
215］。

　日本植民地時代においては、ラルグアン家がコンガダヴァンで一番影響力をもつ頭目家で
あったと考えられる。当時ラルグアン家の家長である AL 氏（1883-1966、DL 氏の曽祖父）
の名前は『番族慣習調査報告書』に明記され、コンガダヴァン全村を支配する大頭目（「頭人」）
であると記載されている［台湾総督府審族調査会 1921: 78］。1930 年代、彼は官製頭目として、
頭目章を授与された［王 1984: 117］。

　戦後、1945 年から 1950 年代初頭まで、AL 氏は多納村の村長と県政府に選任された。
1950 年代初頭から民主選挙制度が確立された後にも、AL 氏は村長に 3 回連続で当選し、県
政府の選任を含めて合計 16 年間村長を務めた［茂林郷公所 2008: 200-201］。『茂林郷誌』の
中で、彼は「コンガダヴァンで巨大な実権を握った最後の大頭目である」と評されており［茂
林郷公所 2008: 768］、日本植民地時代から戦後にわたってコンガダヴァンでは大きな権威を
もっていた人物であったと考えられる。彼の孫の LL 氏（DL 氏の父）も、1970 年代初頭に
村長を務めた［茂林郷公所 2008: 201］。

　おおよそ 1970 年代まで、ラルグアン家はコンガダヴァンにおいて一定の政治的権威を残
していたことが分かる。一方、それ以降には、「コンガダヴァンの地方事務や経済発展のな
かで積極的な役割を果たしていない」と評価されている［王 1984: 135］。その理由には、家
族の人数が少ないことと経済力の欠如があると考えられる。例えば 1967 年にコンガダヴァ
ンで土地の私有化が確立された当時の統計によると、最も多い土地を所有する各家の中で、
ラルグアン家は第 10 位に過ぎなかった。それと対照的に、第 1 位から第 8 位までは、みな
平民家であった [20]［王 1984: 123］。

コンガダヴァンの大頭目 DL 氏の事例

　DL 氏は 1967 年にラルグアン家の次男として生まれた。長男ではないため、一度台北に
出て就職した。1991 年に兄が事故で亡くなったのをきっかけとして、彼はコンガダヴァン
に戻って、大頭目の地位を継いだ。妻はもう一つの大頭目家であるサガアタン家の出身であ
り、2012 年に病気で亡くなった。現在、DL 氏は二人の大学生の娘と生活している。

コンガダヴァンがある茂林郷には、1991 年に「茂林風景区」が設置され、2001 年に「茂林国家風景区」に昇格した［王 2003: 71］。コンガダヴァンは、一度も集団移住されることがないため、茂林郷にある三つの村落のなかで、最もルカイの伝統文化を残している村落と見なされ、民族文化を中心とする観光産業が推進されてきた［王 2003: 74］[21]。DL 氏は現在、観光ガイドを主な仕事としながら、村落の入口の近くで、観光者向けの喫茶店〈魯凱亭〉（ルカイ亭）を経営し、観光産業で活躍している。喫茶店は主にコーヒーと愛玉子の飲み物を販売し、壺、霊蛇、太陽、人像の刺繍をしたカバン、帽子などの土産品も販売する。店内には、壺、イノシシの頭骨および下顎骨、猟銃、刀、伝統衣装の冠などの器具を飾っている。また、コンガダヴァンの村民をモデルとした伝統衣装の写真も多数飾っている。その中に DL 氏の次女の写真もあり、写真のキャプションには〈公主〉（姫）と書いてある。店内に置いてある DL 氏の名刺には、彼の名前の後に〈酋長〉と表記され、また喫茶店の店頭にも、〈酋長的店〉（酋長の店）という看板が飾ってある[22]。

DL 氏は大頭目を継いで以来、コンガダヴァンを代表する大頭目として冠婚葬祭、伝統祭典や観光イベントなどに積極的に顔を出し、司会の仕事をはじめ、音声機材の整備やペインティングなどの仕事を務めている。これらの努力によって、彼の地位はより明確にされているが、その権威は未だに村民全体に承認されていないことが聞き取りによって分かった。

次に、DL 氏が日常実践の中で主に活躍している観光産業での活動ぶりを紹介し、その中で彼がいかに生計を営みながら、自分の地位の存続に努め、自分の権威を再構築しているのかに注目したい。まず、彼が大頭目として活躍している場面の一つとして、「黒米祭」という観光化された伝統祭典を取り上げる。

【①黒米祭】

コンガダヴァンにおける最も重要な伝統祭典として、現在、「黒米祭」と呼ばれる観光化した祭典がしばしば取り上げられる。筆者はそれを直接に観察する機会は未だにないが、王［2003］はそれが創造され、観光化された経緯について克明に調査している。

王によれば、コンガダヴァンでは、最も重要な農作物であるアワとコメがそれぞれ 7 月と 11 月に収穫される際に祭典が行われる[23]。アワとコメを収穫する前に、各家ではそれぞれにシヤパロンゴ（siyaparongo）という儀礼を行い、神に平安を祈る。そして、11 月前後、コメを収穫した後、村落一同でタバガラウヴァン（tabagerauvan）という収穫祭を行う。タバガラウヴァンの際、平民家と移住してきた各頭目家は、大頭目に収穫した農作物と狩猟で獲っ

た獲物を献上し、来年の豊穣を祈る。その後饗宴を行い、男性たちが自分の武功を歌と踊り
で表す。また、収穫祭とともに、結婚式もよく行われる［王 2003: 101-103］。

　1999 年、茂林風景区における「多納民俗村」という観光スローガンのもとで、高雄県政
府文化局から資金を得た民間団体「多納社区発展協会」は、今まで小規模に行われていた収
穫祭を拡大し、観光化した。多納社区発展協会は、各家で行われるシヤボロンゴと、村落一
同で行われるタバガラウヴァンを合体し、その上で、黒いアワとコメの神話を取り込み、黒
米祭 24) と名付けた［王 2003: 101-103］。黒いアワとコメに関する神話は、コンガダヴァンだ
けで伝えられ、ルカイの他の村々に見られないので、「黒米祭」はコンガダヴァンの独自性
と特色づけられている。

　王［2003: 106］は現地調査に基づき、黒米祭がコンガダヴァンの人々にとっては、「生活
の一部ではなく、観光という状況のもとの演出」であると指摘した。彼女が 2002 年 11 月に
観察した「黒米祭」では伝統舞踊、伝統的結婚式などが披露された。その一連の「演出」の
中で、大頭目に貢租を献上する「演出」も行われた。その中で、「平民」の役を演じる村民
たちは、大頭目にアワ、コメ、イノシシなどの「貢租」を献上した。その後、大頭目が観光
客に対して「貢租」の種類と数を説明した［王 2003: 105］。「大頭目」の役は、大頭目であ
る DL 氏が自ら扮した。それに関して、王は「イベントの主催側は、大頭目が大頭目役に扮
することにより、黒米祭があまりにも生活と伝統から乖離しないように望んでいる」と述べ
た［王 2003: 106］。それ以降の黒米祭にも、DL 氏が大頭目として先頭に立って準備に関与し、
司会も務めている。

　黒米祭において、DL 氏は大頭目という身分によって、「伝統のシンボル」という役割を
果たしている。王の論じたように、黒米祭は一種の「創られた伝統」であるが、大頭目はそ
れを「生活と伝統から乖離」させることなく、祭典に伝統的な性格を付与するために主催者
に利用されている。このような観光イベントはあくまでも新たな社会的権威である行政機関
とその支持を受けた民間組織が主体であり、大頭目はそれに従属する立場に立つに過ぎない。
一方、DL 氏は大頭目の生得的な地位を利用し、それに積極的に参与することによって、自
分の地位を村落の内部ないし外部に対してある程度に顕在化する機会を獲得することが出来
る。

　次に、DL 氏が主な生業としている観光ガイドの活動に注目したい。彼は自分の所有する
伝統的なモノを観光資源として利用し、観光客に向けて伝統文化の解説を行っている。解説

の中には、彼の大頭目の役割に対する再解釈も見受けられる。

【②観光ガイド】

2017年4月の初頭、台湾での清明節の連休の間に、コンガダヴァンでは普段より観光客の数が増えた。DL氏は知人の紹介を通して団体ツアーの観光ガイドの仕事をした。団体ツアーの観光客は、高雄のある媽祖廟の信者団体である。観光客は約20名であり、代表者は廟の理事長である。

午後2時、観光客はDL氏がコンガダヴァンの入口で経営している喫茶店「ルカイ亭」に集まった。DL氏は簡略化した民族衣装に着替え、観光ガイドの解説を始めた。DL氏はまず自己紹介をし、頭目であることを名乗った。その後、ルカイ亭の中に飾っているモノを次々と紹介した。その中に、かつて首長層の間の婚姻で婚資として使われたスキ、伝統食としてのアワの束、アワを貯蔵するための倉があった。DL氏は話術が巧みであり、解説の中で即興のジョークを交え、会場を何回も爆笑させた。

一通り紹介した後、DL氏は「あなたたちのために」と言いながら、ガラスの展示ケースを開けて、その中から、儀礼用の刀とイノシシの牙で飾られた伝統衣装の冠を持ち出した。DL氏は理事長を前方に誘い、冠を彼に被らせ、刀を持たせた。周りの人々は理事長に向けて「頭目だ」、「格好いい」と歓声をあげ、記念写真を撮った。DL氏も「俺の観光ガイドだけにこのようないいサービスがあるんだ」と言い、また理事長に向けて「後でこれを被って村落を一周回りましょう」と言った。

その後、また解説を続け、DL氏は儀礼用の刀を紹介した。彼は昔の村落間の戦争に言及し、死者を多く出したと述べた。それに、「なぜ原住民には頭目制度があって、狩猟で狩った獲物の半分は頭目に納めなければならないのかと言えば、それは頭目が夫を失った人や親のない人を養わないといけないからだ」と述べ、「それはあなたたちの廟の中で、みんなでいいものを〈分享〉（後述）することと同じだ」と説明を加えた。

そして、DL氏はルカイの伝統衣装を紹介し、理事長に簡略化した民族衣装風のベストを着用させ、再び冠を被らせて、刀を持たせた。解説をすべて終えると、DL氏は理事長に向けて、「頭目、外で一緒に写真を撮りましょう」と言い、全員がルカイ亭の外で記念写真を撮った。その後、観光ガイドが終わるまで、冠とベストは観光者の間で回されて着付けられていた。

その後、村落を一周し、最後にラルグアン家の前庭に移動した。そこで、DL氏は前庭が

かつて村落の会議を行う場所であったことを紹介した。前庭に人形の石板があり、その前の席はかつて会議の際に頭目が座る場所であると紹介しながら、観光客を座らせた。そして、自宅からクマタカの羽が飾れられた男性用の冠とイノシシの牙が飾られた女性用の冠、および猟銃を持ち出して、観光客に記念写真を撮らせた。クマタカの羽を飾った冠は首長層の出身者の特権的なモノであったが、DL 氏は積極的に観光客に被らせた。

　後にルカイ亭の従業員の LY 氏（30 代、女性、パイワン族、オポノフの頭目家の妻）との会話から、このように、伝統衣装や人形の石板を利用し、観光客を頭目に扮装させて記念写真を撮らせることは、DL 氏の観光ガイドの特色であることが分かった。それに関して、DL 氏は「俺のガイドは他の人のガイドとは違うんだ」と自慢し、LY 氏も「それは DL 氏しか思いつかないアイデアだ」と高く評価した。しかし、この行為が金儲けのために自ら伝統を破壊したのではないかという批判の声も、後に平民層の人から聞くことになった。

　観光活動において、DL 氏は大頭目の「伝統のシンボル」というイメージから、伝統文化に対する権威性を獲得している。まず、彼は伝統のシンボルという生得的身分から、観光客に向けてルカイの伝統文化を語る権威性を暗黙的に獲得することができる。そして、彼は装飾物や家屋などの物質文化をより多く所有し、より自由に活用できる正当性ももっている。この活動によって、彼は村落の外部に向けて自分の地位をアピールして顕在化させることができる。

　しかし、村落の内部において彼の権威は必ずしも承認されるわけではない。DL 氏自身も、自分の地位は村落の内部よりむしろ外部の方に承認されていると述べている。

　また、この場面のなかでもう一つ注目すべきところは、彼が観光客に向けて伝統文化を解説する際の、大頭目の役割に対する解釈である。彼によれば、かつて大頭目が貢租を取ることは、村落の中の身寄りのない者を扶養するためであり、それを〈分享〉であることと捉える。中国語での〈分享〉とは、分かち合い、共有、シェアのような意味合いを有し、現代社会にもポジティブな意義をもっている。大頭目の貢租に対する〈分享〉は、まさに村落に対する利他的な貢献にほかならない。

　次に述べる二つの事例では、現在、村落の内部で大頭目の権威を承認させるために、村落に対する貢献も必要とされていることが分かる。

【③観光イベント】

　DL 氏は 2014 年に、「納美下三社文化促進協会」（以下、「納美^{ナーメイ}協会」と略す）という民間団体を創立した。納美協会は主に観光産業と、伝統文化の振興を目的としており、村落における観光イベントの開催、エコツアーの推進などを主な仕事としている。納美協会の下に、「納美舞団」があり、舞団は DL 氏の二人の娘をはじめ、女子高校生と中学生 10 人のメンバーから構成されている。伝統舞踊のパフォーマンスを中心に活動している。現在、納美協会は資金源が少なく、成員も少ないため、小規模な活動にとどまっている。

　2017 年清明節連休のある日曜日に、コンガダヴァンは観光客で賑わった。長老教会での礼拝を休んだ DL 氏は、納美協会の名義で、村落の広場で観光イベントを行った。イベントは、納美舞団を中心に、午前 10 時と午後 2 時の 2 回にわたって踊りを披露し、観光客に伝統舞踊のステップを教えて一緒に踊った。2 回のイベントの間に観光客にカラオケの機材を有料で提供し、特産品の愛玉子の飲み物を販売した。当日は、納美協会の 9 名のメンバーが参加した。音響機器を担当した DL 氏をはじめ、司会を担当した MD 氏（20 代後半、女性、首長層）と、DL 氏の 2 人の娘を含めた納美舞団のメンバー 7 名であった。イベントの中で、DL 氏は音声機材の操作に専念し、司会を MD 氏と長女に任せ、ほとんど表に出なかった。

　午前 10 時のイベントが終わると、DL 氏はより多くの観光客の関心を集めるために、イベントの時間と内容を分かりやすく示す看板が必要だと気づき、オートバイで村落の近くにある工房に移動した。工房は村落の西にあり、オートバイで 2 分程かかった。工房につくと、DL 氏は絵の具と板材を使い、即興で描き始めた。DL 氏は何の躊躇もせずに手慣れた手つきでペインティングを施し、イベントの時間とイベントの内容以外にも、周りを幾何模様で彩った。20 分程で看板を完成させた。

　イベントの参加費は無料で、カラオケ 1 曲が 10 台湾ドル（約 37 円）、愛玉子の飲み物 1 杯が 30 台湾ドル（約 110 円）であった。その日の収入の具体的な金額は不明であるが、観察によれば決して多くはなかった。一方、DL 氏によれば、このイベントのための機材の費用、舞団の給料と昼食代などは全部自分が支払ったという。収入と支出から見れば、採算が取れていないのは明らかである。DL 氏は、村落での観光産業を振興するために、現在採算が取れなくても、まずやり始めて、より多くの人の参加を促すことが大事であると述べた。

【④ペインティング】

　2017 年の春、筆者がコンガダヴァンに滞在した際、DL 氏はコミュニティ・センターの外

に飾られている壺の彫刻と、村落中の電柱の上にペインティングを施していた。ペインティングの模様は、主にルカイやパイワンのトンボ玉の模様である。その模様には市販の図録にあり、またインターネット上でも検索することが出来る。DL 氏はそれに基づき、その場で模様を即興で描いた。DL 氏は、村落の環境を美化し、また新たな観光スポットを作り出すことを目的として自発的に行っていると述べた。この仕事は完全に無給であり、絵の具と顔料はすべて自分で賄ったと述べた。彼は、現在の大頭目は生得的な身分だけでは村民に尊敬されず、自ら村落に貢献しないといけないと強調した。

　現在、大頭目は単に生得的な地位だけでは、村落の人々にその権威を承認させることはできず、むしろ村落に対する貢献が求められている。上記二つの場面のなかで、DL 氏は自分の地位をアピールせずに、ひたすら利他的な貢献者という役割を果たしていた。貢献のために、彼は音声機材の整備やペインティングなどの個人的能力を発揮していたのである。

　DL 氏がここで強調している「貢献」は、単に現代社会になってから求められるようになったわけではなく、彼の説明によると、一種のノスタルジックな「伝統社会」に位置づけることができるようである。

【⑤ 〈狩猟文化（ソウリイエ）〉 と 〈打猟文化（ダーリイエ）〉】

　現在のルカイ社会の変容について、DL 氏は独自の見解をもっている。彼は筆者に向けて以下のように述べた。

　彼によれば、ルカイは狩猟の民族であり、現在のルカイ文化の変化の根底には狩猟の形の変化がある。それは、彼の言葉を借りれば、〈狩猟（ソウリイエ）〉から〈打猟（ダーリイエ）〉への変化である。伝統社会において、〈狩猟〉とは生存するための集団的な行為であり、獲物の〈分享〉と互いの尊重が大事であった。一方、現在の〈打猟〉は〈個人主義〉的な行為であり、経済利益のみ目指している。〈打猟〉する者は、〈分享〉もせず、優越感をもって人を尊重することも分かっていないと、DL 氏は述べた。また、彼は頭目家がかつて村落の食糧を倉で管理し分配し、身寄りのない人々を養う義務を有していたことを強調した。その制度の消滅も、〈狩猟文化〉から〈打猟文化〉への変化のなかでとらえているようである。

　DL 氏は【事例③】のなかで観光客に対する解説で一貫して述べたように、かつての大頭目による貢租の再分配を強調し、それを〈分享〉と捉え、大頭目の役割を「貢献者」として

解釈している。彼は〈分享〉を、大頭目の貢租に対する再分配だけでなく、獣肉の分配をも含めて、「伝統社会」における集団的な行為の根底に位置づける。DL 氏にとって、大頭目の貢献者としての役割はノスタルジックな伝統文化において重要であり、現在においてもポジティブな意義をもっていると解釈されている。

DL 氏による以上の五つの場面をまとめてみれば、現在のルカイ社会において、大頭目が一定の権威を保っているのは伝統文化と関連する場面であることが分かる。とりわけ、1990年代以降に重視されている伝統文化の復興の文脈のなかで大頭目はルカイの伝統のシンボルの一つとして抽象化される動きが見られる。一方、伝統のシンボルとして獲得された文化的な権威だけでは、自分の地位を村落の人々に承認させることができず、個人的な努力と個人的な能力による貢献も求められている。DL 氏は観光祭典などのイベントに積極的に関与し、司会、音声機材の整備、ペインティングなどの様々な個人的な能力を駆使し、村落に貢献している。それによって一定の程度において、彼の地位が顕在化され、その権威が村落の人々に承認されているが、未だに成功したとは言い難い。

アデルのアパリュース家について

次に、アデルの大頭目のラブラス氏の事例を提示したい。様々な場面で苦闘している姿を見せている DL 氏と対照的に、ラブラス氏はルカイの大頭目の中の成功者と言える。一方、二人の間には幾つかの共通点も見出される。

アデル（阿禮村）は屏東県霧台郷に位置し、人口は 2018 年 7 月の統計[25] によると 329 人である。

日本植民地時代の文献のなかで、アデルに関する記載は少なく、アデルの頭目家に関する記録は簡単明瞭と言える。『番族慣習調査報告書　第五巻ノ一』では、アデルの「頭人」はバリュー家[26] であり、その由来は分からず、あるいはサポガヌ頭人ダラパヤヌ家より分派したという ［台湾総督府蕃族調査会 1920: 53］。『台湾高砂族系統所属の研究』は、アデルについては「元コチャポガン社の頭目 Darapayan 家がこれを始め、同家へ蕃租を納めてゐるが、後分離して頭目は Variu 家となる」と記載されており ［移川・宮本・馬淵 1988（1935）: 250］、両者はほぼ共通している。

つまり、アデルはコチャポガン（Kochapogan）の頭目ダラパヤン（Darapayan）家の者が分出し開拓したと日本植民地時代から認識されている[27]。後に何らかの理由で、アパリュース家（即ちバリューや Variu）が支配的な地位に立つ大頭目となった。アデルはルカイの村々

のなかで、一つの村落に一つの大頭目家がある典型例であるとも言える。許［1991: 134］の指摘によれば、アデルはルカイの村々のなかで、最も「保守的」な村落であり、大頭目のアパリュース家が現在においても相当な権威を持っている[28]。

　アデルの大頭目ラブラス氏は、1959 年に、アパリュース家出身の母と、ダラパヤン家出身の父の間に生まれた。ラブラス氏の論文によれば、父の出身のダラパヤン家は、アデルの神話的祖先である神人プルン（Peleng）の子孫であると言われる。ダラパヤン家は最初にアデルを支配した頭目家であったが、後にその地位が東の有力村落であるタロマク（Tarumake）の大頭目家から来たアパリュース家に奪われた［包 2006: 85-86］。ラブラス氏の父はアパリュース家に婿入りし、妻と二人共同でアデルの大頭目を担当した。それに関して、ラブラス氏は、アパリュース家出身の母と、ダラパヤン家の父との結婚は、大頭目の地位と権威を名実ともに強固にさせたと自ら述べている［包 2006: 86］。

　戦後アデルで行政官僚制度が確立された初頭に、ラブラス氏の母方の祖父は、1946 年に村長として行政から選任された。また 1950 年における民主選挙で再び村長に当選し、アデルで政治的権威を有し続けた［包 2006: 274］。ラブラス氏の父は 1968 年から 1998 年までの 30 年間、アデルがある霧台郷代表に 6 回連続で当選し、郷代表会の副主席をも務めた［包 2006: 275-276］。それに、ラブラス氏の母は 30 年以上にわたって行政機関で務め、弟も霧台郷公所に務めている。戦後から現在まで、アパリュース家は、行政組織を通して、大頭目の従来の政治的権威を行政的権威に転換し、引き続きアデルに一定の程度の影響力を保ち続けていると考えられる。

アデルの大頭目ラブラス氏の事例

　ラブラス氏は高等教育を受けた都市原住民の成功者とも言える。彼は 8 歳の頃に就学のためにアデルから屏東市に移住した。師範専門学校、師範大学を経て、屏東市にある中学校で国語科の教師を務めた。1994 年からその中学校の教務主任をも担当した［包 2006: 374］。

　2001 年以降、ラブラス氏は屏東市で仕事をしながら、「第六代目大頭目の跡継ぎ」として、アデルでの村落の再建、伝統文化の復興および観光産業の推進など、様々な事業に取り組んだ。彼は、大頭目の権威が行政組織や教会組織によって分化されたことを認めながら、アデルでは現在においても伝統的な社会制度が保ち続けられ、村民たちが相変わらず大頭目を村落全体の〈精神領袖〉（精神的なリーダー）と見なしていることを主張し、自分の大頭目としての責任と重要性を強調した。彼が論文の中で取り上げた、自身が 2001 年から 2006 年に

かけて参与した多様な事業は、主に二種類に分類することができる。

　まずは多様な民間団体の企画への参与である。彼は論文の中で、主に「アデル社区発展協会」の諸事業、アデルにおけるルカイ語教育の推進事業、および 2005 年の風災後アデル部落再建委員会による村落の再建事業といった三つの事例を取り上げている［包 2006: 285-300］。これらの事業は、行政機関、キリスト教会組織や民間組織を主体としており、ラブラス氏は「アデル第六代目大頭目の跡継ぎ」として積極的に関与している。

　現在、ルカイ社会のなかでは、大頭目はもはや複数の社会権威者の中の一人に過ぎなくなったが、ラブラス氏は、むしろ社会的権威者の中の一人としての大頭目の地位を活用し、積極的に現代的な社会状況への接合を試みた。例えば、論文の中では、彼は村落の再建に関して、「村落の人的資源を整合するための三つの主力」として、大頭目、村長、教会組織が共存し、支え合う新たな構図を提示した［包 2006: 300］。

　次に、ラブラス氏が積極的に取り組んだもう一つの事業は、観光活動における伝統文化の解説である。論文の中で、彼は自分が行った観光活動のスケジュールと、伝統文化の解説のテキストを詳細に報告し、アデルにおけるエコツアーの計画も提案した［包 2006: 355-357, 373-410］。

　彼は頭目家が所有するルカイの伝統住居である石板（スレート）の家屋、人形の石板がある前庭、古壺などの物質文化を積極的に観光のメインスポットとして取り入れた。また、自ら大頭目としての伝統文化の解説を観光活動の一環として取り入れ、頭目家の系譜、神話や象徴的特権などを紹介している。

　そして、ラブラス氏は観光客向けの解説のテキストの中で、大頭目の役割を再解釈し、今日における意義を付与しようとする傾向がある。解説のテキストの中で、彼は「伝統社会」における大頭目の特権に対し、次のように説明している［包 2006: 388-389］。

　　　かつて平民は土地を所有しなかった。すべてを管理する権利は、大頭目が所有していた。しかし、大頭目にとっては、土地は自分の物ではなかった。頭目制度は〈分享〉の文化である。（中略）大頭目は集権的ではなく、〈分享〉の文化であった。村人から納められた貢租は、倉に置く。倉に蓄積されたアワ、落花生、トウモロコシ、イノシシの肉などは、大頭目が独占するのでなく、村落の古老を招いてそれを分けて村人に〈分享〉していた。村落に身寄りのない人や体の不自由の人がいれば、大頭目は彼らを扶養する義務を負っていた。

　　（中略）パイワンの文化にせよ、ルカイの文化にせよ、最後は必ず頭目の文化に回帰する。大頭目の文化は、「〈分享〉の文化」である。（原文は中国語であり、翻訳筆者）

　彼は首長制を解釈する際に、前述したDL氏と同じく、しばしば大頭目の貢租に対する再分配の一側面を強調し、「大頭目の文化」を「〈分享〉の文化」と定義し、大頭目を「土地の守護者」［包 2006: 97］と意味づけている。そして、「〈分享〉の文化」である大頭目の文化を、「ルカイの文化」の中心に位置づけ、ルカイの伝統文化と同質化させようとする［包 2006: 97］。彼は、今日において、近代化が進み、平等主義と個人主義が普及しているルカイの社会状況と一見相容れない大頭目の特権的地位に、「貢献者」というポジティブな意味合いを注ぎ込んでいる。

　これらの努力によって、ラブラス氏は一定の成功を収め、彼の影響力はアデルに限らずルカイの他の村々にも及んでいる。彼が、2017年に前述のルカイ民族議会の主席に選ばれたことはその証拠の一つである。ルカイ民族議会の活動を通して、彼の影響力は更に拡大するであろう。

二人の大頭目の比較

　二人の大頭目の事例を対照してみると、幾つかの相違点と共通点が見出される。

　両者の間の相違点については、彼らが現在、置かれている状況は異なっている。その理由は、まず、コンガダヴァンとアデルのおける頭目家の歴史の違いに帰することができる。アデルにおけるアパリュース家の支配的な地位は歴史上でも明確であるのに対し、コンガダヴァンにおいては歴史上頭目の家系が複雑であり、現在では複数の頭目家の間の競合が激しく、「互いに承認しない」という状況がある。

　そして、戦後、アパリュース家の出身者は、長年行政機関に務め、かつて有していた政治権威から、一定の程度で行政的権威への転換を遂げた。ラブラス氏には、大頭目という生得的な地位、家族が蓄積した政治経験と政治的コネクション、高等教育を受けた都市原住民エリートの身分といった、三つの側面における素質が揃っている。彼はこれらの素質を活用し、生得的な地位と行政組織、民間団体など新たな社会的権威との連携と接合を遂げた。またそれを通した地位の顕在化にも成功した。一方、ラルグアン家は、経済力が欠如し、家族の人数も少ないため、その権威が絶えず多様な社会的権威者によって分化されてきた。DL氏は、経済力、政治的コネクションや学歴をもたず、孤立無援のような状況で苦闘している。

　一方、両者の間には重要な共通点が見出される。一口で言えば、両者ともに「伝統のシンボル」と「利他的な貢献者」という大頭目の二つの「顔」を表している。

　まず、両者は「伝統のシンボルとしての大頭目」というイメージから、伝統文化に対する権威性を有している。彼らは観光活動において、頭目家が独占した物質的特権や象徴的特権を自由に活用している。また、観光客に対する伝統文化の解説において、大頭目の身分から、暗黙裡に村落の伝統文化を語る権威性を獲得している。それによって、外部に向けて大頭目の地位を顕在化させているのである。

　そして、両者は大頭目の役割に対する解釈において、かつて大頭目が村落におけるヒエラルキカルな地位や様々な権利に対する独占を否定し、大頭目の村落に対する貢献、とりわけ貢租に対する再分配機能に焦点を当てている。両者ともに〈分享〉という言葉を繰り返して強調しながら「利他的な貢献者としての大頭目」という側面を強調している。DL 氏が狩猟の変化に対する解釈に示したように、彼らは近代的な個人主義が流布している現在のルカイ社会と対極的に、〈分享〉が重視される一種のノスタルジックな「伝統社会」を提示している。「〈分享〉の文化」を中心とする「大頭目の文化」を、伝統文化の美徳であり、現代社会にもポジティブな意義を有する望ましいものであると捉えている。「大頭目の文化」もまた「ルカイの文化」と同質化されている。それを通じて、大頭目の身分に肯定的な意味合いを付き加え、その身分が今日のルカイ村落において存続する意義を合理化している。またそれによって、近代的な価値観とモラルに反しない形で大頭目の現代社会における権威が再構築されうるのである。一方で、このような権威の再構築によって、大頭目はもはや村落の頂点に立つ特権的な最高権力者であり得ず、つねに個人的な努力による村落への貢献が求められているのである。

5　考察

　本稿では、まず近代化によりルカイの首長制が変容してきたプロセスを把握してきた。その上で、1990 年代以降における伝統文化の復興という新たな社会状況のなかで、二人の大頭目たちが日常生活のなかで自分の権威を再構築している動きを具体的な事例を通して提示した。次に、再構築の社会的要因と、再構築された今日における大頭目の権威の性格を考察したい。

首長制変容のプロセス

　まず、植民地化以前の「伝統社会」において、ルカイの大頭目は経済、政治、宗教、文化などの側面において権威を有していた。一方、日本植民地時代以降、一連の近代化および同化政策によって、政治、経済、宗教などの側面において、外部の支配者たちがもたらした論理に基づく複数の新たな社会的権威者が現れ、絶えず大頭目の権威を分化しつつある。その結果、大頭目はもはや複数の社会的権威者の一人に過ぎなくなった。ルカイの首長制の変容のプロセスは、大頭目の様々な側面における権威が分化されていったプロセスと言える。

　1980年代以降、台湾における原住民族権利回復運動の活発化とともに、ルカイの伝統文化も重視され強調されるようになった。その流れのなかで、首長制に関連する諸文化要素がルカイ全体の伝統文化として認識され、再構築されている。大頭目はこれらの諸文化要素に対する特権的な独占を失いつつあると同時に、その存在自体が一種の伝統のシンボルとして抽象化されている。

大頭目権威の再構築の社会的要因

　現在、伝統文化の復興という文脈のなかで、大頭目の権威が再構築されることが可能になる社会的要因として、大頭目のシンボル化や抽象化が重要な役割を果たしていると考えられる。

　近代化の下での一連の変容のプロセスを経て、一種の政治制度としての首長制が弱体化し、大頭目は政治、経済、宗教などの側面における権威を失い、実権を持たないものとなった。大頭目の存在、および首長制自体が、もはや現代社会における民主主義と平等主義、およびそれに基づく多様な社会的権威者に脅威を与える存在ではありえず、一種の伝統文化のシンボルとして抽象化されている。

　それと同時に大頭目たちも、首長制に関連する諸文化要素の中から、特権的またはヒエラルキカルな意味合いを自ら放棄し、「〈分享〉」や「貢献」などの近代的価値観に反しない意味合いを抽出し、それに重点を置いて自分の権威の再構築を行っている。

　その結果として、再構築されている大頭目の権威は、従来の文脈から離れ、「伝統社会」における大頭目の権威と異質な性格を有している。

今日における大頭目の権威

　二人の大頭目の事例を通して、現在ルカイ社会の中で、大頭目はもはや多様な側面におけ

る複数の社会的権威者の一人に過ぎなくなってきたことが分かった。大頭目が現在、権威を有しているのは、主に伝統文化という一側面である。伝統文化の復興とそれに基づく観光産業の発展を背景として、二人の大頭目たちは自ら権威を再構築している。伝統文化における大頭目の権威は、「伝統のシンボル」と「利他的な貢献者」という二つの「顔」に特徴付けられている。

　まず、前者において、大頭目は伝統のシンボルとして伝統文化に対する権威性を獲得している。その現象として、まず大頭目は生得的な身分から、冠婚葬祭、伝統祭典、観光イベントなど、伝統文化が重んじる様々な場面に積極的に関与し、地位を顕在化することが可能である。そして、これらの場面において外と内の両方に向けて伝統文化を語る権威性をもっている。最後に、大頭目は、装飾特権とされていたモノに対する特権的な独占を失いつつあるにも関わらず、現在においてもそれらのモノをより多く所有し、観光などの社会状況に応じてより自由に利用することが可能である。

　次に、後者において、現在、大頭目たちは単に生得的な地位だけでは、その権威を人々に承認させることは不十分である。それに加えて、個人的能力と努力による村落に対する貢献も必要とされている。ここで強調されている「貢献」は、伝統文化に原型をもってはいるが、伝統的だけでなく、むしろ近代的価値観に基づき、首長制に関連する諸文化要素から取捨選択されて再構築されているものであると考えられる。この意味において、現在、大頭目の権威は伝統的でありながら、近代的でもある。

　それに、大頭目の権威を人々に承認させるために、現代社会を生きる社会的権威者として不可欠な経済力、政治的な影響力とコネクション、学歴および様々な個人的能力も求められている。この意味では、現在のルカイ大頭目の権威は、生得的なものだけでなく、獲得的な性格ももっている。

　以上の考察を通して、現在、主に伝統文化という側面において再構築されたルカイの大頭目の権威には、伝統と近代という両方の性格を有し、両方の要素が結合されていることが分かった。それはまさに、現在のルカイ社会における二つの主な潮流が凝縮したものであると言える。一つの潮流として、様々な側面において伝統文化の復興が重視され、強調されている。もう一つの潮流としては、市場経済が発展し、個人主義などの近代的価値観が浸透しているという現状である。現在のルカイ社会を理解するための手がかりとして、大頭目の権威の再構築に注目することは重要な意義があると考えられる。

尤　驍

おわりに

　本稿は、ルカイの社会が近代化以降、とりわけ 1990 年代以降における伝統文化の復興との文脈の中で、二人の大頭目が首長制に関連する諸文化要素を近代的な価値観に照らして取捨選択し、その権威を再構築している状況を提示した。その上で、その再構築の社会的要因と、再構築された大頭目権威の特徴について考察した。これらの考察を通して、現在のルカイ社会を理解することを試みた。

　一方、それらの考察を踏まえて更なる議論の深化が必要である。下記のような二つの方向における検討が重要であると考えられる。一つには、本稿で提示しているコンガダヴァンのラルグアン家とアデルのアパリュース家のように、個々のルカイ村落において、頭目家の歴史は複雑であり、それに応じて現在に権威の再構築の動きには具体的な差異も大きい。現在の大頭目のあり方を理解するために、各村落の個別の歴史をより具体的に把握し、それが現在に与える影響を検討することが必要である。第二に、ルカイ社会をより大きな政治経済的な背景に置いて考察することも不可欠である。それらは、今後の課題としたい。

[謝辞]
　本稿のための調査は、ひとえに DL 氏をはじめ、コンガダヴァンの方々のご協力によって可能になった。本稿をまとめるうえで、岡田浩樹先生（神戸大学）と二名の匿名の査読者から貴重な助言を多くいただいた。そして編集委員会の各氏と尾﨑史明氏（神戸大学大学院）が日本語を丁寧に修正してくださった。ここに記して上記の各氏に心から感謝の意を表したい。また、本研究は、日本学術振興会科学研究費補助金平成 30 年度特別研究員奨励費（DC1、JP18J21025）の助成を受けたものである。

注
(1)　日本植民地時代における「ルカイ」の命名の経緯は未だに明確されていないところが多い。ルカイの命名の経緯については、土田［1992］・笠原［1997］を参照。なお、現在、霧台郷の村々の出身者を中心とする知識人の間に、Ngudradrekai という自称名を定式化しようとする動きが見受けられる。
(2)　従来の研究において、コンガダヴァンは「トナ」と表記するのが一般的である。「トナ」は清の時代から、コンガダヴァンに対する漢人による他称である「墩仔」または「屯子」の中国語（福建語）の音訳であり、日本植民地時代から使用され始めた。本稿では、現地語の自称名を尊重し、「コンガダヴァン」（Kongadavane）と表記することを断っておく。現在、コンガダヴァンの村民は、現地語を話す場合に「コンガダヴァン」と自称する。一方、中国語（北京語）を話す場合、そして

78

中国語による行政区画には、「トナ」の当て字である「多納（ドウオナー）」が使用されている。本稿では、行政区画を言及する場合のみ、「多納」という漢字表記を使用する。また、コンガダヴァンの近隣にある、トルルカンとオポノフと自称している二つの村落は、従来の研究では、しばしば中国語（福建語）による他称名の音訳として、「マガ（芒仔）」と「マンタウラン（萬斗籠）」と表記されていたが、本稿はコンガダヴァンと同じく自称名を尊重し、それぞれ「トルルカン」（Torulukan）と「オポノフ」（Oponohu）と表記することを断っておく。

(3) 現地調査は、2016 年 9 月 – 10 月、2017 年 3 月 – 4 月に行った。調査言語は主に中国語を使用した。

(4) 原住民族委員會全球資訊網「原住民人口統計資料 10710 台閩縣市郷鎮市區原住民族人口按性別族別」https://www.apc.gov.tw/portal/docDetail.html?CID=940F9579765AC6A0&DID=2D9680BFECBE80B64222DCF1EFF89817（2018 年 11 月 8 日閲覧）を参照した。

(5) 村落の権力構造の頂点に立つ首長に対し、ルカイの各村落において民族語の呼称が異なる。一方、現在、ルカイの人々が中国語を話す場合、それを〈大頭目〉と呼ぶのが一般的である。本稿では便宜上、「大頭目」という言葉を使用する。また、本稿の論じる首長制は、主にこの「大頭目」の場合に当てはまる。大頭目の近親者、および他の首長系統の家が形成する特権的な階層を、現地語タリアラライやその訳語である「首長層」と呼ぶ。

(6) ルカイの学術上および行政上の分類史は、笠原［1997, 1999］、野林・宮岡［2009］を参照。

(7) ルカイの出身者たちによる自民族の文化の整理と記録のなかでは、奥威尼・卡露斯盎（邱金士）の『雲豹的傳人』(1996) と巴神一の『魯凱神山風俗誌』(2003) がしばしば取り上げられているが、筆者は現在のところ入手しておらず、本稿の論考には組み込んでいない。

(8) 「天長の佳節に当り、頭目、善行蕃人を表彰」『理蕃の友』1933 年 5 月号。

(9) 教会で影響力を有する者は積極的に選挙に立候補する傾向もある。例えば、頼［2008: 87-90］によると、1950 年代から近年まで、霧台郷の郷長、郷民代表、および霧台村の村長には、ブダイ長老教会の長老が極めて大きな割合を占めている。

(10) 1990 年に施行された「山胞保留地開発管理弁法」および 1998 年に施行された「原住民保留地開発管理弁法」によって、使用権を取得する期間は 10 年間から 5 年間に短縮された［林 2006: 33］。

(11) 本稿では、日本語の漢字表記と中国語の漢字表記を区別するために、現地の中国語表現であることを強調する場合に〈 〉を用いる。

(12) 霧臺郷公所ホームページ（http://www.wutai.gov.tw/index.php）に公示された情報によれば、ルカイ民族議会はルカイの伝統文化に関するシンポジウムを 4 回開催している。それ以外の動きは現在のところ、まだ把握していない。その成り行きを見守ることを今後の課題としたい。

(13) 霧臺郷公所ホームページ「魯凱民族議會各部落代表名單」http://www.wutai.gov.tw/%E9%AD%AF%E5%87%B1%E6%97%8F%E6%B0%91%E6%97%8F%E8%AD%B0%E6%9C%83/%E6%B0%91%E6%97%8F%E8%AD%B0%E6%9C%83%E7%B1%8C%E5%82%99%E8%B3%87%E6%96%99/540-%E9%AD%AF%E5%87%B1%E6%B0%91%E6%97%8F%E8%AD%B0%E6%9C%83%E5%90%84%E9%83%A8%E8%90%BD%E4%BB%A3%E8%A1%A8%E5%90%8D%E5%96%AE.html（2018 年 7 月 19 日閲覧）を参照した。

(14) アデルの現地語表記について、従来の日本語研究では Adel と表記することが多い［例えば、移川

他 1988（1935）；笠原 1997 など］が、本稿では、ラブラス氏の論文［包 2006］を参照し、Adiri と表記する。なお、ラブラス氏の家であるアパリュース家の現地語表記については、同論文の中で Apaliusu、Apaliusw、Apalhiusw のように、表記の揺れが見られる。本稿では便宜上、Apaliusu と統一する。

(15) 筆者は現在のところ、ラブラス氏に対するインタビューを行っていない。本稿でラブラス氏に関する論考は同氏の論文［包 2006］の内容を参照したものである。

(16) コンガダヴァンは、元々高雄県茂林郷多納村と区画されていたが、2011 年に高雄市と高雄県の合併にともない、高雄市茂林区多納里と改称された。

(17) 高雄市茂林区戸政事務所ホームページ「村里人口統計 107 年 10 月村里人口数」https://maolin-house.kcg.gov.tw/News_Content.aspx?n=3457B06B7217EC61&sms=0279382010F3EB2F&s=19444E4C5 FDF10A5（2018 年 11 月 9 日閲覧）を参照した。

(18) 山路［1991: 211］はサガアタン家が大頭目とされる根拠を、同家が村落の開拓宗家であるという口頭伝承に帰している。一方、王［1984: 47-48］の収集した口頭伝承によると、村落を開拓したのはサガアタン家ではなく、ラウパラテ家（Laupalatə）である。山路の現地調査は、1984 年 3 月、同年 7 月から 8 月、1985 年 8 月から 9 月、および 1987 年 12 月に行われた［山路 1991: 208］。王の調査期間は 1983 年 10 月から 1984 年 2 月であると明記しており［王 1984: 6］、両者はほぼ同じ時期に現地調査を行っている。つまり、その時期に村落を開拓した頭目家とは誰かということに関して、コンガダヴァンの人々の間に合意がなかったことが分かる。近年は、ラウパラテ家が開拓者であるという伝承が公式化される傾向がある［茂林郷公所 2008: 127］。

(19) 王［1984: 49］と山路［1991: 215］の報告は、コンガダヴァンにおける「貢租」が、先にラルグアン家に納められ、その後、ラルグアン家によってサガアタン家に分けられるという点で一致している。一方、その内訳については、王はラルグアン家が「貢租」の十分の七、八を保留し、残りの十分の二、三をサガアタン家に分けると報告しているのに対して、山路は、両家が折半すると報告している。

(20) サガアタン家は、20 位にも入らなかった［王 1984: 123］。

(21) コンガダヴァンの近くにある露天温泉は観光客から大きな人気を集めた。21 世紀の初頭に、村落の中で観光客向けの民宿や飲食店が多く作られ、都市で就職した人々の中には、村に戻り、観光関連の仕事に就く人が多かった［王 2003: 78］。しかし、2009 年 8 月に台湾南部で起こった大規模水害、所謂「八八水害」で起こった山崩れによって、温泉は丸ごと土砂に埋められてしまった。それ以降、観光客の数が減少した。加えて、2016 年に民進党政権の確立と伴い、中国大陸との関係が悪化し、近年、中国大陸からの観光客の数が激減した。

(22) なぜ中国語でよく使われている〈頭目〉ではなく、あえて日常生活にほとんど使われていない〈酋長〉を使うのか、という筆者の質問に対して、DL 氏は、現在〈頭目〉と自称する者があまりにも多く、彼らと区別を付けるためにあえて〈酋長〉を使用していると説明した。〈酋長〉が、北米インディアンのチーフに対する中国語の訳語であると彼は付言した。

(23) 『番族慣習調査報告書 第五巻ノ三』は、コンガダヴァンのある「上さりせぬ蕃」がコメを主食としていると記しているが［台湾総督府蕃族調査会 1922: 132］、コメに関する祭典について記載し

ていない。

（24）コンガダヴァンでは2014年まで、11月で開催されるコメの収穫祭タバガウラヴァンは中国語で〈黒米祭〉と呼ばれていた。しかし、2015年以降、7月で開催されるアワの収穫祭タブツガン（tabecengane）のほうが〈黒米祭〉と呼ばれるようになり、11月のタバガウラヴァンは中国語で〈豊年祭〉と改称された。

（25）屏東県内浦戸政事務所ホームページ「屏東縣霧台郷107年10月份人口統計5種圖表」https://www.pthg.gov.tw/neipu-house/News_Content.aspx?n=1B4E0B3EF98302BB&sms=26D45FB4F4CA2B0A&s=C7D1E3090873EE5B（2018年11月9日閲覧）を参照した。

（26）『番族慣習調査報告書　第五巻ノ四』のなかでは、「バリュース」と表記されている［台湾総督府蕃族調査会 1921: 79］。

（27）ラブラス氏は同論文のなかで、アデルがコチャポガンから分出したという伝承に対して懐疑的ないし否定的な態度をとっている［包 2006: 84］。

（28）アパリュース家が権威を保っている根拠として、同家が現在もユリを飾る装飾特権を独占していることが挙げられている。平民層がユリを飾る権利を獲得するために頭目家に特定の品物を贈与する儀礼 kiakidao は近年まで続けられていると言われている［許 1991: 146］。

文献

〈日本語文献〉

石垣直

　　2011　『現代台湾を生きる原住民――ブヌンの土地と権利回復運動の人類学』風響社。

移川子之蔵、宮本延人、馬淵東一

　　1988（1935）　『台湾高砂族系統所属の研究』凱風社。

汪明輝（盛岡ゆかり訳）

　　1996　「台湾原住民族運動の回顧と展望――加えてツォウ族の運動体験について」『立命館地理学』18、17-28頁。

笠原政治

　　1987　「台湾――高砂族の政治社会誌」大森元吉編『法と政治の人類学――文化人類学』pp. 97-115、朝倉書店。

　　1988　「台湾山地社会史の風景――ルカイ族首長家の系譜伝承をめぐって」須藤健一、山下晋司、吉岡政徳編『社会人類学の可能性II――歴史のなかの社会』69-88頁、弘文堂。

　　1992　「出産をめぐる台湾ルカイ民族の社会慣行」『横浜国立大学人文紀要（第1類　哲学　社会学）』38、1-19頁。

　　1993　「私たちの結婚はまるで喧嘩のようだ――台湾ルカイ社会における地位ハイアラーキーと配偶選択の過程」『横浜国立大学人文紀要（第1類　哲学　社会学）』39、101-122頁。

　　1997　「幻の〈ツァリセン族〉――台湾原住民ルカイ研究史（その1）」『台湾原住民研究』(2)、21-60頁。

　　1998　「ルカイ（魯凱族）」日本順益台湾原住民研究会編『台湾原住民研究への招待』93-97頁、

尤 騄

　　　　　風響社。

　　1999　「ルカイ族の誕生以後——台湾原住民ルカイ研究史（その2）」『台湾原住民研究』（4）、
　　　　　98-119頁。

　　2005　「ルカイ——華麗な造形文化とアイデンティティの軋み」末成道男、曽士才編『講座世
　　　　　界の先住民族——ファーストハンド・ピープルズの現在01　東アジア』171-184頁、明
　　　　　石書店。

近藤正己

　　1996　『総力戦と台湾——日本植民地崩壊の研究』東京：刀水書房。

末成道男

　　1973　「台湾パイワン族の〈家族〉——M村における長子への贈与慣行 pasadan を中心として」
　　　　　『東洋文化研究所紀要』59、1-87頁。

孫大川（堤智子訳）

　　2004　「台湾原住民族の存在と将来」山本春樹、黄智慧、パスヤ・ポイツォヌ、下村作次郎編『台
　　　　　湾原住民族の現在』11-18頁、草風館。

台湾総督府蕃族調査会

　　1920　『番族慣習調査報告書　第五巻ノ一』台湾総督府蕃族調査会。

　　1921　『番族慣習調査報告書　第五巻ノ四』台湾総督府蕃族調査会。

　　1922　『番族慣習調査報告書　第五巻ノ三』台湾総督府蕃族調査会。

台湾総督府警務局理蕃課

　　1993　『理蕃の友（復刻版）』東京：緑蔭書房。

土田滋

　　1992　「ルカイ語」亀井孝、河野六郎、千野栄一編『言語学大辞典』第4巻、927-931頁、三
　　　　　省堂。

中村孝志

　　1951　「1647年の臺灣番社戸口表」『日本文化』31、92-110頁。

野林厚志、宮岡真央子

　　2009　「台湾先住民とは誰か——原住民族の分類史と〈伝統領域〉概念からみる台湾の先住性」
　　　　　窪田幸子、野林厚志編『「先住民」とはだれか？』293-317頁、世界思想社。

塙鯤南

　　1898　「蕃社の風俗及び生活の状態」『東京人類學會雜誌』13（149）、439-452頁。

松岡格

　　2012　『台湾原住民社会の地方化——マイノリティの20世紀』研文出版。

松澤員子

　　1979　「台湾パイワン族の首長の家——その首長制との関連において」『社会科学』26、1-40頁。

馬淵東一

　　1974a　「高砂族に関する社会人類学」『馬淵東一著作集』第1巻、443-483頁、社会思想社。

　　1974b　「高砂族の系譜」『馬淵東一著作集』第1巻、221-235頁、社会思想社。

82

1974c「インドネシア農耕民と土地」『馬淵東一著作集』第2巻、7-17頁、社会思想社。

山路勝彦

1991 「面子とハイラーキー——台湾ルカイ族の首長制」『関西学院大学社会学部紀要』63、201-242頁。

〈中国語文献〉

衞惠林

1955 「臺灣土著諸族的部落組織形態與二頭領袖制」『中國民族學報』1、79-101頁。

1963 「魯凱族的親族組織與階級制度」『中國民族學報』3、1-18頁。

1965 「臺灣土著社會的部落組織與權威制度」『考古人類學刊』25/26、71-91頁。

王長華

1984 「魯凱族階層制度及其演變——以多納為例」國立臺灣大學人類學研究所碩士論文。

王美青

2003 「文化表徵與族群性——魯凱族下三社群的認同建構」國立臺灣大學人類學研究所碩士論文。

顏愛靜、陳亭伊

2012 「原住民土地制度變遷及課題與對策之研析」『台灣原住民研究學報』2（2）、1-25頁。

喬宗忞

1990 「魯凱族的經濟變遷與社會階層制度——以霧臺・大武村為例」國立臺灣大學人類學研究所碩士論文。

許功明

1991 『魯凱族的文化與藝術』板橋：稻鄉出版社。

黃世民

2004 「魯凱族隘寮群頭目文化變遷之研究」國立成功大學歷史研究所碩士論文。

台邦、撒沙勒

1993 「廢墟故鄉的重生：從《高山青》到部落主義——一個原住民運動者的觀察和反省」『台灣史料研究』2、28-40頁。

陳奇祿

1955 「臺灣屏東霧台魯凱族的家族和婚姻」『中國民族學報』1、103-123頁。

陳銀鳳

2014 「日據時代以來魯凱族下三社茂林部落的社會變遷」國立東華大學民族發展與社會工作學系碩士論文。

包基成

2006 「原住民部落永續發展與經營之探討——以屏東縣霧台鄉阿禮部落再造之行動研究為例」國立屏東科技大學高階經營管理碩士在職專班碩士論文。

茂林鄉公所編

2008 『茂林鄉誌』茂林鄉：高雄縣茂林鄉公所。

賴啟源

2008 「霧台部落魯凱族貴族的美麗與哀愁――魯凱族貴族權力地位變遷之研究」國立東華大學民族發展研究所碩士論文。

林益陸

2004 「台灣原住民行政體制之研究」國立政治大學民族學系碩士論文。

林秋綿

2006 「臺灣各時期原住民土地政策演變及其影響之探討」『台灣土地研究』2、23-40 頁。

伝承と歌会儀礼から見たヤミ族の世界観
人の生誕と死後の再来

森口恒一

要旨：ヤミ族の伝承にしばしば現れるアオ鳩は、ヤミ語で ponay と voit という二つの名前を持つ。前者は、オーストロネシア基語に遡れる単語であるが、後者は、その語源は明白ではない。一方、ヤミの新築と新造船の歌会儀礼の重要な歌として avoavoit という歌がある。今では、この avoavoit が儀礼で誰に対して歌い掛けるか忘れ去られているが、語構成から見て、対象は voit となる。この voit は、他の歌い掛けの相手である komiriŋ と toyonen とともに最近物故した家人のアニト（死霊）で、家に幸福をもたらす霊であり、アオ鳩の異名ともなった。また、アニト（死霊）の 5 回の死、3 種のアニト（死霊）の儀礼への参加は、生きている家族の世代数と親従子称制（テクノニミー）を反映している。これらの検証の結果、結論として、今まで研究されてきたヤミの生前の世界観とこの研究で明白になった死後の世界観を融合して、ヤミの総合的な世界観を提案した。

キーワード：台湾ヤミ族、アニト（死霊）、世界観、アオ鳩（voit）、歌会儀礼

1 はじめに

　本論は、ヤミ語のアオ鳩の異称である voit と伝統的儀礼における歌謡の名称 avoavoit に注目して、儀礼における歌会で歌が歌い掛けられる相手であるアニト（死霊）の特徴を明白にし、分類を行い、それをもとにヤミ族の死後の世界観を構築し、既存のヤミ族の生前の世界観との統合を試みるものである。議論の過程で、歌謡において歌い掛ける歌の種類、歌い掛ける相手を吟味し、歌い掛ける相手は、死後の家族のアニト（死霊）のクラス分けと関係があり、さらに、この死後のアニト（死霊）のクラス分けは、生存中の命名方式であるテクノニミー（親従子称制）が影響を与えたのではないかと推論した。そして、物故した家族のアニト（死霊）のクラス分けによる死後の世界観と、いろいろな学者により論じられてきたヤミ族の生前の世界観を融合して、ヤミ族の生前と死後の世界観をまとめた。

　論文は、11 章にわかれており、第 2、3 章はアジアに土着のアオ鳩のヤミ語の二つの名称（ponay と voit) うちの voit について考察した。次に、第 4 章から第 7 章までで、ヤミ族の新築儀礼と新造船儀礼の歌会で歌われる歌謡の一種である avoavoit とそれが含まれる 3 種の歌に注目し、歌会で歌いかけられる相手について検討した。その結果、第 8 章で、それら 3 種の歌が歌い掛けられる相手は、最近死んだ 1 代から 3 代前の家族のアニト（死霊）であり、その 3 代は、生存中の命名のシステムであるテクノニミー（親従子称制）が影響を与えている可能性があることについて論じた。第 9 章で、何人かの学者により現在まで論じられてきたヤミ族の世界観の研究を整理した。第 10 章で、伝承に表れるヤミ族の系譜と、第 8 章までで検討した歌謡に表れる死後の世界観とを融合した。そして、第 11 章で結論として、ヤミ族の全体の生前と死後の世界観の構築を試みた。

2　フィリピン・台湾諸語の「鳩」

　町に住む人間は、鳩と言えば外来種の伝書鳩、土鳩（カワラ鳩）と言われる鳥しか見たことがないのがほとんどであろう。英語でも語源的には、ゲルマン系の dove とラテン系の pigeon があるが、dove は平和の象徴であり、自然にいる鳩であるのに対し、pigeon は群れを成して人の周りにすみ糞害をもたらし、人に影響を与える鳩として区別しているようである。

　日本では、郊外や木の多い住宅街に行くと、つがいで森の中を「デーデー、ポッポー」と鳴きながら地面をつついて歩いている鳩を見かける。茶色いキジ鳩である。一方、筆者の住む神奈川県では、大磯の海岸に夏から秋にかけて見られる有名なアオ鳩がいる。普段は丹沢山地の奥地に住んでいて、町や郊外では全く見ることがない鳩である。アオ鳩はある時期に集団で大磯の海岸に、海水を飲みにやって来る。この時にだけ見るチャンスのある鳩である。これらの二種の鳩は、アジアの在来種の鳩である。

　台湾原住民のヤミ族にとって重要なのは、蘭嶼でもよく見られるキジ鳩（山鳩）ではなく、生息はしているが、ほとんど昼間は目にすることがなく、夜でも声しか聞こえないアオ鳩である。

　フィリピン・台湾地域には、英語で turtle dove、green dove と pigeon/dove がいる。辞書などで見ると混乱している場合がある。

和名	英語	タガログ語
・家鳩	pigeon/dove	
・鳩、家鳩、土鳩	pigeon	kalapati
（カワラ鳩）		paloma（スペイン語）
・キジ鳩（山鳩）	turtle dove (Machropygia tenuirostoris pahaea) (Streptopia orientalis)	batubato
・アオ鳩	green dove (Ptilinopus, Treron sieboldi)	punay

（家鳩、土鳩、カワラ鳩は、外来種であり、キジ鳩、アオ鳩は、もともとアジアに生息する在来種の鳩である。）

　上記の batubato は、鳩の鳴き声からきていると考えられる。kalapati は、インドネシア語では merpati、ジャワ語では dara で、その語源はインドネシア諸語までにしか遡れない。一方、punay は、オーストロネシア祖語 *punaj（緑鳩、青鳩）にまで遡ることができる単語であるとされている。同様の語彙が太平洋地域のあちこちで見られる（Ind.: punai; Paiwan: punai; Fiji: mbune）［Dempwolf 1934, 1937, 1938］。しかし、このアオ鳩の生態に関しては、ほとんどわかっていない。日本でも、ヤミでもいじめられた子供がアオ鳩になったという伝説や半アオ鳩、半人間の子供が生まれたという伝説がある。しかも、一般の鳥とは違い、下を向いたまま水を飲む形態とその鳴き声からも不気味な鳩という印象をヤミ族の人達は持っている。

3　ヴァサイック／バタニック諸語のアオ鳩

　ヤミ語の場合には、鳩類は、

　　家鳩／伝書鳩　　　　　hato　　（日本語）
　　キジ鳩（山鳩）　　　　ibwao
　　アオ鳩　　　　　　　　ponay, voit

の 3 種がある。南のイヴァタン語では、以下のように呼んでいる。

　　家鳩／伝書鳩　　　　　paloma（スペイン語）
　　キジ鳩（山鳩）　　　　ibwao

アオ鳩　　　　　ponay, voit [1]

　上記のように、アオ鳩に関しては、ヴァサイック諸語では、2種の名称がある。しかし、これは、英語のような語源の違いか、都市化しているかという問題ではない。

　ところで、ヴァサイック諸語では、動・植物や文化用語等に関しては2種の名称がついている場合がある。一つの対象物であるものが、陸用と海用の語彙を使うことが有名である［森口 1998］。例えば、「良い」は、陸では ma-piya であるが、海では ma-ganay であるし、「家」vahay（陸用）、valay（海用）、「美」ma-avid（陸用）、ma-pintas（海用）である。一方、普通名詞が忌言葉から言い換えられる場合もある（ipangan < kan 食べる道具→ナイフ、pangempen < kanop 猟・獲物→ハクビシン、mangaɽex < ngaɽex 切れない→刀）。このような語彙の二重化はヤミ語では普通のことである。

　この ponay（アオ鳩）という単語は、他のフィリピン諸語や台湾原住民諸語ではあちこちでみられ、オーストロネシア祖語に遡ることができる語彙であるのに対し、voit という単語は、他のフィリピン諸語や台湾原住民諸語に現在のところ見出すことはできない。voit という単語は何なのであろうか。単に、偶然に付けられた名称であろうか。一方、voit という単語には、関連があるもう一つの重要な単語がある。それは、儀礼で使われる avoavoit である。また、鳥の voit ほどヤミ族の言い伝えに良く出てくる鳥はない。ヤミの伝承、創世記に現れる数少ない鳥のひとつであるが、この鳥は、あちこちで見られる鳥ではなく、村の周囲に生息し、夜半に気味の悪い声で鳴く、得体の知れない鳥としてヤミでは理解されている。

　ヤミ族の創世記に現れる村の名前の一つに Iminavoit という村がある。伝承では、その村は鳥との関係があると言われているが、その名前が村の縁起を示しているようにも思われる。i-mina- という接頭辞は、i- と -mina- とに分けられ、i- は場所を表す接頭辞で、mina は、m-in-a に分解され、状態の完了を表すもので、物故した人につける接辞でもある。言い伝えによると、この村で半分がアオ鳩でもう半分が人間の子供が生まれたから付けられた村名であるとされている。

　それに関連して、ヤミには以下のような2種類の言い伝えがある。

　Iminavoit の話は、浅井［1935, 1936］と森口［1980］で記録されている。

　浅井の記録では、ヤミ族の石部族の5代目の時に山から降りてきて、Iminavoit の村に辿り着いた。そこで、半分がアオ鳩で半分が人間の子供が生まれて、その後、その子が色々な動植物を見つけ taoɽoto/tao-do-to の援助で名前を付けたという話である。しかし、森口の記録で

は、動植物の命名は、もっと早い時代の石と竹の子供の時代に終わっていて、5 代たってから同じ Iminavoit に降りてきて、そこで機織りが始まり、ある子供が機織りの杼に似ている蝋燭を食べて、次第に羽毛が生え、それが羽根となって、アオ鳩（voit）になり飛んで行ったという話である。

浅井と森口の記録したテキストは、明らかに同じ話を別の時代に記録したものではない。上記で示したように、全体を構成している話の断片はほぼ同じようなものであるが、細部は異なっているし、ストーリー展開に関しても浅井と森口とは、まるで違う。今のところは、異なる起源の話か、一方が他方の話のもとになったのか、それとも共通の伝統的な話が元にあったのかは明らかではない。

また、三冨［1993: 450］によれば、鶏の血は、色々な儀礼で使われるが、その羽毛は年初のトビウオ松明漁の時に各自の座席の上に置き、安全を祈願する。一方、釣り針漁が不漁の場合には、アオ鳩（voit）の羽毛をつけた釣り針を使い豊漁を祈願したりするようである。

このように、アオ鳩（voit）は創生伝説や儀礼に現れる鳥である。しかし、通常簡単に見られる鳥ではなく、逆に、ヤミ族の伝承の中では非常に摩訶不思議な鳥でもある。ただ、ヤミ族の住む村の周囲に生息しているために村人には興味ある鳥でもある。

4　ヤミの儀礼と歌謡　avoavoit という歌

ヤミ語にはもうひとつの voit がある。現在は、それに関しては voit という単語は記録されていないが、基本的には関係があると考えられるものである。それは、前述のように、儀礼で歌われる avoavoit と関係している。

1　avoavoit が歌われる儀礼

avoavoit は、歌の種類であり、歌われるのは、新築歌会儀礼と新造船歌会儀礼の時のみである。

ヤミ族では、儀礼が多く行われている。蘭嶼は、ヴァサイックグループの島々の中でも相当豊かな島である。この食料の豊富さゆえに、時間的余裕ができたことをその儀礼の数の多さは、反映しているのかもしれない。そのような状態から儀礼が盛んに行われてきたと考えられる。その大きなものとしては新造船、新築、農業、漁業等の儀礼がある。

最も大きな儀礼（Mivařay〔＝仕事する〕、Makagegen〔＝完了する、堅固に仕上げる〕）と

しては、新造船と新築の際の儀礼がある。それらは、いくつかの段階を経て遂行される。ここでは新築の儀礼の式次第を乾［2016］による詳細な記録を簡単にまとめて示す。

　全体として何か月もかかる一連の儀礼であるが、それは3つの部分、準備、本儀礼、後儀礼に分けることができる。ここでは、本儀礼の中の序章と中心儀礼に注目して考察することにする。（表の中のアルファベットは、T: toyotoyonen; C: chiɾichiɾiŋ; K: komiɾiŋ; Av: avoavoit; An: anoʕoɖ; R: ɾaod を示す。）

表1

儀礼	歌の種類	相手
準備		
①船や家を作る計画が出てきた段階で水田に儀礼用の芋を植える	C	K（Mivevesan）2)
②豚の耳を切り、印をつける	T	豚
③木を切る前に	T	木
④木を切りに行く	T	木
⑤山に行く	C	K（Manaod）3)
⑥山へ tangbad を取りに行く前に 4)	C	K（Mivevesan）
（以下省略、以後いくつかの儀礼あり）		
本儀礼		
Ⅰ　序章		
①粟を炊く（miviik）5)	C	K（Mivevesan）
②歌会始め（somaɾay no aʕakawan）6)	An	主人兄弟
③芋を外に出す	An	主人
④芋を飾る	R	主人
⑤芋を飾る	R	村人
⑥ mikařosan 7)	R	招待者 → 主人
⑦招待者に対して歌う	R	主人 → 招待者
⑧ minikanikat 8)	An	主人 → 招待者
Ⅱ　本儀礼		
・miyanoaoʕoɖ do makoyab（夕方の anoʕoɖ 歌い）		
⑨ mipařek（主人＋村人）9)	C	K（Mipařek）
⑩ mipařek（村人）	C	K
・miɾaɾaod do maʕep（夜の ɾaod 歌い）		
⑪中心儀礼　始め（主人＋古老）	Av	K
⑫中心儀礼　閉め（主人＋古老）	Av	K
後儀礼		
① řaka	T	řaka 10)
② mapařaka	T	řaka
③ pařakaen	R	家
（以下省略、以後いくつかの儀礼あり）		

2　儀礼における歌謡

　これらの儀礼では歌謡が重要な役をなす。それは、ただ単に独唱される歌謡ではなく、歌による会話－歌会－である。それゆえに、基本的には歌い掛ける対象がある。それらは、儀礼を行っている主人と招待している客や村の人達との間だけではなく、森、木、畑、芋とも、アニト（死霊）とも歌で会話している。

　avoavoit は、新築儀礼においては本儀礼の中の中心儀礼の最初と最後に（中心儀礼の⑪と⑫）、新造船儀礼の場合には最後の締め（中心儀礼の⑫）の時にだけ歌われる歌である。

　以下が、その avoavoit の内容である。これは、口誦で伝えられているために、各種のヴァリエーションがあるので、乾［2016］の記録したものを例に出してみることにする。

・儀礼開始時の avoavoit

ano kavakovakog pa so valay （もし、建築が終わる〔完了〕、もう、を、家）	もし、家が出来上がったら
am pasalaongan ka pa so （掛ける〔命令形〕お前、もう、を）	お前に 掛けてやる
akmi sinalowan ipamalag so sago （ような、宝、広げる〔不定形〕、を、隠す）	隠してあって広げる宝のようなものを （= r̃aka〔首飾り〕のこと）
ipalamag so sago.	隠してあって広げるものを。
jicha var̩ivali （するな—お前、死ぬ〔命令形〕）	お前は死ぬな、
no mamanichiyal （〔の〕で、疲れ）	疲れで。

・儀礼の終了時の avoavoit

ano kavakovakog pa so valay （もし、建築が終わる、もう、を、家）	もし、家が出来上がったら
am pasalaongan ka pa so （掛ける〔命令形〕お前、もう、を）	お前に掛けてやる、
akmi sinalowan ipamalag so sago （ような、宝、広げる〔不定形〕、を、隠す）	隠してあって広げる宝のようなものを （= r̃aka〔首飾り〕のこと）
palamag so sago.	隠してあって広げるものを。
kavar̩ivali ka pa （死ぬ〔命令形〕、お前、もう）	もう死んでくれ、
no minakasidongan （〔の〕で、手伝いが終わる〔完了〕）	手伝いが終わったから。

（salaong: ひっかける；sago→tago（It）：隠れる、隠す；salo→asdoh（古 Iv）：宝；valag →vadag（Iv）：広げる；mamanichiyal → aschiyal（It）：壊れる、割れる；var̩ivali→ valili（古 Iv）：死の直前でははっきりとしゃべれない）11)

　新築儀礼の場合には、本儀礼の後半の中心儀礼の最初と最後に avoavoit が歌われる。開始時の avoavoit と終了時の avoavoit はほとんど同じであるが最後の 2 節だけが違う。中心儀礼の最初の部分では、霊を招請して、滞在して、手伝ってくれ、「死ぬな」と言っているのに対し、最後で終わったら「帰ってくれ／死んでくれ」と言っている。

　一方、新造船儀礼の場合には、最初の部分の avoavoit はなく、最後の締めの時だけに終了時の avoavoit が歌われる。

3　avoavoit の伝承における起源

　乾［2016］によると、avoavoit という歌は以下のような起源があるとされている。

Anaṛosotod　「脛長彦譚」

　Anaṛosotod（脛長彦）は、子供の時に父親が亡くなり、母親が再婚した。その子は、義父と漁に出た。海に出た時、急に便意を催して義理の父親にすぐ陸に帰るように頼んだが聞き届けられず、仕方なく海の中で用を足した。しかし、義理の父親は、その子を海中に置き去りにした。その後、子供は、危険を感じたので、母方の叔父の家に居候をした。成長し、やがて自分の家を建てるまでになった。家が完成した時に完成祝いを行い、義理の父親を祭りに招待した。義理の父親は、儀礼の時に形式的に歌いかけた。しかし、この子供は、呪詛する呪いの返歌をした。儀礼後、義理の父親は帰宅の途中で倒れ、息を引き取った。この呪いの返歌が、その後、avoavoit という歌になったという。

　Anaṛosotod（脛長彦）は、恨みがある義理の父親を新築の儀礼に招待した。この若者は、その内容が、「手伝いに来て、その仕事が終わった後は、もう死んでくれ」という強烈な歌である avoavoit を恨み込めて義父に対して歌ったために、その義父が儀礼の後に帰宅する時に死んでしまったという事実があった様である。乾［2016］では、これがこの歌の起源だとされている。

　しかし、この逸話の時代にはもうすでに儀礼で危険な avoavoit を歌うという習慣は存在していたと考えられる。もともとあった儀礼の歌は「死ね」とあからさまに歌う危険な歌であり、それを歌った後に義理の父親が死んだという事実が結び付けられているのかもしれない。

儀礼は昔からあり、時代がたって、個々の単語の意味も忘れ去られ、誰に歌い掛ける歌か明白でなくなり、実際にあった Anaᶇosotod の話が結び付けられたのかもしれない。さもないと、祝福を与える喜ばしい儀礼を壊してしまうことになる。

5　歌謡の形式的な種類――アノゥッド（anoʃod）とラゥッド（ᶉaod）

　ヤミ族の儀礼の際に歌われる歌は、非常に難しい。いわゆる現代ヤミ語が使われるわけではなく、古語、歌謡用語をつかう。また、これらは一つの意味（signifié）に対し、二つの音形式（signifiant）を持つ単語が多い。いわば比喩的な言葉遣いをする。このことが、難しい一つの理由かもしれない。しかも、その多くは古いヤミ語にある操作を加えた、いわば、言葉遊び的、比喩的な語彙を使っている。これは、彼らが古くから海ことば（沖ことば）と陸ことばを使い分けていたことが原因にあるのかもしれない［森口 1998］。

　儀礼に使われる歌謡は、特殊な語彙の使用の他に、作詞に関する形式的な違いがある。前述の［表1］に出ている anoʃod（An）と ᶉaod（R）の2形式である。同じ音節数の一文が2回繰り返され、そのセットが何セットか繰り返される anoʃod と3つのパートからなる1セットの最後の単語が繰り返され、次のセットに移っていく ᶉaod がある。この2種の歌謡の音楽的な違いは、最初の一節の節回しが違うだけで、それ以降は、定型はないようである。一方、時間的に、速い調子と遅い調子をとるための意味のない音の挿入や歌詞の一部が引き延ばされる歌い方もある。

　この歌唱のジャンルは、ヤミ独特のものではなく、同じグループに属する南のフィリピン共和国のバタン島にもあり、その歌唱のジャンルとしては、

　　Laji　　　　　（鎮魂歌、娯楽）
　　Laod　　　　（原意は「沖」）（呪術的なもの、難しいもの）
　　Kanayan　　（原意は「海岸」）（娯楽的なもの、簡単なもの）
　　Kalosan　　　（労働歌、合唱歌）
　　Vachi　　　　（独唱者）：Kalosan（コーラス）

の区別がなされている［Hornedo 1997］、［森口 2013］。

　ヤミで使われている anoʃod は、歌唱のジャンルとしては、南のイヴァタン語の kanayan

に対応するものである。一方、anoʔod という単語に対応する南のイヴァタン語である anohod の意味は、「命令、従う」とか「簡単な」という意味を持つ。そうなると laod ／ ɾaod（原意は、「沖」）は、呪術的な歌／難しい歌、kanayan（原意は「海岸」）／ anoʔona は、定型的な易しい歌となる。

6　儀礼における歌会には歌い掛ける相手による歌の種類がある

　歌会の場合、掛け合いの相手は、一般的には招待者、村の人／観衆などのように現実に生きている人間だと考えられがちである。しかし、ヤミの歌会で特記出来ることは、その中心的な対象者は、霊、物の精霊、死んだ祖先のアニト（死霊）であることである。それに、その歌い掛ける対象者が儀礼の中でどのような形で現れるかによって歌の名称が違って来る（［表 1］を参照）。

　乾［2016］では、歌謡の特徴を以下のように述べている。

　歌は、大きく 3 種類ある。toyotoyonen（T）と chiɾichiɾing（C）と危険な歌だと言われている avoavoit（Av）の 3 種類である。

　toyotoyonen の特徴は、儀礼と関連する動植物等に歌い掛ける歌である。多くの場合、その歌の中に常套句として "mo katowan"（お前 katowan）という呼びかけが入る。一方、安寧を祈願する語り掛けだけの霊、すなわち、komiɾing に歌い掛ける歌は、chiɾichiɾing である。第 3 は、新築の家の主人が、儀礼の際に召請して手助けを頼む、今では komiɾing への歌とされている avoavoit である。言い換えれば、聞き届けてくれる霊と儀礼の歌の中に憑依／還俗して来て手伝ってくれる霊があるのである。

　chiɾichiɾing と avoavoit の違いは、前者は現実に憑依を促さないが、儀礼の中で、何回も歌われるのに対し、後者は、儀礼の際に、現実に憑依を促し、一回ないしは二回だけ歌われる中心的な歌である。家の儀礼の場合には、最初に霊を招請するために一回歌われ、霊が儀礼の集まりの中に滞在する。そして、儀礼の最後に離脱を促すためにもう一回歌われる。その後、霊が離れて行くと考えられている歌である。一方、船の儀礼の場合には、すでに、製作途中に目が入れられることで、船の中に魂／霊が埋め込まれていると考えられている。儀礼の初めから滞在しているので、召請せず、最後に離脱を促すために一回だけ avoavoit が歌われる。

　語構成から考えると toyotoyonen は、toyo-toyon-en と分解され、toyon が語根となる。また、

chiɾichiɾing は、chiɾi-chiɾing となり、i の前に来る k は ch に変化するという規則がヤミ語にあり、このことを考え合わせると、語根は、＊kiɾing となり、これに接中辞 -om- が入り、k-om-iɾing というかたちになり、「（〜が）しゃべる、発話する」という意味を表す。

　また、avoavoit は、語構成的には、語幹は avoit で、その前に語頭の繰り返し avo が付いた形と考えられる。語頭の繰り返しは、いろいろな機能を表現するが、抽象名詞か、特定化と思われる。そこで問題になるのが、語頭の「a」である。

　ヴァサイック諸語では、興味深い語頭の「a」の付加の現象がある。今のところはどのような機能を持っているか、または、持っていたかは明らかではない。例えば、「パンの木」は、chipoʕo（ヤミ語）、tipoxo、（イトバヤット語）、chipoho（イヴァタン語イサモロン方言）、tipoho（イヴァタン語ヴァサイ方言）である。「a」の付いた achipoʕo（ヤミ語）、atipoxo（イトバヤット語）、achipoho（イヴァタン語イサモロン方言）、atipoho（イヴァタン語ヴァサイ方言）という単語も各言語に存在する [12]。

　そうすると avoavoit の語幹は、avoit であり、語根は、語幹の頭の「a」を外した voit なのではないかと考えられる。この単語は、今では鳥の voit しか指さないようであるが、かつては儀礼の中で使われていたと思われる。しかし、現在の儀礼では忘れ去られてしまい、歌い掛ける相手は、chiɾichiɾing と同じ komiɾing であるとされているが、実は、歌い掛ける相手は voit であると推察される。

歌の種類	歌い掛ける対象
toyotoyonen	katowan
chiɾichiɾing	komiɾing
avoavoit	voit

　一方、komiɾing は、「しゃべる、発話する」という意味であるが、皆川［1990, 2003］によると自分の家系の死んだ家族を指している。死んだ人の霊であるアニトには 2 種類あり、その一グループは、inapo と呼ばれている一般のアニト（死霊）であり、もう一グループは、komiɾing a anito といい、近親者のそれも自分を中心として父母、祖父母、子、そして、孫の前後 5 代以内の近親者のアニト（死霊）を指す [13]。これは「しゃべる霊、今生きている家族にその声を思い出させるいわば声中心の霊」や「現在生きている人と実際に交流があったその姿が如実に思い出される家族の霊」である。そして、これらの霊は、死後しばらくの間、

村にいて、何代か過ぎると生きている人にとって面識のない inapo になると言う。inapo は、人々の生活している村からはるか離れ、森や山の奥の方に行く。

次に問題になるのは、toyotoyonen の伝言対象である。

toyotoyonen の元の意味は、「使いに知らせを持たせ、儀礼に招待することを知らせる」である。新築、新造船の施主の直接の対象者への招待ではなく、使いを通じて伝言を持たせて異なる村の人を儀礼に招待するのである。このことを歌会に当てはめると、歌い掛ける霊を通じて伝言をもたらし、村から少し離れたところにいる霊を招待するということになるであろう。

前述のように、toyotoyonen の特徴は、儀礼と関連する植物等に歌い掛けるものである。その歌の中には、常套句として "mo katowan"（お前 katowan）という呼びかけが入る場合が多い。一体、この「katowan」とは、何なのであろうか。

ヤミ語の辞書を調べてもそのままでは出てこない。接尾辞 -an が kato という語根についた形だろうか。しかし、kato は、「それで」という接続詞なので kato-w-an 全体の意味がはっきりしない。次に考えられるのが、接頭辞 ka- と -an が付いた形ではないかということになる。そうなると ka-ato-(w)-an という形になる。語根の ato は何だろうか。toʕa、toa という語根が音位転倒（metathesis）を経てできた形ではないかと推定される。toʕa、toa は、「成熟した」とか「硬い」という意味の単語である。これが音位転倒を経て ato になり、それに接頭辞 ka- と接尾辞 -an が付いて ka-ato-w-an になり、全体の意味では「成熟したもの」ということになるだろう。

toyotoyonen は、歌の名前であり、toyon は、「誰かに頼んでメッセージ」を伝えるという意味である。そうなると、歌い掛ける相手である成熟した木、植物は、メッセンジャーの役であり、それを誰に伝えるかということが問題になる。「komiɽiŋ」や「voit」は、最近物故した近親者であることを考えると、toyotoyonen も、家人の 5 代前までの霊に対する歌であり、伝言される相手は、inapo になる前の家族のアニト（死霊）であり、「伝言される相手」という形の toyonen と推測される [14]。

ここで、一旦、整理すると以下のようになる。

歌の種類	歌いかける対象	手法	受け手
toyotoyonen	katowan	歌い掛け／伝言	toyonen（家族のアニト）
chiɽichiɽiŋ	komiɽiŋ	歌い掛け（祝福要求）	komiɽiŋ（家族のアニト）
avoavoit	voit	現実への出現（手助け）	voit（家族のアニト）

7　語源から見える voit の役割は？

1　voit とは

　最後に「死ね」という言葉があるためか、avoavoit という歌は、ヤミの人から言わせると特別な、非常に危険な歌であるとされている。avoavoit という語形は語幹としては avoit であるが、語根としては voit という形態素になると考えられる。voit という単語は、他のフィリピン諸語や台湾原住民諸語に現在のところ見出すことはできない。一方、アオ鳩の名称である ponay という単語は、太平洋地域のどこでも見出される。

　アオ鳩の一つの名前である voit は、儀礼などに出てくる voit が、そのイメージから一般的には ponay と言われている鳥に与えられ、別名になったと解釈ができる。アオ鳩は、集落の近くに住んではいるが、その生態はそれ程知られてなく、普段はあまり目にしない鳥である。しかし、時々、夜になると村の近くで不気味な鳴き声で鳴く。そのような鳥のイメージを物故した近親者の霊がまだ村の近くでさまよっていると考えて、この voit という名前を与えたのかもしれない。

　一方、avoavoit という歌の特徴は、新築の家の竣工式や新造船の進水式の時などに歌われるものだが、だれでも歌って良いものではないという点があげられる。歌のジャンルは、avoavoit であるが、そこで歌い掛ける霊の名前は現在では komiɻiŋ と言われているが、前述の仮定から voit であると考えられる。また、内容的な特徴としては、家の新築の儀礼の場合には、先祖のアニト（死霊）が化身して voit になり、目の前に現れ、家の手伝いをして、終了後は、その招来した霊は、死んで、消えていくということが言える。一方、新造船儀礼の場合はこの voit は，すでに目を描き入れた時点で船に存在していて、それに祝福してもらうということになる。これは、船に「船の目」(mata no tatala) を書き入れた時に生まれる魂／霊（paʃad）があるからかもしれない。

　ヤミの人々が嫌っているアニト（死霊）、これは運命を支配して、不幸をもたらす霊である。しかし、新築や新造船の儀礼の場合には、儀礼の終盤で最近死んだ身内の姿を思い出せる霊である voit に歌いかけて、招請し、手伝ってもらい、幸運をもたらしてくれるように祝ってもらい、その後去って行くというアニト（死霊）の一つの良い機能を表現している。

　一般に、アニト（死霊）というのは、不幸をもたらすという悪い面を強調しているが、身内の最近物故したアニト（死霊）は、別で、家族を守ってくれて、幸運をもたらすという面

を表現しているのが歌会で歌い掛けているアニト（死霊）の voit や komiɾiŋ や toyonen である。

2　語源から見える voit

　ヤミの人達の間で信じられている霊的なものは、アニト（死霊）である。これは、太平洋地区全体で信じられている祖霊で、その語源は、

　　　ano（何）＋ ito（あれ）＝あれは何？

であると Mohring［1973］では述べていて、その考えは妥当であると筆者は考えている。ヤミ族は、すべての人は、死んだ後、肉体は朽ちるが、霊はアニト（死霊）になり、この世のあちこちに散在していると考えている。そして、世の中の不幸はこのアニト（死霊）が起こすいたずらであると思っている。ところが、最近物故した家族のアニト（死霊）は、前述のように voit と komiɾiŋ と toyonen とかつては呼んでいて、家、船を守ってくれるアニト（死霊）であったとヤミの人達は考えていただろうと想像することができる。

　ヤミ語には taoɾoto/tao-do-to という語彙がある。これは、天界にいる人間をさし、ヤミ族だけに見られる語彙である。また、ヤミ族の創生起源とかかわりあっている。キリスト教が入って来る前に存在していたと考えられ、キリスト教の迫害から逃れて現在の居住地に移ったヤミ族だけに残ったものと思われる［森口1998］。

　語構成としては

　tao（人）＋ do（に）＋ to（あそこ）（あそこ・遠くにいる人）

である。

　ここで問題になって来るのが voit である。

　鳥の名ではヴァサイック諸語以外では見うけられないし、同根の単語も見られない。ただ、これらの3種の単語、anito、taoɾoto/tao-do-to、voit は、共通して語末に（i）to あるいは t で終わっている。そこで、似たような語構成を考えると

　voy（a）＋ito

という形であろうと推測される。

　ヴァサイック諸語では、「見る」という単語は、*kita/chita（makita/machita）（見る、探す）以外にも種々あり、そのひとつに voya（mavoya）（見渡す、ぼーっと見る、見える）がある。そうなると voy（a）＋ito の voya がこの voya ではないのだろうかと考えられる。

　voyaito の yai が、yi になり、voyito という形になる。しかし、anito にしても tao-do-to にしても、語末の母音が残っている。これを説明する必要がある。

　ところで、森口［1980］の voit（アオ鳩）の名前の起源譚に興味深い記述がある。この話では、子供の体に羽根が生えて飛び去る時に発した鳴き声が、この voit という名前の由来であるとして話を終えている。この鳴き声は、voit ではなく、vo（y）itao であった。情報提供者は、人（tao）のアオ鳩（voit）であると解釈している。ただ、この説明には納得がいかない。

　そこで、vo（y）itao は、voit（鳥の名）+tao（人）という構成ではなく、vo（y）it（o）+a+o という語構成ではないかと考えられる。

　それでは、この「a + o」というのは何なのであろうか。

　ヤミ語を含めたヴァサイック諸語では、調査ではあまり出てこない、口語でよく使われる表現がある。特に、よく使うのは同グループの中で一番南にあるバブヤン語である。しかし、このグループに属する他の言語でも多用される。

　いわゆる、後置される定冠詞的な表現である。特定の、あるいは既知の事物を示すのが、二つの単語からなる「a o」である。確かに、フィリピン・台湾諸語では、フォーカスを表現する前置の冠詞がある。しかし、それではなく、この繋辞「a」と定冠詞的指示詞「o」（=「a o」）という表現を加えて、既知で問題になっていることを示す表現もある。例えば、ヤミ語では、主題のフォーカスを示す冠詞は、o であり

　　　o　chito 「犬は」

　　　（主題マーカー、犬）

であるが、既知の、話に出ている「例の犬」となるとの繋辞の「a」と定冠詞的指示詞の「o」が付加される。

　　　o chito a o（例の、あの話に出ているその犬は）

になる。そして、この形は、連続して発音されると

　　　o chit（w）ao

になる。

　そこで、vo（y）ito a o「例の、あそこにいるそいつが、（ぽーっと）見える」の場合には、

　　　vo（y）it（w）a o

になり、語末の（w）という形の最後の部分が消滅し、修飾語の「a o」が取り除かれて、vo（y）it になったと推定される。

　アニト（死霊）が不可視の霊であるとすると komiɾing は、今生きている家族にその声を思い出させる声中心の霊であり、voit は家族の脳裏に姿を浮かべることができる可視の霊ということになる。

　ヤミ族は、一般に人が死ぬと肉体から魂が遊離してアニト（死霊）としてこの世の中の人が住んでいる所に見えない形で残っていると信じている。このアニト（死霊）は人には見えないが、生きている人間の間にいて、じっと人々のしゃべっている話を聞き、行動を観察していて、それに対して天邪鬼的に行動を起こし、悪さをして不幸をもたらしていると考えている。この考え方は、ヤミの人達も含めたヴァサイックグループ全体の人達が共通に持っている。

　ところが、新築、新造船のような生活の場と日々の糧に関連している儀礼に不幸をもたらされると困るので、ヤミの人達は不幸をもたらすアニト（死霊）とはかかわりたくはない。そこで、守ってくれるアニト（死霊）を想定したのであろう。その役をなしているのが最近物故した家人のアニト（死霊）である。記憶の片隅にほんの少し残っている家族のアニト（死霊）が toyonen であり、皆の心の中にその声を思い出させるアニト（死霊）が、komiɽing である。一方、現在でも皆の心の中にその姿を彷彿とさせる家族のアニト（死霊）が、voit である。儀礼では、現実に歌会に現れて良い行いをして、その後消えて行くアニト（死霊）である voit と、単に語りかけて、守ってくれる komiɽing と、何も感覚には現れないが、村から少し離れた林等で見守っていてくれる toyonen の 3 者に対して不幸をもたらしてくれるなと歌い掛けるがこの歌会であるようである。

　一方、新造船の歌会の avoavoit の場合には、最初の招霊がない。新築の場合には招霊と去霊がある。これは、船の場合には船の目（mata no tatala）を書き入れたときに魂が宿り、祖霊／死霊が入って来ると考えているからかもしれない。

8　何故、歌い掛ける相手は、3 者か？
——anito、voit、komiɽing、toyonen と tao（人）との関係——

そこで、まず、voit について考えてみよう。

　オーストロネシア祖語に遡る ponay または voit と呼ばれている鳥は、ヤミの人達は、普段は目にすることがほとんどなく、夜間にその低い声が聞こえるだけの鳥である。その鳥の名は元々太平洋地域で共通の ponay であったが、その生態と居住地域と伝承から儀礼に現れる voit という名称が与えられたと推定される。一方、儀礼で使われる voit は、新築の家の場合は、儀礼の時に歌の中に出現し、祝福して消えていく。また、新造船の場合には、船には「船の目」（mata no tatala）があり、それを入れることにより、魂／霊（paʕad）が存在すること

になる。この具体化したものが voit であり、それが祝福、手伝いをした後、進水式の儀礼の終わりに avoavoit を歌うことによりこの霊に出て行ってもらうのである。

　ここで考えられるのは、まず、木などに歌い掛けて、間接的に祈願する家人のアニト（死霊）が toyonen であるということである。次に、komiṟiṇg に歌い掛けて安寧を願う。その後、歌謡により voit が呼び出され、憑依／還俗して、歌会の中で援助をし、祝福する。それゆえに、間違いや手違いがあると voit からの祝福がなくなる。特に、歌詞の最後に「死ね」とあるために avoavoit は、非常に危険な歌となるのであろう。

　voit と komiṟiṇg と toyonen の 3 者が属するのは、死んだ人の霊、それも思い出に残っている近親者の霊である。また、それ以前の物故者 inapo（祖先）は家人であっても、別世界の動物、植物の中に存在すると考えられている。

　しかし、ここで問題になるのが、何故、視覚を中心とした voit と、音声を中心にした komiring、そして、伝言しなければいけない toyonen の 3 種類の歌い掛ける対象がいるということである。ただ、死後の世界の問題であり、実際にあるものではなく、ヤミの人達の現実の生活と世界観が関係しているように窺える。

　ヤミ族を含むオーストロネシア語族の人たちは、死ぬとその霊はアニト（死霊）として、我々人間には見えない形で、地上に存在していると考えているようである。目に見えない霊がアニト（死霊）であり、見えるのが人間である。

　皆川［1990, 2003］によるとヤミ族の世界観では、運命は aleleʃ（車輪）（皆川［1990］では alelag）と言われ、輪廻しているという。人間の体には頭、両肩、両肘、両膝の 4 部位 7 箇所に霊魂が存在するといわれる。頭以外の 6 つの部分の霊魂は、山などで死霊や妖怪に出会った時に、驚いたり、怖い思いをしたりすると、霊が体から抜け出て病気になり、出て行った体の霊が舞い戻ってくると病気から回復するといわれている。また、死んだ場合には、頭の霊は南の紅い島・白い島に飛んで行くと言われ、その方向に頭の霊が飛んで行きやすいように死者を埋葬する際には、南面して座らせて葬るという。一方、頭の霊が南に飛んで行った後に、他の 6 個所（3 部位）の霊は、地上に残り、5 回死ぬと言われる。その後は、inapo になり、次に、動物や植物、虫に入り別世界の山上界に漂って悪さをする［皆川 1993, 2003］。それゆえに、蝶々は、paʃapaʃad no anito（死霊の魂）と呼ばれる。

　そこで, 皆川のいう「5 回死ぬ」という語句が重要になってくる。ヤミの伝承・創世神話などでは、5 代住むと別の土地に移って行くという話が多い。また、アニト（死霊）は死んでいるのに「成アニト（成仏）」するまで、5 回も死ぬとされているのもおかしい [15]。

　ここで推測できるのは、現実に生きている人間のシステムをアニト（死霊）に当てはめたのではないかということである。

　現実に一緒に生活している可能性があるのは、「A」という人がいるとすると「孫」—「子」—「A 本人」—「父・母」—「祖父母」で、非常に稀な場合には「曾祖父母」、「曾曾祖父母」が一緒に生活している。一般的には、「孫」から「祖父母」の 5 代ということになる。

　ところで、森口［2003］によると「親従子称制＝テクノニミー」で使われる名前に付く冠詞は、孫が生まれると、孫本人は si—、父母は、syaman—、sinan—、祖父母は、syapon—で、非常に稀な例として曾祖父母 syapon kotan ni—、曾曾祖父母 syapon kowan ni—である。例えば、孫の名前を A とすると、孫（si A）、父／母（syaman A/sinan A）、祖父母（syapon A）、曾祖父母（syapon kotan ni A）、曾曾祖父母（syapon kowan ni A）という冠詞が孫の名前に付けられて、それぞれの名前になる。しかし、現実に生きている人は、せいぜい長くて 3 代である。最後の 2 者は、非常に稀な例として、一般的ではない [16]。

　一方、生きている間に遭遇する家族の生誕は、祖父母から始まって、両親、本人、子、孫の 5 回となる。そうなると家族のアニト（死霊）の死の回数は、生誕の回数と同じで、4 回までの死を迎えたアニト（死霊）は、家やその周りに残り、良い行いをしてくれるということになる。しかし、5 回目の死の後には、家族のアニト（死霊）は、inapo になり、自分の家の近くから離れ、その後に色々な動物、植物に入り込んで山上界・空界にさまよい出て行くと信じられている。

　生きているときの現実の人の生誕の回数を、アニト（死霊）に対しては、ヤミ族の人達は、死後の死の回数としてイメージしている。そして、テクノニミーが反映されている 3 代という家族単位を儀礼でも保持し、死後、家族の周りにいて、祝福を与えているのが、時間的に一番近く、心に残っていて姿まで思い出させる voit、次に声位は思い出させる komiɽing、そして、少し遠い関係の toyonen と考えているようである。

　それゆえ、avoavoit の最後に出てくる「もう死んでくれ」というフレーズは、実は、「もう、仕事は終わったから次の段階に進んでください」という、仏教的に言うならば「もう成仏してください」という概念に似ている。

　そして、テクノニミーの孫と父母の名、そして、祖父母、曾祖父母、曾曾祖父母という 5 代に対応して、死後の世界も以下のようになっていると想像されている。

　　孫本人　　　　　（si -）　　　　　　1 回目の生　voit　　　1 回目の死

父母	（syaman -、sinan -)	2 回目の生	komiɻiŋ	2 回目の死
祖父母	（syapon -)	3 回目の生	toyonen	3 回目の死
曾祖父母	（syapon kotan ni -)	4 回目の生	toyonen	4 回目の死
曾曾祖父母	（syapon kowan ni -)	5 回目の生	inapo	5 回目の死

これ以降、地上／村界から離れて山上／空界に入る

この変化を図式化すると以下のようになる。

図 1

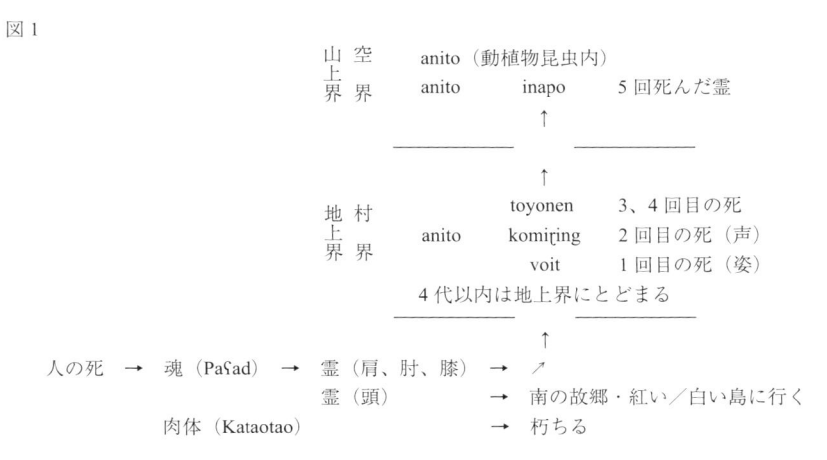

9　ヤミ族の伝承にみられる世界観

　ヤミの人達は人が死んだ後、アニト (死霊) になってこの世の中に存在していると考えている。そして、儀礼の歌の分類からアニト（死霊）も、自分の死んだ家族のアニト（死霊）、すなわち、voit、komiɻiŋ、toyonen と、自分の家系ではあるが、今生きている人々の思い出に残っていない、時間的にはるか離れている家人のアニト（死霊）や他家・別系統のアニト（死霊）である inapo と区別している。そこで、彼らの世界観とこのアニト（死霊）の位置関係が問題になってくる。特に、ヤミ族創生伝説に現れる前述の taoɻoto/tao-do-to、一族の創生に基づく生誕前の世界観との関係を考えてみたい。

　今まで記録されたヤミの人達の世界観は、Re［1951］、浅井［1935, 1936］、Beauclair［1957, 1959a, b］、三冨［1993］にみられる。[Re 1951] は、1937 年に 2 か月間、紅頭嶼（蘭嶼）で

調査を行ったコロンビア大学の Kilton Stewart 博士の資料と浅井［1935, 1936］に基づいて世界観を図示している。

1 Re［1951］に現れる世界観 [17]

図 2

上記の図を簡単にすると以下のようになる。

第Ⅰ層：lazy son rolling across the heavens

第Ⅱ層：tao-do-to gods　　　　　si omrapaw（om-rapaw〔足などを〕上に乗せる）

　　　　　　　　　　　　　　　　si omima（om-hima〔日焼け〕）

第Ⅲ層：anito gods　　　　　　　si vairay（網ですくう）

　　　　　　　　　　　　　　　　si pariud（流れによって流される）

第Ⅳ層：pinalongao（logao 病人を訪問する、お見舞い）

第Ⅴ層：Yami plane

第Ⅵ層：Yami anitos

第Ⅶ層：（upper part）anito

　　　　　entrance to human under world

　　　　　humans

　　　　　（lower part）Yami couple

　　　　　subterranean house

　　　　　humans

第Ⅷ層：bases of the tree trunk supporting Yami、（kamolay）

　全体的に、Re の世界観はインドや中国の宗教的な形式に類似している。Ⅷ層に出てくる kamolay は、竜巻の「kamo」と蛇の「volay」が結合した単語で、伝承にある龍のことである。これは、別の伝承からの追加と思われ、第Ⅷ層は省くことができる。次に、第Ⅶ層は、すべてのヤミの人達に関するものではなく、明らかにこれも皆川［2003］で述べている別の伝承である地下世界訪問譚が追加されたのだと考えられる。また、第Ⅳ層の pinalongao というのは、古イヴァタン語の辞書 Padres Dominicos［1933］に出ている logao「病気のお見舞いに行く」から来ているのではないかと思われる。

　そうなると、可能性のある世界観は、以下の 5 層になる。

　第Ⅱ層：tao-do-to gods　　　　　si Omrapaw, si omima
　第Ⅲ層：anito gods　　　　　　　si vaivarai, si pariud
　第Ⅳ層：pinalongao（logao 病人を訪問する、お見舞い）
　第Ⅴ層：Yami plane
　第Ⅵ層：Yami anitos

　Re［1951］には浅井［1935, 1936］に言及している神々もある。しかし、方位の神々等は、ヤミ語や他のヴァサイック諸語では今のところ解釈できない。

2　浅井［1935, 1936］に出てくる世界観、神

　浅井［1935, 1936] の中で言及されている神々と世界観は、上記のものの他にもある。特に、後半の部分で、神ではなく実際の祖先の行動を記録していると考えられる部分がある。

　南のイヴァタン地域との交流が次第に盛んになってきた時代、ヤミの人と Ibatan（Ivatan）の人との通婚があり、ヤミの人が南のバタン諸島に行くようになった。その時代の記録には神々がいたとされていて、前述の Re［1951］には浅井に従い神となっている。しかし、浅井［1935, 1936］をよく読んでみると実際は、そこに出てくる地名は現存するのがほとんどであり、南の人達の部落長等を神と呼んでいたようである。

　　　　Ivovos　　　　　→　　Ivohos
　　　　Ikaldong　　　　→　　？

| Ibatan | → | Ivatan |
| Ikbalat | → | Itbayat |

Ivovos は、Ivohos 島であり、元の意味は、「船を造る時に使う硬い木（vohos）が茂る島」であった。しかし、時代が下り、ヤミの人達のこれらの島への行き来が無くなったことによって、蘭嶼では正確な地名が忘れ去られ、島の名前が vovoos（糸繰り、紡錘車）と取り違えられ、その意味から Beauclair [1959a] による伝説には、「片方の乳が長く垂れさがっている女」という登場人物が出てくる。しかし、この女の話は、浅井 [1935, 1936] には見当たらない。

一方、Ikaldong であるが、イヴァタン語の （a）rengdeng、「料理をする、焦がす」と関係があるかもしれない。島が茶色なのか、それとも真ん中が窪んでいて囲炉裏のようになっている島なのか明白ではないが、そのような場所を指し示しているように思われる。現在の島名や地名には、Ikaldong という名前に似通っている名称はない。一方、浅井 [1935, 1936] では、人が居住しているイヴァタン地域の大きな島のひとつの Sabtang 島については、何も言及されていない。この名前がテキストに出てこないということは、Ikaldong 島が Sabtang 島である可能性がある。

Ikaldong 人達は、Ibatan 人達と敵対していたとも伝承されている。

フィリピン側の資料には、スペインの支配下にあったバスコを中心にしている Ibatan（Ivatan）とそれに逆らう Sabtang 島の人々との戦いが数多く記録されていて、その結果、この島の人達は、蘭嶼に逃げて行ったともされている [森口 1998]。また、Sabtang（=saabtang）の元の意味は、「海を渡って向こう側」であるということからも、明らかに、この島の名称は、イヴァタン島から見た島の名称で、現地に住んでいる人たちの自称でも自分の島の名前でもないと考えられる。Ikaldong は、現在の Sabtang 島と呼ばれている島に住んでいた人達の自称であろうと推測できる。そして、そこの首長の名前が、時代が過ぎてしまったために、神になったのかもしれない。Toriyao 神と浅井が記述しているのは、Sabtang 島の実際の首長を指しているとも思われる。

3 [Beauclair 1957, 1959a, b] に出てくる世界観

1956 年の現地調査に基づいてヤミの伝承、コスモロジーについて論じている論文であるが、前述の Re [1951]、浅井 [1935, 1936] に言及していて、特に Re [1951] については酷評している。

そこに現れるヤミのコスモロジーは以下のようにまとめられる。

       Omrapaw   Omima

           Toriyaw

          Lovolovoin

      Videi   Pariyod

           Pinalangalangao

              （Pinalogalogao）

      sinan   Maniray、   sinan   Ga（d）ji（d）jinom

［Beauclair 1959b］では、taoṛoto/tao-do-to である Omřapaw は、天からヤミに孫を下した最高位の神であり、ヤミ島（蘭嶼）だけがその支配領域である。一方、Omima は、同じ taoṛoto/tao-do-to であるが、全世界をその対象としている。

Toriyaw は、神話の中だけに現れる神で、雨と火を支配している。しかし、Beauclair［1959b］では、この神は後から組み込まれた可能性があり、その位置が明確ではないと述べている。その下に、Lovolovoin がいて、Omrapaw のメッセンジャー的な役をなす。その配下として Videi と Pariyod がいて、作物と災害をもたらすといわれている[18]。

一方、taoṛoto/tao-do-to ではないが、Pinalangalangao（Pinalogalogao）という神がいる。その配下には、sinan Maniray と sinan Gajijinom の二人の女性がいる。前者が、生誕を司る。後者は、運命・命を司り、「ココナッツのお椀に水を入れて振り、お椀からこぼれた水の量で人の寿命を決定する」役を持っていて、この語源は、gaga i j（i）inom（gaga= 苦しむ、あえぐ、i= なので、j（i）= ない、inom= 飲む；（〔水が〕飲めないので、苦しむ、あえぐ）である。

4　三冨［1993］の整理した世界観

一方、三冨［1993］では、ヤミ族が考える世界観を次のように示している。

まず、天界（Angit）・地上界（Pikamaʃamaʃ a tawan）・地下界（Tiraʃem) の 3 界に分け、地界を山上界（山界〔Tokon〕／上方界〔Tingato〕）と平地界（Kaṛatayan）のように分けている。

A.　天界　（angit）

   第 1 層　si Manicho　　　　（ticho ／ sicho〔腰を〕曲げる、腰を曲げて覗き込む）

第2層　si Omima　　　　（om-ʃima 日焼け）

第3層　si Omřapaw　　　（om-řapaw〔足などを〕上に乗せる）

第4層　si Lovolovoin　　（あちこち回り歩く、お使い）

　　　　sinan Maniṛay　　（女の子をつくる　下界に降りる）

　　　　sinan Maʃaṛek　　（男の子をつくる　下界に降りる）

第5層　si Pařiyod　　　　（流れによって流れる、下界に降りる）

　　　　si Viday　　　　　（viṛay、vijay〔捕獲網〕、足を広げる、下界に降りる）

B.　地上界（pikamaʃmaʃ a tawan）（区分けがぼんやりとしている領域）

　・上空、山上界（tingato）

　　　　Toriyao　其の他の人々／神々（？）は、良いことも悪いこともする。

　・地上界／平地界（kaṛatayan）人の生活場所

C.　地下界（tiṛaʃem）

5　Re、浅井、Beauclair、三富の世界観のまとめ

　Re、浅井、Beauclair、三富の4者の示す世界観は、枠組みとしては、およそ同じである。しかし、細部では異なり、後の追加が多々あるように思われる。そこで、枠組みの中心とは考えにくい、共通ではない、また、重要ではない部分を除外する必要がある。

　三富の第一層にいる Manicho は元の意味は、「腰を曲げて、上から覗いている」ということで、第三層の Omřapaw は、「上にいる」というのと同じような意味を持つ。Beauclair ではヤミに降ろした孫たちのおじいさんとなっているのは Omřapaw であるとしているので、Manicho は、後の追加かもしれない。Re や Beauclair で出てくる Omima「日焼け、日の光」が意図としている機能は、Beauclair がいうように太陽だと考えられる。Omřapaw は、ヤミの島をその支配地域としていて、Omima は、全世界を対象にしている。

　Pinalogalogao（Pinalangalangao ／ Pinalongao）は、Re では、Pinalongao と Beauclair では、Pinalangalangao である。その語源を考えると logao「病気の時にお見舞いをする」という古イヴァタン語であろうと推定される [Padres Dominicos 1933]。これは、三富にはない。しかし、Lovolovoin（古イヴァタン語は「元気がある、動き回る」）と Pinalogalogao とは、対称をなし、前者は、文化、災害を、後者は、病気、生死を司り、車の両輪のようになっていると思われ

る。

　一方、Beauclair には、Maniray と Gajijinom の対立があり、前者は、人の生誕を、後者は、運命・死を司るとなっている。三冨の場合には、Maniray と Maʃaɽek となり、前者は、女の子を、後者は、男の子を産むとしている。この 2 者の単語の語根の意味を見てみると、Maniray は tiɽay で「眉毛」を意味しているし、後者、ʃaɽek は、「鼻を突きだしてこすり合わせて挨拶をする」というインドネシアでも見られる挨拶の一形態である。比喩的に女性器と男性器を意味しているようで、そこから、前者を、女の子をもたらす神、後者を、男の子をもたらす神として考えたのではないかと思われる。それに対し、Beauclair では、Gajijinom の神がいて、その神は、伝承では「水の入った椰子の実の器を振った時にこぼれた量によって運命を決定する神」であるとしている。この語源は、gaga i j（i）inom（gaga= 苦しむ、あえぐ、i= なので、j（i）= ない、inom= 飲む；〔水が〕飲めないので、苦しむ、あえぐ）である。

　そこで、Re、浅井、Beauclair の報告と後の時代の付加や情報提供者の編集、創作等を削除し、それに三冨の報告を加味して、ヤミの世界観を再構成すると中核となると考えられる世界観は、以下のようになる。

図 3

・天上界

Omřapaw（ヤミ）　　　　　　　Omima（世界）神

Pinalogalogao　　　　　　　　Lovolovoin

（Maniray ／ Maʃaɽek、Gajijinom）　　（Vaiɽay、Paɽiyod）[19]

人の生誕　　　人の命　　　　　アニト元締め

女　　　　　男　　　　　　文化、災害

地上に降下可　　　　　　　地上に降下可

（直接　地上界・村界へ）　　（山上界、空界を通して）

・山上界、空界　　　　　多数の悪い神　　　　　アニト（死霊）

・地上界、村界　　　　　　　人　　　　　　　　アニト（死霊）

　この形式から考えられることは、伝承では taoɽoto/tao-do-to と考えられている天上の太陽、全世界を射程としている Omima（ʃima〔日焼け／光〕）とヤミを支配し、孫をヤミの島に降ろした Omřapaw（řapaw〔上に乗る〕）が一番上位にいる。その配下には、人間の誕生と運命に関わる Pinalogalogao（病人を見舞う）、災害と豊作をもたらす Lovolovoin（元気な使い）がいる。前者の Pinalogalogao の下に人の生誕を支配する Maniray、（Maʃaɽek）と運命を支配する Gajijinom がいる。また、後者の Lovolovoin は、アニト（死霊）を支配し、文化創造者の

Vairay（Vijay）（掬い〔すくい〕上げる）と災害をもたらす Pariyod（流れに流される）が、不可視の天にいる。Maniray と Gajijinom は、地上界・村界に降りてくる。Pariyod と Vairay（Vijay）は、天と可視の山上界、空界と行き来している。そこは、アニト（死霊）が乱舞する場所であり、地上界・村界には人間と家族のアニト(死霊)が存在していると解釈される。

10 ヤミ族の儀礼にみられる家人のアニト（死霊）観と
伝承に見られる taoroto/tao-do-to の世界観

1 taoroto/tao-do-to と tao（人）との関係

　taoroto/tao-do-to とヤミ族との関係は、森口［1980 他］で書かれているように、taoroto/tao-do-to の二人の孫を石と竹に入れて（浅井［1935, 1936］の伝承では孫一人を石に入れて天界から落として、後で先に着いていた竹の中のもう一人の孫を見つける）降ろし、その孫の子孫がヤミの二部族を反映しているとの伝承がある。また、ヴァサイック地域では、apo という単語は、「孫」と「祖父母・祖先」という二つの意味があり、この用法は、フィリピン全体で見受けられる。これは、地上に落とした孫は、天にいる taoroto/tao-do-to の分身であり、家系の正当性を暗に示しているのかもしれない。

図4

天界	taoroto/tao-do-to（おじいさん）（apo）
	↓
	孫（taoroto/tao-do-to の分身）（apo）
	↓
空界	（通過）
	↓
地上界	ヤミ族・人／系統

　そうするとこの3者の関係はどうなっているのであろうか。

　taoroto/tao-do-to は、ヤミの人々に見えない天界の「人」である。この taoroto/tao-do-to であるおじいさん「apo」の分身として天界から地上に孫「apo」を降ろして、ヤミの二部族の祖先とした。この意味は、天の人の分身である孫（apo）を介して、出自であり天の人であるおじいさん「apo」・「taoroto/tao-do-to」とヤミ族の系統が直線的に結びついていて、ヤミ族の二部族の正当性を示していると解釈される。

2　ヤミ族の出自、人の生誕と死後の関係

前述の第 8 章と上記の（1）をまとめて、図式化すると以下のようになる。

図 5

	不可視	概念的・部分的に可視		可視
	taoɽoto/tao-do-to（apo）　→	孫（apo）（一族）　→		tao（一族／部族）（継続）
	Pinalogalogao	→		tao（個人）

死　←　（syapon kotan ni -,syapon kowan ni-）← syapon -, ← syaman-, sinan-, ← si-（生）
↓

	可視	部分的に可視	概念的に可視	
霊（肩、肘、膝）　→	voit　→	komiɽing　→	toyonen　→	Inapo
		（祝福）		（不幸）

11　結　論

これまでの議論は、以下のようなものであった。

ヤミ族の伝承にしばしば現れる摩訶不思議なアオ鳩の持っているヤミ語の異称の voit に注目して、それと関連があると考えられるヤミの新築儀礼と新造船儀礼の歌会で歌われ、非常に危険な歌だとされている avoavoit について儀礼における振る舞いと役割を分析した。その結果、語根である voit は、歌会の時に歌いかける相手のアニト（死霊）であることがわかり、それと関連するアニト（死霊）の komiɽing、toyonen も存在していることが明白になった。

一方、ヤミ族は、死霊＝アニトは、不幸をもたらす元凶であると信じて忌み嫌っているが、親族、身内の場合には物故後になったアニト（死霊）は、別のものと見なしており、平安、幸福、祝福を与えてくれると信じている。それらが、voit、komiɽing、toyonen であり、儀礼の時に祝福を与えてくれるようにと歌会で歌いかける相手であることがわかった。

アオ鳩の一つの名前である voit は、儀礼などに出てくる voit が、そのイメージから一般的には ponay と言われている鳥に与えられ、別名になったと解釈ができる。アオ鳩は、集落の近くに住んでいて、生態はそれ程知られてなく、普段はあまり目にしない鳥である。しかし、夜になると村の近くで不気味な鳴き声で鳴く。そのような鳥のイメージに村の近くでさまよっているとヤミの人が信じている物故した近親者の霊のイメージが重なり合わされ、この鳥に voit という名前を与えたのかもしれない。

また、ヤミの人達の間では、「アニト（死霊）は 5 回死ぬ」と言い伝えられている。この

言葉の意味を考えた結果、5回の死のうち、4回の死までは、voit（視覚）と komiring（音声）と toyonen（伝言先）になり、生きている人たちの間に残っていて、見守ってくれていて、5回目の死により村から離れ山野に行き、inapo になると考えていることがわかった。これは、生前のテクノニミー（親従子称 制）という命名形式を反映しているのではなかろうかと思われる。

　そこで、今まで議論してきた死後の世界観とこれまで研究されてきた伝承等に現れる生と神羅万象の世界観とをまとめて、ヤミ族の世界観全体を図示すると以下のようになる。

図6

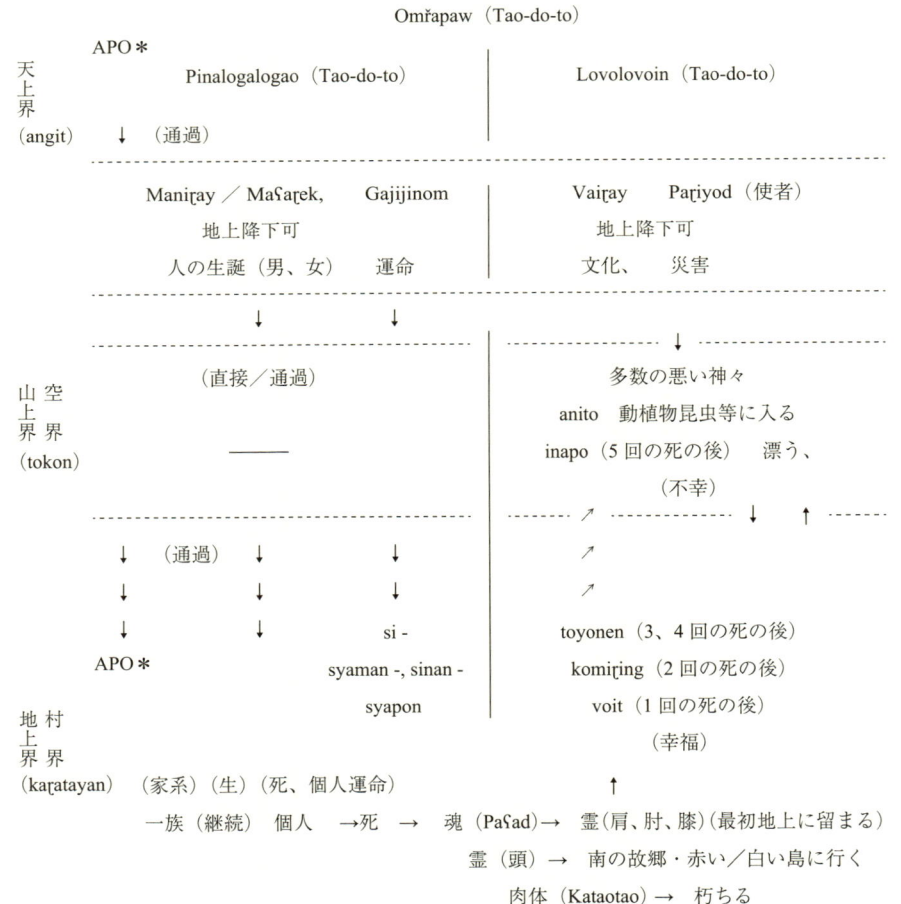

（名前の解釈を容易にするために、それぞれの語根とその意味を示す。）

Omřapaw	: řapaw（乗っている）	Pinalogalogao	: logao（お見舞いに行く）
Lovolovoin	: lovo（元気、活発）	Maniɽay	: tiɽay（眉毛）
Maʕaɽek	: ʕaɽek（鼻の挨拶をする、キスをする）		
Gajijinom	: gaga i ji inom（水が飲めなくてあえぐ、息が切れる）		
Vaiɽay	: viɽay（網ですくう）	Paɽiyod	: ɽiyod（流れに流される）
apo	: 孫、祖父	inapo	: 祖先、孫、祖父
tao	: 人	paʕad	: 心
kataotao	: 体　cf. taotao（人形）	angit	: 天／空
tokon	: 山	kaɽatayan	: 平地

＊本稿は、台湾ヤミ族文化研究会（YCSF）での会員との議論の過程から出て来た枠組みを基本にして書き上げたものである。また、科学研究費補助金（研究代表：野林厚志、民族学博物館「台湾原住民分類の変化の人類学的研究」（No. 2630004、2014-2018）の助成をうけている。

注

(1) 各言語の文字／転写表記は、タガログ語等を除いて、比較・対照する際に、誤解を招くとともに不便であるために、各言語の正書法に従わず、IPA（国際音声字母）か、一般に認められている代替文字を使用した。

　　　　　ヤミ語正書法：h　r　z

　　　　　IPA　　　　　：ʕ　ɽ　ř

(2) 儀礼の一つ。霊への捧げもの。イヴァタン語では、いろいろな内臓を炊いたものをさす。

(3) 多くの収穫や良い木を手に入れられるように祈る儀礼。語根は、saod「祈る」。

(4) 主家の中層から上層の間にある木の壁。

(5) viik は、「大きな雄豚」の意。

(6) somaɽay は、「祝福する」、no は、「（へ）の」、aʕakawan は、「畑」の意。

(7) 合唱。kařosan は、イヴァタン語では kalosan で、「合唱、コーラス」のこと。

(8) sikat は、「夜明けの光、夜明け」。

(9) pařek は、イヴァタン語では palek であり、サトウキビから作った酒である。しかし、ヤミではこの酒を造るのに必要だった水牛がいなかったので、儀礼にだけその名前が残った。現在の儀礼では、「白磁に入れた水」を使っていて、それを行う儀礼を mipařek と呼んでいる。

(10) řaka は、「首飾り」の意。儀礼の終了近くで、宝物である首飾りを使う。後述の avoavoit の歌に出てくる「隠してあって広げる宝のようなもの」とは、この首飾りのことであろう。

(11) It は、イトバヤット語、Iv は、イヴァタン語、古 Iv は、Padres Dominicos [1933] のイヴァタン語。

(12) この現象が何であるか明白ではないが、動植物民俗分類と関係があるかもしれない。

(13) 皆川［1990, 2003］では、叔父、叔母、従妹、兄弟、甥、姪も含むとされている。

(14) 正確には、katowan は、patoyonan、toyonen は、patoyonen になるかもしれない。

(15) 仏教では、修行により仏になってランクが上がっていくというのが「成仏」であるが、ヤミでは自然に戻っていくという考え方である。

(16) kotan は、「まれな、考えられる」、kowan は、「いわれている、うわさ」の意。詳しくは、［森口2003］を参照。

(17) この章で扱われる文字表記は、当該論文の記載のまま使った。また、カッコ内の意味は、普通の単語の意味である。

(18) Beauclair［1959b］の語源には問題が多い。例えば、lovolovoin は、語源的に根拠のない、意味からだけ考えた tovoy に結び付けていること等。

(19) Pinalogalogao と Lovolovoin は、天界にいる。前者の神に仕えている Maniɾay ／ Maʃaɾek、Gajijin と後者の神に従っている Vaiɾay、Paɾiyod が、メッセンジャーの役をして天界と空界や地界を行き来しているという。

文献

浅井恵倫

　　1935 「ヤミ語」『言語による台湾原住民伝説集』741-783、刀江書院。

　　1936 *A Study of the Yami Language,* 93pp., Leiden.

Beauclair, Inez de

　　1957 "The Field Notes on Lan Yü (Botel Tobago)." *Bulletin of the Institute of Ethnology,* Academia Sinica, No3, 101-116, Taipei.

　　1959a "Three Genealogical Stories from Botel Tobago." in *Bulletin of the Institute of Ethnology,* Academia Sinica, No7, 105-140, Taipei.

　　1959b "Die Religion der Yami auf Botel Tobago." *Sociologus,* Vol.9. No. 1 12-23, Berlin.

Benedek, Dezsö

　　1991 *The Songs of the Ancestors. Comparative Study of Bashiic Folklore.* SMC Publishing. xiii+642 pp. Taipei.

Blust, Robert A.

　　2002 "The History of Faunal Terms in Austronesian Languages." *Oceanic Linguistics,* Volume 41, Number 1, 89-139.

Dempwolff, Otto

　　1934, 1937, 1938 *Vergleichende Lautlehre des austronesischen Wortschatzes.* Vol. I, II, III Berlin; Verlag von Dietrich Reimer., Hamburg.

Hidalgo, Cesar

　　1998 *Ivatan-Filipino-English Dictionary.* Xiv4 538pp. Manila. Academic Foundation.

Hornedo, Florentino H.

　　1997 *Laji; Anu Maddaw ka mu Lipus: An Ivatan Folk Lyric Tradition.* xx+344 pp.Manila Univ. of Santo Thomas Publishing House.

乾尚彦

2016 『ヤミ族と祭文と歌謡（1）Cinangbadan 総論」第 51 回 FYCS 研究会資料。

皆川隆一

1990 「神の憐れみ・死霊妬み――ヤミ族の信仰生活」『南島研究と折口学』国文学論叢、新集 9、168-177、慶應義塾大学国文学研究会編、東京：桜楓社。

2003 「世界観と信仰」『ポンソ・ノタオ　台湾蘭嶼の民族と文化』自然と文化、No.73. 20-23、東京：ナショナルトラスト。

三冨正隆

1993 「台湾蘭嶼ヤミ（Yami）族における空間認識と世界観の変容」『地理学評論』66A（8）、439-459。

Mohring, H.

1973 "The Word *anito* and its associations: A Remark about Etymology." Parangal kay Cecilio Lopez. ed. A. B. Gonzalez, F.S.C. 15-37. LSP.

森口恒一

1980 「ヤミ語」『黒潮の民族・文化・言語』308-386、東京：角川出版。

1998 「ヤミ族とは何処の部族なる乎」『台湾原住民研究』第 3 号、79-108、東京：風響社。

2003 「テクノニミー　子供本位呼称法・親従子称制」『ポンソ・ノタオ　台湾蘭嶼の民族と文化』自然と文化、No.73、24- 25、東京：ナショナルトラスト。

2005 "Lexical Variations in the Batanic Language Group: Male and Female Urination." *Current Issues in Philippine Linguistics and Anthropology: Parangal kay Lawrence A. Reid.* edits: Liao, Hsiu-chuan & Ribino C.R.G., 248-260 Manila, LSP & SIL Philippines.

2013 「台湾原住民の伝承と歌謡」『台湾原住民の音楽と文化』下村、孫、林、笠原編、55-68、東京：草風館。

Padres Dominicos

1933 *Vocabulario Ibatán-Español.* Univ. of Santo Tomas, xviii+260 pp.

Rau, Victoria, M-N. Dong, and A. H-H. Chang

2012 *Yami (Tao) Dictionary.* 台大出版中心 xx+338 pp.

Re, Arundel del

1951 *Creation Myths of the Formosan Natives,* 75pp., The Hokuseido Press. Tokyo.

移川子之蔵

1931 「紅島嶼ヤミ族と南方に列なる比律賓バタンの島々。口碑伝承と事実。」『南方土俗』Vol. 1-1、15-37、台北。

Yamada, Yukihiro

1976 *A Preliminary Dictionary of Itbayaten.* Manu.

1981 *An English-Itbayaten Dictionary.* Manu

2002 *Itbayat-English Dictionary.* Endangered Languages of the Pacific Rim. ELPR Publication Series. A3-006, 314pp.

シラヤ熟蕃研究断片

浅井恵倫

（整理・校注　清水純）[1]

A　シラヤ系熟蕃の土俗と言語

一、生蕃と熟蕃

　個有台湾人を、生番と熟蕃に大別する。熟番は平埔番とも名付られ、平地に住んでゐる。漢民族の文化が比較的多く入つてゐて、外形上移住漢民族と異ならない位である。

　『裨海紀遊』（康熙三十六年 A.D. 一六九七）には野番、土番と別してあり。生番、熟番という名称は、康熙五十四年（一七一五）閩浙總督覚羅満保の『題報生蕃帰化疏』[2] に現れてゐる。

　「熟とは何ぞや、漢番雑処し、亦我が言を言ひ、我が語を語るものなり」と藍鼎元の『鹿洲初集』に出てゐる。

　清朝は、番人を帰化せしむるに可なり努力した。

　康熙五十四年には、熟番四十六社、帰化生番十五社であつたが、乾隆三十一年（一七六六）には、南路熟番十一社、北路熟番八十二社、帰化生番二百余社になつてゐる。南部支那人の移住益々多く、番漢の交渉しゆく、雑居が行はれ、加え官の強制的命令による漢化が行はれた。

　康熙末年——乾隆初年（一七二〇頃－一七四〇頃）に於て、可なり漢化してゐた。

　「数年来新港、蕭壠、麻豆、目加溜彎の諸番、衣褌半ば漢人の冬装綿の如し、哆囉嘓、諸羅山亦倣傚する者あり」（『番俗六考』所引　李戲兒の『台湾雑記』）

　「冠を戴き、履を著け、身に衣褌を穿つ、…行聘[3] を用ふるを知る——官話及び漳泉の郷語を講ず云々」（『台湾志畧』、尹士俍、一七三五－一七三九）

　乾隆二十三年には、髪を薙り、辮を結ばしむ命令が出た。光緒五年には、『化番俚言

三十二条』を出版して、關聖帝、天后聖母、文昌帝君を安神せしめ、五月漢民族同様の祭事を行はしめた。

　又、康熙三十四年に、土番社学を設けた。台湾府志によれば新港、大目降、卓猴、目加溜湾、大武壠、蕭壠に社学があった。道光年間に到ると、義学、私塾が設けられ、彼等に文字を解する者が出来て来た。然しながら、愚昧なる彼らは、

　㈠銀を借して蕃業を取り上げる、

　㈡債ありと稱して社に入り、ついには番婦を姦す、

　㈢酒を用いて家を取り、田を取る、

　漢人と雑居して生存競争に勝つことのできなかった。

　番人は「貧窮困苦流離失所、逃入山林」と云ふ状態があった。劃界立石して熟蕃の保護をした。(現在、旗山に［同心赴義］と刻せる石がある。道光三十一年に建立、原位置は内潭子)

　嘉慶十五年、毎月百銭に対し利三文、一本一利と命令が出た。

　今日残存せる契字を見れば、如何に彼らは、借銭に苦しめられたかといふことが知られる。次第に彼らは、山手の不毛の原野の方に追いやられ、熟蕃の大移動が発生した。

　道光年間（約百年前）、台湾西部平原なる北路平埔番は、埔里社盆地に退却。南路平埔（鳳山地方）の一部は、恒春、台東方面に。噶瑪蘭の平埔の一部は、台東の北部に。

二、和蘭人との交渉

　一六二七年、蘭人の番人に対するキリスト教の宣教が行れた。主として、台南附近であったが、北は嘉義、鹿港、彰化迄及んだ。

　宣教師によって、マタイ傳、ヨハネ傳、カテキズミ[4]の反譯、辞典、文法が作られた。新港、目加溜湾、蕭壠、蘇豆の四大社に学社[5]が設けられ、番人に、ローマ字を書き、オランダ語を話すものがあったといふことである。一六六一、蘭人が去った後、百数十年間、ローマ字は彼らの記憶にあった(嘉慶年間の契字にもローマ字が現れる)。清領になった後も、蕃語を用ひ、土官を甲比丹と稱した（『諸羅縣志』)。

　甲比丹は、明らかに和蘭語 kapitein より来る。現今、四社語、カナブ語に於て、頭目を〔kapitanu[6]〕と云ふ。

　漢人との接觸————1600　A.D.

　蘭人との接觸————1624 – 1662

　スペイン人との接觸————1626 – 1642

漢文化移入————1662

平埔大移動————1820

三、熟蕃の分布

現在の熟番の住居区域は、

1. Ketagaraŋ　　台北平野、新竹、宜蘭

　　　　　　　　言語は死語

2. Kabaran　　　宜蘭平野、花蓮港廳下

　　　　　　　　言語は、家庭内である程度まで使用

3. Taokas　　　　新竹、苗栗、一部は埔里に移住

　　　　　　　　言語は死語

4. Pazeh　　　　台中平野、一部は埔里

　　　　　　　　言語は家庭内である程度迄使用

5. Bapora　　　　台中（大肚渓以北）、一部は埔里に移住

　　　　　　　　死語

6. Babuza　　　　（蘭人は Favorlang と名く）台中（大肚渓以南）、一部は埔里に移住

　　　　　　　　死語

7. 水社　　　　　日月潭附近

　　　　　　　　生語.

8. 頭社　　　　　同上

9. Poania（Hoania）　台中、（南投、嘉義）一部は埔里に移住

　　　　　　　　死語

10. Sidaya（Siraya）　死語、（蘭人、Sideia）

　　　　　　　　台南地方、

　　　　　　　　台南州新化郡、高雄州旗山郡に多く住む、

　　　　　　　　一部は台東、花蓮港方面へ移住、

　　　　　　　　死語

11. Makatao：　　鳳山、屏東、潮州

　　　　　　　　現、屏東郡、台東廳

　　　　　　　　死語

［註］伊能先生、森先生、小川先生によって完成した傳統的の分類である。

　生語として家庭内に話されてゐるものは、カバラン、バセヘ、水社、頭社、の言語であっ
て、他は死語となり、日用語は福建語になった。余の観察によれば、シラヤ族の福建語は有
気音が欠けてゐるし、聲にも幾分変化を来してゐる。

四、シラヤ族

　蘭人の Sideia と読んだ土著人の子孫は多数住んでゐる。彼等は、シラヤと自稱する。
Sideia の発音は〔sida‿ia／sidaja〕であらう。dとrは轉換するが故に Sidaya 或は Siraya、
何れでも可であらう。漢籍に現れたシラヤの部落を擧げオランダ人の命名と最後にそれに当
る現在の地名も記すと、

㈠、新港社　シンカム		Shinkan	新市
㈡、大目降社　タヴォクカン		Tavakan	大目降街
㈢、卓猴社　トラカゥ[7]			礁坑仔社
㈣、噍吧哖社　タパニ			
㈤、目加溜湾社　バクアアリウオアヌ		Bacloan	安定里東堡直加弄庄
㈥、芋匏社　オオオプウ			新化北里大社庄
㈦、大武瓏社　トアブウラン		Tevorang	善化里西堡湾裡街
㈧、麻豆社　モオタウ		Mattau	麻豆街
㈨、蕭瓏社　シャウラン		Soulang	一名歐王[8]社

蕭瓏堡　蕃仔寮

五、噍吧哖蕃

　昭和六年夏、高雄州旗山郡小林、東大邱園、高雄州、屏東郡苓濃に於て、シラヤ語の若干
の単語と可なり完全な歌謡の採集した。此地方の熟蕃はシラヤ族噍吧哖系に屬す。
　噍吧哖蕃は、明末鄭氏の時代に大目降の東北界なる那抜林庄地方を根據とした平埔蕃族で
あって、漢族の侵佔に遇ひ、更に東北に退き、曽文渓岸なる善化里西堡（現今の口宵里）及
び噍吧哖（今の玉井庄）地方を占居せる土著人を駆逐し、移住地を開き、更に東南部に移
住し、甲仙埔、内門庄附近、遠くは中央山脈を越へて台東方面に出た。

（大部分は、潮州方面を圣由した。一部は茗濃渓を圣て現今の宝来渓頭社を通り、山脈を横断した―――張港談）

大移住後のタパニ番は四社（タバカン、カポア、シャウリイ、ボガボン）二十九庄に分かれてゐると称せられるが（佐山氏）、移住益々はげしく、分布がやゝ不明になってゐる。

漢籍に依れば、四社は、㊀頭社^{タウ}、㊁茄抜社^{カ ポア}、㊂宵里社^{シャウリ}、㊃芒仔芒社^{ボ ガ ボン}である。

昭和六年の調査旅行で見たシラヤ系熟番の住居する部落は、

高雄州旗山郡、小林、東阿里関、甲仙埔、東大邱園、八張犁、十張犁、茄苳湖、杉林、内潭子、

高雄州屏東郡、上茗濃、下茗濃、土瀧湾、六亀、蕃地ガニ及びハイセン社移民部落、

台南州新化郡、西大邱園（渓東）ハ熟番部落、玉井、木柵、内門ニハ漢番雑居

ガニ社に住む熟番張港は、移住の圣路を語ることが出来た。

```
              太祖
父   福建人
     ―――――祖―――――祖父――――――父――――――張港
母   平埔蕃     ↑         ↑            ↑            ↑
      ↑     タパニニ住ス   新寮－六亀    張港ハ六亀ニ於イテ   老濃－ガニ社移民
     住地不知                          生レ、後老濃ニ移ル
```

これにより、三代前にタパニに住せしことが知られる。（小林の一熟蕃の調査に於ても、祖父の頃、タパニから小林に移住したことを説明した。）大体五十年前頃にタパニ地方より移住したものと考へらる。

現在、彼らの個有言語は、死語となってゐるが、祖母の小供の頃は家庭内に於いて行なはれてゐたと説明するから、タパニより移動する時代から次第に衰微したものであらう。

六、タパニ蕃の言語

小林、甲仙埔、東大邱園、老濃に於て約二五〇の単語を採集するを得たが、現在ではそれは極限であらう。

ガニ移民張港の傳承せる歌謡を採集することが出来た。文学的に、言語的に大切な資料で

ある。彼は十六歳の時に茄苳湖のマモ（男）に教つたのである。彼は漢字を以て書いた台本を所有し、祭日の踊の時には音頭取を勤める。伝承の歌曲は、

(1)公廨歌、　頭社番　克、（克者歌也）大衣時那無那嘆　　　　　　　（三十三行）
(2)下無農、　腊吧流厓克　番太所所名克、（太所、宵里蕃人）　　　　（六十一行）
(3)ナホワン、　一名　ブリムンタ　　　　　　　　　　　　　　　　（三十四行）
(4)是喜ヒ　　　　　　　　　　　　　　　　　　　　　　　　　　　（三十九行）
(5)水碯脚　　　　　　　　　　　　　　　　　　　　　　　　　　　（五九行）
(6)請四方　　　　　　　　　　　　　　　　　　　　　　（序及本曲ハ四二行）
(7)キニサアト　　　　　　　　　　　　　　　　　　　　　　　　　（三八行）
(8)旧猫　　　　　　　　　　　　　　　　　　　　　　　　　　　　（三五行）
(9)流媽賣　　　　　　　　　　　　　　　　　　　　　　　　　　　（四二行）
(10)沙思家　　　　　　　　　　　　　　　　　　　　　　　　　　　（十行）
(11)イバタマヽ　　　　　　　　　　　　　　　　　　　　　　　　　（一三四行）
(12)剳頭克（出草の歌？散文調である）

「ナホワン」、「キニサアト」、旧猫（雨乞に用ふ）、「サソキ」、「剳頭克」を除いた他の歌は公廨祭並びに「パラルバン」祭に用ひらる。

各句は、四、三調である（但し剳頭克は別種）。

台本は、台湾府志第十六巻に載せてある蕃歌の表記に似た漢字を用ひて記してあるが、漢字の音價は漳音が比較的多い。「水」は tsui にあらずして、lum と讀む。蕃語の水は lalum であるから、「水」を lum 音に当てるので、これは萬葉式である。張港は仲々の美声であつて、すべての曲を歌つてもらつて録音した。

歌の一部の意味を傳承してゐるが、内容或は用途の説明であつて、語学的の説明は出来ない。

七、公廨　クバ

道教的思想が彼等の生活に入ってゐる。例へば童乩（紅頭師公に屬ス）、神符、土地公の神である。個有の信仰の見られるのは、公廨及びその祭事であらう、本質的には青年集會所である公廨が、専ら宗教的行事のみに使用せられてゐるのは、漢族の廟の性質に近似して来

121

たものであらう。公廨祭は三月十五日、九月十五日、年二回行はれる。

祭りには、大衣時那——下無農——水碉脚——請四方——流嫣賣——是喜々の順序にて歌はれ、踊が附屬する。

歌の力にてbati（遊離魂）を迎へるものと考へてゐる。

三月、九月に祭るのは、漢民族の三月清明節、九月重陽節の影響であらう。

三月爲清明節、是節家家備酒肉
香燭、登山祭掃先人墳墓、名曰春祭、
九月初九日、爲重陽節、是節家家
備酒祭拝祖先、 ——『化蕃俚言三十二条』

シラヤ熟蕃部落には、茅葺平家の粗末な小屋がありこれをクバと名付てゐる。

公廨の中央に存置せられたる竹製の祭具［kizu］を安置する台石［batu］の下方の地中に七個の玉を置く、又公廨の壁に竹尾と称する竹の竿を立てる。竹尾の七個の横木は「マカタラバン」の七人の兄弟の傳説に関係ありと考へらる（七人のbatiがきて横木にとまると説明する）。〔kizu〕に小肉片を結び魂に供広する。〔kizu〕の代わりに水甕を安置させる公廨もあり。

八、［palaluwan］祭

三年に一回、二月と三月の間に、毎戸に行ふ。各家の祭壇に存置する「hukun/dukun」は、この祭の対照物「イバタママ」に供するものである。フクンは漢人より得たる徳利型の素焼のツボである。平素は水を入れてあるが、この祭りには酒を入れ、會するもの一同それを分かちのむ。病気をするのは、この「イバタママ」のためであるといふから、「鬼神」の類に入る可きものであろう。

この祭りにも歌謡と踊りが供ふ。

下無農——水碉脚——請四方——ルママイ——是喜ヒが歌はれる。公廨祭には大衣時那が主なるものでありパラルワンに於ては下無農が主なる歌である。

九、［Makatalaban］

公廨の外に、家毎に竹の祭具と七個の水啢を祭る。竹の祭具の名稱はマカタラバンと説明せしこともありaliと説明せしこともありいづれが正しきや不明である。日本の七夕みたい

な枝附の竹であつて、米を入れ麻を毛髪状にしたものをつけた小型のヒョウタンを結へてあつて、家の一角に置く、水碗は塩壺形のツボ、屋内の隅に置く、七個を備へざるもの多し。

　マカタラバンは、七人の兄弟と馘首せられし母と関係があり、七個の水碗は七人の兄弟の魂の宿る場所であらう。（水碗に水を入れておかなくとも、自然に水がたまると説明せし者あり。）噍吧哖蕃の民間傳承にこの七人の兄弟の思想が不鮮明に現はれて来る。この七人の兄弟の意義を鮮明にすることは大切である。

B　蕃曲レコード第一輯　解説書
臺灣蕃曲レコード第一輯

解説書

大阪外国語學校内
大阪東洋學會

12-A　　　　1.　四社蕃　LUWARIL
　　　　　　2.　四社蕃　MIYATONUSU
歌手　ハイセン社　ウリガナ

　四社蕃は高雄州屏東郡下の蕃族であつて、人口僅かに二八六名（昭和5年調）の小部落、阿里山方面のツオウ族と同系とせられてゐるが、未だ確證せられてゐない。二種の歌は収穫祭であり同時に、祖先の靈魂を招来する招魂祭であり又彼等の無病長生と豊作を祈る彼等の年中行事中の最大なるミヤトグス祭に於て歌はれるものである。祭の作法は部落によつて多少異なるが、ハイセン社に於て七日間にわたつて執行せられる。第三日目に酒甕の山芋の葉の蓋を矢尻にて破り、祭りのために造つた酒が飲み始められ、（1）のルワリリシと名ける十章より成立する祭歌が歌はれる。そして踊が室内にて始められる。その踊は第四日目も第五日も續けられるが、戸外でなされる。その踊の歌が（2）ミヤトグスと稱せられるものである。歌詞の種類は多い。共に招魂の力を有するものであるから祭以外には決して歌はない。歌の力にて招び寄せられた祖先の靈魂に対し、第六日目に靈魂の國に追帰す拂の儀式が行はれねばならない。

　レコード化された歌詞は研究中であつて、第二輯の解説書に於て發表することにする。参

考のため彼等によつて多く歌はれたるミヤトグス歌の一を紹介すれば

Musuravaravatui Laru miyatonusu

（歌は良く歌はれ、ミヤトグスの祭は終る。）

12-B　　　　　　　　1.　カナブ蕃　PIUUNA

　　　　　　　　　歌手　　パウ

歌詞　　　　China tsuma saiiavatavali salani upaku

　　　　　　（母よ、父よ、あなたはまだ生人の臭がする。）

　　　　　　China tsuma kipalananusanu

　　　　　　（母よ、父よ、赤布を敷いて下さい。）

　カナブ蕃は高雄州旗山郡下に住居し、全人口一八九、四社蕃とともにツオウ族に入れられてあるが、これは確定してゐないが、とにかく四社蕃とは言語上近い関係にある。ピウウナは四社のルワリリシ、ミヤトグスと同じく祖先の靈魂を招來する魔力を有してゐる。注意すべきことは、ピウウナの歌詞に於て、現代語と全く異つた語が多く用いられている。それは古語であるか、異部族の語であるか、日常語と並立する歌語であるかを断言するには尚研究せねばならぬが、とにかくかうした宗教的な歌は必然的に日常語と殊更に異つた言語が用ひられねばならないであらう。「生人の臭がする」は「死んでゐない、まだ生きてゐる」の意味。「赤布」は採点に用ひる祭具である。

　　　　　　　　　2.　同　　MUSOWARARAU

出草して首尾よく馘首した時の祝賀の歌である。歌は下二種が入つてゐる。

　　歌詞　　1.　Makuito maulasi kinananaoma

　　　　　　（戦に行き首級を獲て嬉しい。）

　　　　　　2.　Kinananaoma maluwana vinua

　　　　　　（キョウダイは戦に恐れない。）

　　　　　　　　　3.　同　　鼻笛

　長さ約四十珊[9]、四穴を有する竹製の笛、鼻に當て鼻息にて吹く。鼻笛は口琴（jew's harp）と共にインドネジヤ民族間に廣く用ひられてゐる。台湾蕃族中タイヤル族は鼻笛を有

せない。

13-A　　　　　　　　南部熟蕃
　　　　　　　　　1.　公廨祭歌

歌詞　　　1.　Taisina bunabu

　　　　　2.　Isinabu siugan

　　　　　3.　Unaili kikagyu

　　　　　4.　Namuali　kikigin

　　　　　5.　Unaiali kibato（Nabuali Kibato と間違つて歌つている）

　　　　　　　　　2.　KINISAAT

歌詞　　　1.　Likabana inaga

　　　　　2.　Babanaa　likaga

　　　　　3.　Taisina bunabu

13-B　　　　　　　　1.　請四方

歌詞　　　序　　Maho maho haluma mato mialu biale mato

　　　　　　　　Bilibi labokui labokui luwa luwa

　　　　　水　　1.　Latibanbai　kitile

　　　　　　　　2.　Tammalika kalika

　　　　　　　　3.　Tapomati kote'ko

　　　　　　　　4.　Tammapa pahipa

　　　　　　　　5.　Tammata lakila

　　　　　　　　6.　Sokomita lukapa

　　　　　　　　7.　Sokomita likoto

　　　　　　　　　2.　呪文

　請四方の最後に呪文が唱へられる。呪文は筆記するを許されなかつた。句中に makahanlu という語が特に明らかに聞こえるが、この呪語は「悪を拂ひ善を願ふ」意を有し、彼らは祈

りの際に屢〻用ひる。

14-A   1.   NAHOWAN

歌詞   1.   Hobakaso kasoun

          2.   Kasokaso unihyau

          3.   Natoluto talate

          4.   Kumaleku maobai

               2.   KUBA

      1.   Kubaali masala

      2.   Masalaba toita

14-B   1.   下無農（ヒブロ）

歌詞   1.   Hibulobu lonahi

          2.   Hibulobu lonasai

          3.   Tamasie liilin

          4.   Tamasiya laliyu

               2.   水碙脚（ツイクンカ）

      1.   Likabana ilaga

      2.   Babanaa likaga

      3.   Taisina bonabo

      4.   Kinanamu anapa

  次上の歌曲はシライア族嘄吧哖（タパニ）系統の熟蕃歌の数少き傳承者の一人、高雄州茖濃の張港の歌つたものである。各々長詩であるが、同一の旋律の繰返しであるから、最初の歌句のみをレコードした。彼等の個有の言語は既に死語になつてゐる。（十七世紀頃のオランダ人の殘した文献によつて其の言語を察知することが出來るのみである———ユトレヒト寫本語彙、グラビウス譯新港語馬太傳）歌謡は幸運にも数人の者によつて傳承せられたが、その意味は殆んど忘れられてしまつた。

　臺灣府志（康熙三十三年）第十六巻に、蕃曲と題し原文と意義が記載せられてゐる。その
うちのシライヤ系の局は恐らく現存せる旋律に近いものであらう。

　七種の歌曲はすべて、旧暦九月十五日に執行せられる公廨（部落毎に一個の公廨がある。
祖先の靈を招來する神聖な建物である。）の祭典に関係がある。公廨祭歌が歌はれ、終わつ
て一同酒を飲み、次に踊に移る。踊の歌としてキニサアト其他がある。下無農はタパニの蕃
人太所が作歌したと傳へられている。この歌の別名をパラルバンと云ふといふことも傳へら
れてゐる。

　水碉脚は水甕の下という意味であつて、公廨の内部には水甕が安置せられてある。恐らく
靈の來つて宿る處であらう。水甕は石の台に載せられ、その座石の下の土中に七つの玉が埋
められてゐる。七つの玉は彼等の祖先の七人の兄弟を象徴するのである。此等の歌は祖先の
靈に対して祈る歌である。（キニサアトは雨乞にも用ひらる。）彼等の歌は娯楽でなくて彼等
の宗教生活そのものであることを知らねばならない。

　蕃語の書示し方は省略式にした。ɫはɫの無聲音、ŋは軟口蓋鼻音を示し他はローマ字書
きに同じ。

淺井惠倫

後記

　1　原稿を書くため引揚荷物をひつくり返していると、こんなものが二つ出て來た。二つ
とも思出が多い。一つは昭和七年十一月十一日、東京帝大言語学談話會の講演の要旨である。
講演の原稿はめつたに書いたことが無いのに、これは珍しく草稿を書いたものである。これ
は最初の熟蕃調査の資料である。尤もこの時は、上山記念事業の生蕃調査のために現地に行
つていたので、カナカナブ、下三社の調査の副産物として近所の熟蕃を調べた訳である。歌
を沢山知つている張港を發見した時には嬉しかつたね。歌をすつかり筆記したり、唱方を覺
えたり、其時は録音機を携行していたので、録音をやつた。こんな意外の収穫があつた爲、
熟番が面白くなり、それは熟蕃語を早く調査しないと最後の傳承者が無くなる恐があるので
すつかり熱をあげ、張港の歌が機會となつて、昭和11年台北帝大へ赴任後、戦争でfield-
workが出來なくなるまで熟蕃の調査ばかりになつた次第である。戦争がすんでから又ゆつ
くりと生蕃の方をやらうとタカをくゝつていたところ、こんな状態となり、一切合財置いて

帰るという羽目になり、山の上の駐在所で所謂蕃通先生と一仕事の後でいっぱいやってメートルの上げっこをする痛快味は再び味へなくなってしまった仕末である。

「シラヤ系熟蕃の土俗と言語」の漢籍の引用は伊能先生の「台湾文化史」の孫引のやうに記憶している。歴史的記述も伊能先生の労作の御世話になったものであろう。台湾文化史や府志を手元に置けない我々台湾帰りには、あゝゆうデータが役に立つかと思って現行のまゝ載せさせてもらうことにする。其の後の field-work で熟蕃の folk-lore が大分判って来たので、その草稿を補遺するところは少くないが、これは後の仕事に残して、草稿の字句に多少筆を入れた程度で採用していただくことにしたい。

2　私の録音を阪神沿線にあった小さなレコード會社に頼んで本物のレコード（本物とは少々烏滸がましいので、一円で三枚呉れる小供レコードの類であつたと思ふ）に再録音して同好者に配布したのである。当時奉職していた大阪外国語学校長中目覚 10) が我の事業（？）に声援するため、外語にあつた大阪東洋学会から解説書を寄贈して下すつた。この解説書が出て来たのである。これに四社カナブとシラヤの蕃歌の説明を書いたので、多少資料になるかと思って一緒に載せていただくことにした。そしてこの解説書に外の連鎖反応を起してみたい考があるのである。この台湾蕃曲レコード第一輯と銘打つた（実は第一輯以外には作れなかったのだが）三枚のレコードは、資金が無いのでタッタ 50 枚位しかプレスしなかったように記憶している。10 組位賣れたでせう。残りは進呈進呈とばかり気前よくやり、全部無くなりプレスを頼もうとしたところ其の會社がすでに潰れて原版の行衛が判らずどうにもならなくなつた。これはすでに昭和 11 年頃のことと思ふ。

昨年から台湾で採った録音の整理をしているので、この『台湾蕃曲レコード第一輯』なるものが欲しいのです。會員諸君のうちにもし御所持の方がありましたならば借して頂けないでせうか。コッピイして直ぐに返却いたします。

校注

(1) 原著の掲載にあたって、以下の点を修正した。
　　1, 見出しの順番を示す数字については原文の一部に混乱が見られたため、整理変更した。
　　2, 段落始めの字下げを行なうとともに、細かい段落分けがなされている若干の部分を統合した。
　　3, 原住民を表す「蕃」（日本統治時代の用語）の字と、「番」（清朝統治時代の用語）の字の時代的
　　　使い分けが曖昧で、修正すべき個所もあるが、とりあえず原文の通りとした。差別的ニュアンス
　　　を含む「生蕃」「熟蕃」などの言葉は、公文書の中では植民地時代の途中から使われなくなってい

　　るが、浅井による調査の時代的な背景を考慮し、本稿では浅井の用法をそのまま残してある。

　　4,漢字や熟語、送り仮名等の中には、現在の使用法と異なるものもあるが、原文通りとした。

　　5,文献タイトルには『』を付した。

　　6,一部の句読点を整理修正した。

（2）書名の「蕃」の字は「番」が正しい。正しい書名は『題報生番帰化疏』。また、その出版年は、正
　　　しくは康熙55（1716）年。

（3）聘金すなわち婚資のこと。

（4）キリスト教の教義について説明した要約書、カテキズム Catechism。

（5）「社学」の書き間違いと思われる。

（6）u の下に国際音声記号の 426、下付きの弓形がついている。

（7）原稿にはラと書いてあるが、ツの間違いであると思われる。正しくはトッカゥ。

（8）「王」とあるが、正しくは「汪」。

（9）センチメートルのこと。

（10）中目覚（なかのめあきら）は、日本の言語学者、地理学者。

解説
浅井恵倫著「シラヤ熟蕃研究断片」

清水　純

はじめに

　本書に収録された浅井恵倫著「シラヤ熟蕃研究断片」のもとになった同名の原稿は、東京外国語大学アジア・アフリカ言語文化研究所の収蔵する浅井資料の一部であり、最近になってその存在が確認されたものである。この原稿は、日本文化人類学会の前々身であった日本民族学協会の学会誌『民族学研究』への投稿用として書かれたらしく、投稿はなされたものの掲載に到らなかったために、その存在と内容はこれまで知られることがなかったのである。

　原稿中に紹介されている内容は、台湾高雄市の山間部に居住するタイヴォアンの人々の伝統宗教に関する内容を含んでいる。タイヴォアンは、かつては「熟蕃」、また今日では「平埔族」の名称で総称される原住民諸族の一部であり、広義のシラヤ族の下位グループに分類されている。かれらは早くから漢族の言語と文化を受容したために、言語をはじめ固有の伝統の多くがすでに消失しているという状況のもとにある。そこで、文化復興運動や正名運動を展開している今日のタイヴォアンの人々の間では、自分たちの固有文化を再現するための資源として植民地時代に研究者が集めた資料をできる限り活用したいという要望が強い。彼らはこれまでにも AA 研から公開された浅井恵倫の画像資料や音源資料を参考にしながら、様々な文化復興活動を行ってきた。八八水害で被災した小林村の人々によって構成される大満舞団は、浅井の録音したタイヴォアンの伝統歌曲を復活させ、また、新たな演目を創出しながら、国内外で公演活動を行っている[1]。一方では、平埔族を原住民族として認定する政府側の動きも本格化している[2]。台湾におけるこうした現状を踏まえてみると、浅井の未公開の著作を紹介することは、古い資料のサルベージという枠を越えて、十分に今日的意義があるといえよう。

　未公開原稿の公開にあたっては、浅井恵倫の甥である但馬信勝氏、浅井徹夫氏のご理解とご快諾をいただいた。この場を借りてお礼申し上げたいと思う。

　本稿では、浅井の原著をよりよく理解することができるよう、浅井資料解析のこれまでの経緯について解説し、本書に紹介した浅井の原稿の概要に加え、関連する資料についても触れることとする。

＊　　　　　　　　＊　　　　　　　　＊

当該資料の発見に至る経緯

　植民地時代の台北帝国大学時代で言語学教授を務めた浅井恵倫は、台湾原住民に関する多くの調査データを残した。浅井が調査によって得た原住民言語の資料には、1930 年代当時すでに消滅寸前だった平埔族諸グループの言語データが多数含まれており、今となっては得難い貴重な資料となっている。浅井のフィールドノートの記録には、語彙だけでなく、原住民の宗教儀礼に関わる伝承や歌謡などの民族誌資料も一部含まれている。

　しかし戦後、浅井が台湾から引き揚げるにあたっては、フィールドノート、カード、円盤レコードに録音された音源資料、写真などを含むそのほとんどを台湾に残してこなければならなかった。戦後、台湾から帰国する日本人は多くの荷物を持って帰ることが許されなかったからである。浅井は自分の集めたフィールド資料や蔵書をなんとかして日本に送るべく、知己であった台北アメリカ領事館の副領事ジョージ・H・カー（George H. Kerr）らの協力を仰いだ［土田 1984: 18, 清水 2017］。浅井の所有物は、フィールドノート・カード類、音源資料、写真、蔵書などに大きく分けて、それぞれ別の時期に別の方法で日本に届いたらしいことが、浅井をはじめとした関係者たちの書簡や記憶から推測される［清水 2017: 43-63］。しかし、その一方で、行方不明になったままの資料もあった［土田 1984: 1819］。

　日本に送り返された資料のうち、東京の自宅に保管されていたものは浅井の没後に東京外国語大学が一括購入した。それらの資料は、何回かのプロジェクトによって、解析が進められてきた。映像資料と音源資料は、1986・1987 年に行われた朝倉利光教授を中心とする科研のプロジェクト「環シナ海・日本海諸民族の音声・映像資料の再生・解析」（文部省科研費補助金総合研究 A）において再生・解析され、浅井の録音によるレコード類の音源資料の再生と媒体変換も行われた[3]。一方、言語データは土田滋教授を代表とする科研プロジェクト「台湾・平埔族の言語資料の整理と分析」（1989 − 1990 年度文部省科学研究費補助金一般

研究 A）によって解析がすすんだ[4]。さらに、2000 - 2003 年の東京外国語大学アジア・アフリカ言語文化研究所（以下 AA 研と表示）のプロジェクト（土田滋代表）において、フィールドノート・カード類・写真・音源資料の電子化・データベース化が進められた。この際、浅井の勤務先であった南山大学に残されていた一部の資料についても合わせて解析が進められ、成果の概要はデータベースとして公開された[5]。

　その他に、プロジェクトの進行中あるいは終了後に、個人が保管していた資料が新たに寄贈されて AA 研に収められたこともあったという。しかし、プロジェクト後に収蔵された資料の解析は行われなかったことや、2000 年から始まった浅井資料の整理と解析において対象から外されていた多数の書簡類があったことなどの事情もあり、AA 研に現在収蔵されている浅井資料は、すべてが内容を精査されているわけではないのである。

　本書に収録された浅井の原稿は、2005 年にプロジェクトが終わった時にはまだ電子化されていなかった。この資料の電子化が 2017 年になって行われたことから見て、AA 研に収蔵されるようになったのは 2005 年以降のことであると思われる。それまでどこに保存されていたものであるのか、AA 研側には記録が残っていないということで詳しい事情は判明しなかったが、当該資料とともにまとまって保存されていた一群の資料は、主としてフィリピンの言語資料及び太平洋地域のオーストロネシア語族に関するデータや文献の写しであった。

　ところで、浅井資料の存在は台湾の研究者にも注目され、AA 研プロジェクト以来、言語学の李壬癸教授、民族音楽学の林清財教授、文化人類学の胡家瑜教授、潘朝成教授、簡文敏教授らが次々と AA 研を訪問して資料内容の調査を行ってきた。2017 年、簡文敏教授がタイヴォアンの宗教に関する資料を確認するために来日した際には、筆者は共同で調査を行った。林清財教授が注目した祭祀起源伝説の探索であったが、ちょうど一部の資料が電子化のため業者に送られていたところであり、網羅的な調査ができなかった。そこで今年春、筆者はあらためて電子化が完了したばかりの資料の確認作業を行い、祭祀起源伝説について言及した浅井の原稿があることを発見し、簡教授と内容の確認を行った。

　この浅井の原稿は、浅井資料フィールドノート電子化分のうち、《台湾資料 31 フォルダ》に分類され、OA373b の分類番号が付けられた資料群の中に含まれる。そのなかの 1 つが、大判の封筒に収められた原稿とガリ版刷りの冊子および 2 枚のメモ書きからなるひとまとまりの資料である。原稿の内容は、主として植民地時代に調査を行ったタイヴォアン族の宗教と祭祀を概説したものであり、添付資料にはツォウ族の宗教と歌謡の紹介も含まれる。その後、さらに調査した結果、当該原稿のもととなったと思われるフィールドデータは、2005

年までに電子化された浅井のフィールドノート OA266B に記され、類似の祭祀起源伝説を含んでいることを再確認した。この資料については後述する。

　やや込み入った過程を経てのことではあるが、タイヴォアンの宗教起源伝説を探す過程で、未発表の浅井の原稿が存在することが明らかになったのであった。また、この原稿には原住民歌謡を録音した円盤レコード『臺灣蕃曲レコード第一輯』刊行のいきさつなどこれまで知られていなかった事実が語られていることも判明した。

原稿の由来と内容について

　今回発見された投稿用原稿は、戦後、日本に帰国した浅井が引き上げ資料の中から出て来た二つの資料をもとにして記述したもので、ツォウ族の調査に行った際、荖濃で出会ったタイヴォアン人インフォーマントから聞いた宗教に関する資料と、ツォウ族（今日のサアロア族・カナカナブ族）の宗教に関する資料を含んでいる。

　浅井はこの原稿をまとめ、『民族学研究』に投稿するため日本民族学協会に送ったものと思われるが、不採用となって返却され、そのままになってしまったらしい。原稿は日本民族学協会からの封筒に入れられており、中に 2 枚のメモカードが入っていた。封筒は、Japanese Society of Ethnology の印刷があるもので、表書きには「神奈川縣平塚市平塚三五九三　浅井恵倫様　原稿在中」とあり、封筒の裏書は「東京都北多摩郡保谷町下保谷　日本民族学協会　馬淵東一」と記されている。当時『民族学研究』の編集委員であった馬淵東一が編集担当者として浅井の自宅に返送したのである。2 枚のメモカードにはそれぞれ、「掲載不能　御返却」、「餘地があったらこれも掲載ありたしとのこと　4 月 10 日 5 時半　東坊」と書かれており、東坊の署名によって馬淵自身によるメモ書きであるとわかる。余地があったら掲載したいというメモもあったが、結局『民族学研究』には掲載されなかった。消印は、一部不鮮明であるものの、和暦年は 27 と読める。この消印とメモに書かれた日付から見て、封書は昭和 27 年（1952 年）4 月 10 日に投函されたものであろう。浅井が日本民族学協会の評議員を務めていた時期のことである。

　本誌に掲載した浅井の原稿「シラヤ熟蕃研究断片」は、大きく 3 つの部分からなっている。〈A　シラヤ系熟蕃の土俗と言語〉と、〈B　蕃曲レコード第一輯　解説書〉および〈後記〉である。A の内容は、浅井自身が台北帝大勤務時代に行った平埔族の言語調査の際のデータをまとめたもので、シラヤ族に分類されていた台湾南部の平埔族のうち、当時タパニ（噍吧哖）蕃あるいは四社熟蕃と呼ばれた人々（今日のタイヴォアン族）の宗教に関する報告であ

る。後記によれば、この部分は 1932 年 11 月 11 日、東京帝大言語学談話会で浅井がおこなっ
た講演の要旨であったらしい。その内容を順にみると、まず清朝時代に始まった原住民の区
分である生番と熟番（日本時代の表記は生蕃と熟蕃）についての解説、オランダ時代の宣教
師からの影響についての解説、台湾全体の熟蕃の区分と解説、広義のシラヤ族の族名と主要
部落についての解説、タパニ蕃と四社熟蕃の関係についての解説と続き、さらに浅井が調査
で出会ったインフォーマント張港の移住と来歴について述べている。そして張港が伝承して
いる歌謡について、宗教儀礼との関連、クバ（公廨）と呼ばれる宗教建築物において行われ
る儀礼の概要、公廨祭、パラルワン（palaluwan）祭、竹の祭具を意味するマカタラバン
（Makatalaban）の祭りとそれに付随する伝説について触れている。

　B は、浅井が制作したレコードの解説書を、関連資料としてそのまま添付したものである。
「蕃曲」とは原住民の歌謡を意味するもので、『臺灣蕃曲レコード』とは浅井が台湾で録音し
た原住民の歌謡を編集して刊行した円盤レコードのことを指す。浅井は第一輯の解説書を原
稿の後半でそのまま引用するつもりであったらしく、手書きには直さず、ガリ版刷りをその
まま封筒の中に入れていた。解説書は大阪外国語大学内大阪東洋学会から刊行され、発行年
は「昭和 7 年」（1932 年）と記されており、『臺灣蕃曲レコード第一輯』（以下、『蕃曲レコー
ド』と略す）の録音自体は、浅井が台北帝大に職を得る以前に収録されたものであったこと
がわかる。AA 研の浅井音源資料の中には、『蕃曲レコード』のもとになったと思われる音
源資料を含む多数のレコード盤がある。これらの音源資料は現在では電子化され、AA 研の
データベースとして公開されている。しかし、発売された『蕃曲レコード』そのものは現存
しておらず、解説書が残っているのみである。

　『蕃曲レコード』解説の内容一覧を見ると、ウリガナという歌い手による四社蕃の歌 [6]、
パウという歌い手によるカナブ蕃 [7] の歌、および張港という歌い手による南部熟蕃の歌が
収録されていたことがわかる。四社蕃・カナブ蕃は熟蕃ではなく当時はツォウの一部に分類
されていた。また南部熟蕃とはタイヴォアンを指している。

　後記は、この原稿が書かれた背景や調査の経緯に関わる思い出話であり、浅井がどのよう
にして熟蕃言語の研究を始めるに至ったかが記されている。引き揚げ荷物の中から出て来た
二つの資料のひとつが東京帝大言語学談話会の講演の要旨であることが示されているが、二
つ目が何なのかがあまりはっきりした書き方ではない。ただ、後記に 1、2 の番号が振って
あり、「この解説書が出て来たのである」とあるところからみると、引き揚げ荷物の中から
出て来た二つ目は『蕃曲レコード』の解説書であったということになる。

　後記の記述から見ると、浅井がタイヴォアン人の張港と出会った時の調査とは、上山満之進の寄付に基づく記念事業のことであったことがわかる。この記念事業における言語学部門の成果である『原語による台湾高砂族伝説集』［小川・浅井 1935］が、小川尚義と浅井恵倫の調査によるものであることは既によく知られているところである。浅井はもともと熟蕃研究をしようと考えていたわけではなく、荖濃地方へ出かけたのはカナカナブ語や、ルカイ族下三社の言語の調査を主目的としていたのであり、その近辺の熟蕃言語を調べたのは副産物であったという事情が明かされている。タイヴォアンの歌を多く記憶している張港との出会いが、その後浅井が平埔族言語研究に傾倒していくきっかけとなったというエピソードは、これまで知られていなかったことであった。

　また、『蕃曲レコード』として一般に発売されたレコードの出版に関わる話もある。50 組作ったうちの 10 組位は売れたが、あとはいろいろな人に贈呈してしまったというのは浅井のおおらかな人となりをあらわしているようでもある。さらに、追加でレコードを製作しようとしたところ、いつのまにか出版社が倒産しており、原版は行方が分からなくなっていたという。これが昭和 11 年（1936 年）頃のことであるらしい。そして、原稿の最後に、持っている人があったらコピーしたいから貸してほしいとの浅井の要望が記されていることから見て、この原稿が書かれた昭和 27 年にも、浅井の手許には『蕃曲レコード』そのものはなかったのである。

　タイトルが『臺灣蕃曲レコード第一輯』とあるのは、第二輯、第三輯を制作する予定だったのかもしれない。しかしそれに続く刊行はなされなかった。一方で、『蕃曲レコード』以外にも浅井の録音したレコード類は少なくない。市販版こそ制作されなかったが、浅井が台北帝大に職を得てから大学の研究用として録音されたものもあり、在任中にも音源資料の蓄積が進んでいたことを示している。

　AA 研に残された 1948（昭和 23）年 4 月 20 日付の浅井の手紙のカーボンコピーによれば、浅井は台北アメリカ総領事館のケネス・クレンツ総領事宛に一通の手紙を送ったらしい。東京で台湾の言語に関する学術講演を行うことが決まり、自分が台湾で録音した音源資料が必要になったので何らかの方法で日本に送ってほしいという依頼の手紙である。これらの音源資料は当時まだ台湾に残留していた杉山直明（写真家・松山慶三）のもとに預けてあるので、杉山に連絡を取ってほしいという説明が付け加えられている［清水 2017: 60-63］。この手紙に対する総領事の返事らしきものは残されていない。しかし今日の AA 研の資料を見ると、浅井が録音した多数のレコード盤は確かに浅井の手許に戻ってきていることがわかる。これ

らは総領事が送ってきたのだろうか、それとも杉山が持ち帰ったのだろうか、これらがどのように台湾から日本に送られてきたのかはわかっていないのである。そして、浅井の手許に戻ってきた音源資料の中には『蕃曲レコード』は結局含まれていなかったのであった。

張港について

　浅井が平埔族の言語を研究するきっかけを作った張港という人物について少し述べておきたい。張港に関しては、浅井資料の中にある別の1枚の文書と関連がある。浅井資料には、台北帝大の教授であった言語学者小川尚義関連の資料も含まれ、そのなかに、昭和14（1939）年に小川尚義に宛てられた警察からの文書がある。原文は本誌10号掲載の拙稿中にすでに紹介［清水 2006: 166-167］したので要約のみ記すが、この文書は、言語学者小川尚義が総督府に依頼した調査に対する返事であり、昭和15（1940）年1月31日付で、台湾総督府警察局理蕃課長から出されている。（AA研では、「OA009ノート以外」というデータベース番号がつけられている。）

　この文書によると、小川は、前年の昭和14年6月に総督府に対して「高雄州六亀地方熟蕃人の史跡調査」として平埔族の歌謡に関する調査依頼を出しており、回答内容から察するに、小川の問い合わせは張港という人物を探し出し、筆記された歌詞集の歌の意味を張港に尋ねてほしいというものであったらしい。この文書には平埔族の歌謡の歌詞を漢字表記した資料が添付されており、日本語による書き込みがあった。この歌詞集は浅井が張港からもらったか写したものかもしれない。ただし、張港本人も歌詞の意味について全部はわからなかった。彼はタイヴォアンの歌謡を蓄音機のレコードに吹き込んだものらしい現物を所持していた、という。このレコードが、『蕃曲レコード』そのものだったのか、または浅井が録音した原版から作成したものかは文書に言及がないのでわからない。レコードの表面がすでに摩耗していたということである。

　張港は甲仙の近くのカタンオ村の「mamo?（男）に習ったものを（16歳）筆記せるもの也」つまり、張港は16歳のときに甲仙の近くのカタンオ村でマモという男性から歌を習い、これを筆記したものを持っていたらしい。小川の調査依頼は、「OA009ノート以外」の資料に添付された漢字表記の平埔族の歌の歌詞についての説明を求めたものかと思われる。浅井が採集したこれらの歌謡の資料に基づいて小川はさらに詳細にタイヴォアンの言語の発音や意味を調査し、タイヴォアン語の研究を進めようとしたらしい。しかし、タイヴォアンの歌の歌詞の意味は既に伝承されなくなっていたのである。

　ところで、現地の警察の調査によって張港の戸籍上の年齢が明らかになっている。ガニ社25番戸の熟蕃人張港は、明治16年生まれとされ、1940年には57歳であった。したがって、1931年の浅井の調査当時は48歳であったことになる。しかし、浅井のノートOA009（1931年8月24日）の記載では、ガニ社のインフォーマントの張港は78歳と明記されている。この年齢差はあまりにも極端であり、前著では筆者は張港の年齢は判別し難いと述べた［清水2014: 168］が、戸籍調査の内容や、歌謡を録音したレコード盤を持っていたことなどから考えて、おそらく警察の調査による年齢が正しいと推測する。

　これと関連して、浅井ノートOA266Bでは、張港およびその他の平埔族人からの聞き取り調査の結果、荖濃渓流域地方に住むタイヴォアンの祖先がタパニから移住してきたのは約50年前、張港の祖父の代だったと浅井は推測している。張港への聞き取りによれば、張港の祖先はタパニにいたが、祖父は新寮と六亀に移り住み、父の世代でさらに移住したという。浅井ノートは以下のような系図を示し、張港の祖先が居住した土地と系譜関係を、聞き取り調査のデータとして記している。

【浅井ノートOA0266Bに記された系図】

太祖　　　　　　　　　　蕃語にて話す
福建人　　　　　　　　　　｜
　　｜ ── 祖 ── 祖父 ── 父 ── 張港
平埔蕃　　　｜　　　｜　　　｜
不明　　　タパニ　新寮－六亀　六亀に生まれ、荖濃に移る

　しかし、浅井は「シラヤ熟蕃研究断片」では以下のような図を示しており、フィールドノートの記述とやや異なる点がある。

【「シラヤ熟蕃研究断片」の系図】

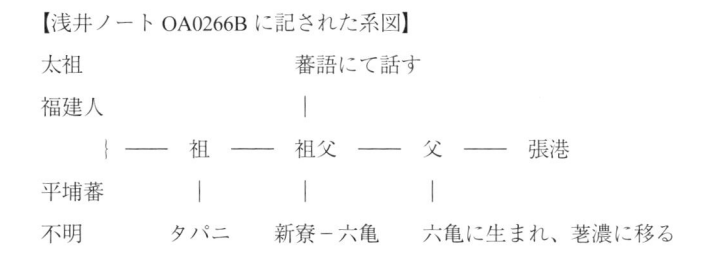

　　　太祖
父　福建人
　　────祖────祖父──────父────張港
母　平埔蕃　↑　　　　　↑　　　　↑　　　　↑
　　↑　タパニニ住ス　新寮－六亀　張港ハ六亀ニ於イテ　老濃－ガニ社移民
　住地不知　　　　　　　　　　　生レ、後老濃ニ移ル移ル

　ここでは、六亀で生まれたのは張港の父ではなく、張港ということになっている。さらに張港は、荖濃からガニ社に移民したということになっている。結局のところ、張港は六亀で生まれたのか、荖濃で生まれたのか、このデータだけでははっきりしない。しかし、いずれにせよ、タパニではない土地で生まれたということになる。複数のインフォーマントの話から、タイヴォアンのタパニからの移住が約50年前のことという推定が成り立つとすれば、張港は移住後の生まれであるから、浅井の調査当時の年齢は50歳未満であるはずだ。したがって張港は警察の調査結果のとおりの年齢であるとみるのが妥当であろう。78歳と48歳の年齢の違いは会った時の外見で明らかなはずなので、張港を78歳と記した浅井のノートの記録は謎である。

マカタラバンをめぐる伝承

　次に浅井の原稿（OA373b）に紹介されている祭祀起源伝説について述べる。タイヴォアンの宗教祭祀では、アリまたはマカタラバンと呼ばれる竹の祭具は7人の兄弟と馘首された母と関係があり、また、7個の水碯は7人の兄弟の魂の宿る場所であるという。浅井はタイヴォアンの民間伝承にこの7人の兄弟の思想が不鮮明に現われて来ることに注目し、この7人の兄弟の意義を鮮明にすることは大切であると述べている。7人の兄弟の詳しい民間伝承自体は本文で紹介されていないが、AA研所蔵の浅井ノートOA266Bには、この原稿のもとになったと思われるフィールドデータが記されている。それは以下のような物語である。

　　竹の呪具（ali）この7人は公廨の七個の玉と同じ、

　　　平埔蕃の7人の兄弟の一人が生蕃を妻にもらいに行く。帰り来たらず。彼は蕃人同様になって自分の兄弟、母を知らず、母は山へ彼を見に行く。彼は馘首のため山から来たり、母の首を切り取る。彼は帰村して公廨に帰る首にコブがあった、彼は自らの母らしく思われて調べると母だということが判った。

　　　家に残る兄弟も弟が母を馘首したことがわかった。母の首を借してくれと人を介して頼む。

　　　弟は母の首とともに帰る。蕃社に帰らぬ様になった。兄は年とともに一人ずつ死し、兄弟みな死す。親戚のものが母と兄弟を祭った。Ali は母と兄弟を意味する。

豚の下あご　　母の首を返したが下顎を返さなかった。豚の下顎で母の下顎を思う。

ヒョウタンの中の粟酒　　蕃社に行きし弟を示す

毛　　母の毛は持ち返った.

貝環は兄弟と母全部を記念する　（原文ママ）

また、浅井フィールドノート OA266 には次のような記録と伝説が記されている。

平埔蕃
Makatarlaban　六番目
瓶　ali?
小瓶　ibatabama

最大瓶　頭社　✔　kuba
二番目　　Kapowa
三番目　　Sauli
四番目　　boŋaboŋ
五番目　　旧社
六番目　　ali
七番目　　Makatalaban　　　　（原文ママ）

これらは瓶が象徴する部落を表すものであろうか、または 7 人兄弟の名前を示すものであろうか。また、浅井ノート OA266 には次のような記録もある。

七人ノ子ガ頭ヲ取リニ行ツタ。ソノ■子ハ母を殺して頭毛ヲモッテ来タツタ。毛デ判ラヌカラ頭ヲ持ツテ来イト云ハレタノデ頭ヲ以テ来タノデ殺シタノガ母デアルコトガ判ツタ、殺サレタ子ガ化物ニナッテ出タカラソレカラ祭ガ始マツタ

Makatalaban ガ本島人ノ頭ヲ取ル代リニ母ノ頭ヲトッタ.
七人ガ七福神ノ思想ト混同シテソレソレニ割リ当テヽオル

清水　純

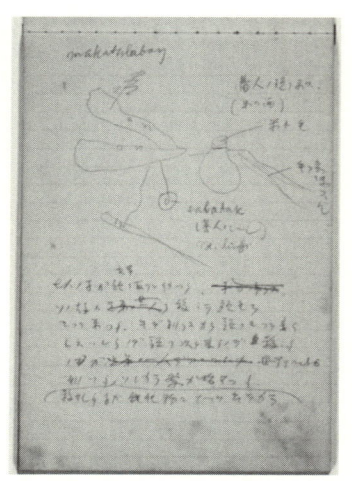

写真1　浅井ノート OA009　竹の呪物につける飾りの解説図と伝説

　内容が一部矛盾しているようにもみえるが、この伝説からはマカタラバンとは7人兄弟の末っ子の名前であることがわかるので、上記の名称は、各村の瓶が象徴する兄弟の名前を表すと思われる。最後の2行の記述は、伝説の7人の兄弟を漢民族の7人の神である七福神と混同して、それぞれの神と対応するものとしてひとつひとつを割り当てているという意味であろう。

　浅井ノートのこの頁には、竹の呪物に付ける飾りの絵が記されている。その図解によると、酒を入れた瓢箪は蕃人の頭を示し、そのくびれにまかれた長い糸状の束は毛を意味し、動物の下顎骨に糸で吊るされたドーナツ型の貝輪と思われるものは tabatak（蕃人のしるし）、と書かれている。上述の7人の兄弟の伝説はその下に書かれている。（写真1参照）

　また、上記のフィールドデータと関連する資料としては、浅井のフィールドノート OA009 には、平埔蕃四社蕃すなわちタイヴォアンについての記録がある。1931年8月15日に東大邸園に行った際の聞き取り結果である。

　　　1931年8月15日　　　甲仙埔→東大邸園

　　　東大邸園　　　公廨の歌

　　　batu（石台の下に7個の玉―赤色の南京玉―を置いてある。7個は兄弟である）大邸

園は最初は 2 個であったが、今は 7 個になった。公廨が倒れると自然に 7 個がなくなる。

hukun 家に備えている 2 個の小ツボ（コレハ 7 個の玉の兄弟である）、有る家とない家とある。結婚のときに男の家からツボに花をかざり天秤棒でかついで行列の先頭に立つ。ツボがない家は有る家より借りる。

意

フクンも共に来つて祭を受けよ（フクンは 7 個の玉の兄弟だから、7 個の玉に向かつて云ふ）

hukun は七個の玉の中の上の二個の代わりになる

フクンは dokun ともいう。

以上示した浅井のフィールドデータは断片的で矛盾もあり、走り書き文字のため読み取り方にも工夫が必要である。しかし、タイヴォァンの数少ない調査資料でもあるので、浅井のまとめた原稿の A に関連する部分として、本文と照らし合わせる材料になると考え、最後に紹介した次第である。

＊　　　　＊　　　　＊

以上、浅井の原稿内容について概観してみると、タイヴォァンの宗教に関わる興味深い事実は多いものの、漢化による文化消失の著しかった民族の資料であるだけに、固有宗教の全容を把握したものとは言い難く、「断片」であることは致し方ないところである。加えて、熟蕃ではないツォウ族の宗教に関する内容や、エッセイ的要素などが混じっており、雑多な印象は免れない。その点で『民族学研究』の編集方針とは一致しにくかったのではないかと想像される。しかし、台湾原住民に関する稀少な現地資料や研究経緯を明らかにするのは十分意義があることでもあり、浅井自身の原文を尊重した形で原稿を起こし、若干の注釈を付して本誌に掲載した。さまざまな立場の研究目的に合わせて利用してもらえれば筆者としては幸いである。

なお、本文には旧仮名遣いと現代仮名遣いの両方がみられ、促音表記の不一致など文章の書き方にはやや混乱した面がみられるが、それは戦前と戦後の両方の時代を生きた浅井を含めたその時期（昭和 27 年頃）の日本人の文章が、二つの形式の間で揺れ動いていた過渡期

でもあったことと関わるものであろう。そうした部分をあえて残すことにした点も付け加え
ておきたいと思う。

注

(1) 大満舞団の日本公演については、本誌18号「小林大満舞踏団による岩手県山田町での被災地公演」
［原 2014: 134-141］に詳しい報告がある。また、大満舞団は AA 研に保存された浅井恵倫録音によ
る音源資料をもとに古歌謡を再現し、宗教儀礼の歌謡集『歓喜來牽戯』［王民亮 2015］や、『太祖
的孩子』［王民亮 2016］『回家跳舞』［王民亮 2018］などの CD を制作している。

(2) 2017 年 8 月 17 日、原住民族委員会が起草した『原住民身分法』の修正草案が行政院を通過し、「平
埔原住民」を原住民身分の区分として加え、平埔族群が原住民の身分を取得できるよう法的に保
証する方針が決まった。2018 年 11 月現在、立法院が修正法案を審議中である。

(3) プロジェクトの成果については『環シナ海・日本海諸民族の音声・映像資料の再生・解析』［朝倉
1990］を参照。

(4) プロジェクトの成果については『臺灣・平埔族の言語資料の整理と分析』［土田・山田・森口
1991］を参照。

(5) プロジェクトの経緯と成果の概要は『小川尚義・浅井恵倫　台湾資料研究』［三尾・豊島 2005］
を参照。

(6) 熟蕃ではなく、ツォウ族の一部であったが、2014 年にツォウ族から独立し、サアロア族として政
府に認定された。

(7) 熟蕃ではなく、ツォウ族の一部であったが、2014 年にツォウ族から独立し、カナカナブ族として
政府に認定された。

参考文献

朝倉利光編

　1990　『環シナ海・日本海諸民族の音声・映像資料の再生・解析』文部省科研費補助金総合研
　　　　究（A）成果報告書。

小川尚義・浅井恵倫

　1935　『原語による臺灣高砂族伝説集』台北帝国大学言語学教室。

清水純

　2017　「1947 年、浅井コレクション渡米の経緯——アメリカ自然史博物館における台湾原住民
　　　　収蔵品をめぐる一考察」『台湾原住民研究』21：38-79、風響社。

　2006　「タイヴォアンの民俗に関する覚書——浅井恵倫台湾映像資料の探求」『台湾原住民研
　　　　究』10：149-170、風響社。

土田滋

　1984　「浅井恵倫」『社会人類学年報』10：1-27、弘文堂。

　　　2005　「浅井音源資料の整理」三尾・豊島編『小川尚義・浅井恵倫　台湾資料研究』所収、
　　　　　　247-269、東京外国語大学アジア・アフリカ言語文化研究所。
土田滋・山田幸弘・森口恒一編著
　　　1991　『臺灣・平埔族の言語資料の整理と分析』1989－1990年度文部省科学研究費補助金一
　　　　　　般研究（A）成果報告書。
原英子
　　　2014　「小林大満舞踏団による岩手県山田町での被災地公演」『台湾原住民研究』18：134-141、
　　　　　　風響社。
三尾裕子・豊島正之編
　　　2005　『小川尚義・浅井恵倫　台湾資料研究』東京外国語大学アジア・アフリカ言語文化研究所。

音源資料
王民亮監修・製作（大満舞団合唱）
　　　2015　『歓喜來牽戲』大満舞団《CD》
　　　2016　『太祖的孩子』日光小林社区発展協会《CD》
　　　2018　『回家跳舞』日光小林社区発展協会・大満舞団《CD》

10 年目を迎えた日台原住民族研究フォーラム

山本芳美

10 周年を迎えて

2017 年に日台原住民族研究フォーラム（台日原住民族論壇）は、10 周年という大きな節目を迎えた。本フォーラムは、研究者ばかりでなく、さまざまな面から原住民族に関心をもつ人々が集まる場として定着したと言ってよい。フォーラムは、2008 年から台北の国立政治大学を拠点として催されつつも、「馬淵東一」の業績をテーマに馬淵の墓参りも兼ねた台東国立史前文化博物館での第 2 回、屏東の台湾原住民族文化園区で「千々岩助太郎」を主題とした第 5 回など、場所とテーマを広げながら展開されてきた。

人文系の領域がシンポジウムを開催する際の経費集めは、苦心を重ねなければならない。本研究会は、2005 年に東京外国語大学で開催された国際シンポジウム「台湾原住民研究：日本と台湾における回顧と展望」をおこなったほか、時折来日したゲストを交えながらの研究会がある。しかし、10 年前には「若手」であった会員が働き盛りとなってさまざまな校務を担わねばならないうえ、全体的に高齢化したこともあり、台湾側ゲストを迎えての本格的シンポジウムを開催することが難しくなっている。

こうした背景もあって、国立政治大学原住民族研究中心、ならびに民族学系の皆様の多大な努力により継続している本フォーラムでは、日本側発表者・参加者は専ら迎えられる側となっている。この 10 年は、台湾側の皆様からのもてなしに毎回感動を覚えるとともに、一抹の心苦しさも感じることが続く 10 年でもあった。

展示されていた各回のポスターと記念写真、そして 10 年間の回顧

今回の研究会においても、思いがけないもてなしがあった。2017 年 9 月 4 日と 5 日に、

国立政治大学で二日間にわたって開催された。2016 年に原住民族中心が移転した「研究暨創新育成總中心」入口ホールには、過去 9 回と今回のポスター、各回の記念写真が展示されていた。これまでの報告ではほぼ触れられてこなかったことだが、本フォーラムでは主題を織り込んだオリジナルのポスターが毎回制作されている。ポスター制作で育成された人材もいたのでは、と思わせる見事な出来である。デザインワーク全体を見渡すと、台湾における原住民族表象が「カワイイ」に寄っていることも、興味深い。今回、歴代のポスターは 10 枚 1 組のポストカードとなり、記念品として贈られたのも嬉しい出来事のひとつだった。

　会場では、参加回数ランキングや発表回数ランキングなども発表され、筆者は最多参加の笠原政治、野林厚志の両氏に次ぐ、全 8 回参加したことがわかった。発表回数は野林氏がトップであった。フォーラムを支えてきた氏の健闘をたたえたい。

第 10 回フォーラムの概要

　この 10 年の全体テーマを俯瞰してみれば、台湾の政権交代に伴い、討論されるテーマの重点も移り変わってきた。このフォーラムのために台湾に短期間滞在するだけでも、政権が変わると原住民族委員会の委員長も交代し、原住民族政策も世の中の雰囲気も一変することを実感している。詳述はしないが、この 10 年の台湾側関係者の皆さんの地位と職場の移り変わりも印象的である。

　例えば、国民党政権下にあった 2015 年の第 8 回は、花蓮での「タロコ抗日戦（太魯閣事件、あるいは太魯閣戦役）」100 周年行事の一環としてフォーラムが催された。今回のフォーラムでは、民進党の蔡英文総統が 2016 年の就任後に打ち出した「移行期正義」の検討が、開幕式のために主要なゲストが集まる時間帯となる第一日目の第 1 セッションに組み込まれていた。

　移行期正義とは、組織的な暴力や人権侵害などの過去と向き合い、社会のトラウマを克服して和解を追求する具体的な法的、政治的なメカニズムのことである。具体的には、社会を再建する過程として、過去の人権侵害や虐殺の真相を究明するほか、裁判や補償、制度改革などを通して社会の分断を埋めようとする試みとなる。2008 年以降、本フォーラムの実務を担われてきた蔡佳凌さんも、新たに設置された「原住民族歴史正義與轉型正義委員会」の語言小組（言語チーム）副研究員となっている。

　次の表がプログラムである。

9月4日

8：30-8：40	開幕式（林修徹教授、笠原政治教授）			
8：40-10：05	第1セッション　移行期正義と伝統領域			
	座長	発表者	発表タイトル	コメンテーター
	笠原政治	鍾興華	移行期正義と平埔政策	Scott Simon
		官大偉	区画規制への各見解から考察する伝統領域権利着実化の道	
10：20-12：10	第2セッション　原住民族の人名			
	座長	発表者	発表タイトル	コメンテーター
	野林厚志	林修徹	台湾原住民族の伝統名登録の難点	松岡格
		黄季平	原住民族の人名システム──「名前を返せ」という選択	
		イワン・ナウィ	台湾原住民族の人名登録──漢字の民族名と「雑姓」	
13：10-14：35	第3セッション　国家言語法と本土教育			
	座長	発表者	発表タイトル	コメンテーター
	森口恒一	何信翰	国家言語発展法と本土言語復興運動	王雅萍
		李台元	12年国民基本教育カリキュラム要綱における本土言語教育プランとその実践	
14：45-16：10	第4セッション　海外での原住民族			
	座長	発表者	発表タイトル	コメンテーター
	蔡中涵	清水純	1947年、浅井コレクション渡米の経緯──アメリカ自然史博物館における台湾原住民収蔵品をめぐる一考察	宮岡真央子
		紙村徹	逆旅を求める呪師王と四王分治──台湾・恒春下蕃と東インドネシアのラジャ・アムパット諸島	
16：30-17：55	第5セッション　日本統治期の原住民族			
	座長	発表者	発表タイトル	コメンテーター
	大野旭	ハスチムガ	日本統治時代のモンゴルにおける医療衛生の近代化──台湾原住民居住地域との比較	詹素娟
		鄭安晞	日本統治期の隘勇線前進による原住民伝統領域の変化	

9月5日

8：00-8：30	受付			
8：30-10：00	第6セッション　教材と事典			
	座長	発表者	発表タイトル	コメンテーター
	童春発	蔡佳凌	九段階と四セット──民族語教材二種の編集	張郇慧
		林修徹	二種類の事典編纂について	
10：20-11：50	第7セッション　原住民族教育の新体制			
	座長	発表者	発表タイトル	コメンテーター
	孫大川	浦忠成	台湾原住民族大学の実行可能性評価と将来性についての初歩的考察	張建成
		陳枝烈	原住民族教育実験学校の発展の現状について	

		第 8 セッション　漂流		
13：00-14：30	座長	発表者	発表タイトル	コメンテーター
	傅琪貽	魏德文	チョプラン（秀姑巒湾）漂流記 ——2 つの日本船座礁事件と日台関係	山本芳美
		林志興、黄国恩	克服と結びつき——「3 万年前の航海 徹底再現プロジェクト 2017」研究活動の観察と回顧	
		第 9 セッション　東台湾における民族発展		
14：50-16：20	座長	発表者	発表タイトル	コメンテーター
	許雪姫	陳俊男	民族認定後のサキザヤ族の発展	陳誼誠
		鴻義章	国家体制下における東台湾の原住民族——歴史、殖民、主権、新パートナーシップ、移行期正義	
16：20-17：30		総合座談会・閉幕式（黄季平センター長、野林厚志教授）		

　では、今回のフォーラムを振り返ろう。今回は全 9 セッションにわたって多岐の論点が展開された。本稿執筆は開催から 10 カ月ほど過ぎた時点であり、会場で残したメモから、印象的であった内容や会場でのやりとりを拾いあげている。従って、精粗があることを断っておく（以下、文中の敬称と所属を略す）。

　第 1 セッションでは、「移行期正義と伝統領域」として、笠原政治を座長とし、鐘興華が「移行期正義と平埔政策」、官大偉が「区域企画への各見解から考察する伝統領域権実現化の道」を報告した。鐘興華の発表は、2016 年 8 月 1 日に蔡英文が総統就任時の謝罪声明を受けて、「正名（伝統名の回復）」を推進することになった平埔族政策に関する報告であった。20 万人から 80 万人存在すると推測される台湾の平埔族は、直系の親族に平埔族身分の人がいれば、平埔族として認定されるようになった。ただし、各原住民族で盛んな伝統領域への模索の取り組みはこれからであるそうである。コメントしたスコット・サイモンは、カナダでは「すべての人々は土地が必要であり、土地と人間の新しい関係が求められる。この土地に生きる人々は皆キョウダイ」という意味で、"I don't more" がスローガンになっていると述べた。各民族政策を実現させるための方策として、漢民族が納めた税金の 20％を原住民族基金にするなども考えられると指摘した。

　第 2 セッションでは、政治大学の原住民族中心が数年にわたって研究に取り組んできた原住民族の人名に関する諸問題が取り上げられた。野林厚志を座長に、林修澈が「台湾原住民族の伝統名登録の難点」、黄季平「原住民族の人名システム——『名前を返せ』という選択」、イワン・ナウィが「台湾原住民族の人名登録——漢字の民族名と『雑姓』」を報告した。現在、原住民族の総人口 53 万人のうち 2.1 万人、3.4％に相当する人々が伝統名を回復したにとどまる状況について、さまざまな角度からの分析が展開された。人々が躊躇する理由としては、

高齢者は正名するには年を取りすぎたと消極的であり、漢民族式の名は「一族」意識を高めるとの発想の人もいる。すでに慣れてきたのに、いまさら変えたくないとする人々もいる。また、別の民族のパートナーと結婚するなどで民族観念があいまいな人々も現われていることが、全体的な傾向として指摘された。コメンテーターは、ここ数年、日本でも伝統名や言語政策についてシンポジウムを開いてきた実績がある松岡格がつとめた。

　昼食をはさんで、座長を森口恒一がつとめる第3セッション「国家言語法と本土教育」となった。何信翰が「国家言語発展法と本土言語復興運動」で「国家言語発展法」がこれまで公聴会や立案を重ねて練り上げられているものの文化部草案にとどまっている現状を示し、李台元が「十二年国民基本教育カリキュラム要綱における本土言語教育プランとその実践」を発表した。新カリキュラムは2019年に実施予定で、基本教育（日本の小中学校に相当）での言語に関する科目は、国語（北京語）、本土語、新住民語、英語である。本土語として閩南語、客家語、原住民族諸語の3教科を含み、新住民語は7言語で構成されるなど、基本的な構成が明らかになった。原住民族諸語検討チームの代表である王雅萍がコメンテーターであった。

　第4セッションは、「海外での原住民族」と題し、蔡中涵が座長となり、清水純が「1947年、浅井コレクション渡米の経緯――アメリカ自然史博物館における台湾原住民収蔵品をめぐる一考察」を報告した[1]。そして紙村徹が「逆旅を求める呪師王と四王分治――台湾・恒春下蕃と東インドネシアのラジャ・アムバット諸島」を発表した。コメンテーターは宮岡真央子であった。

　第5セッションは大野旭が座長となり、哈斯其木格（ハスチムガ）が「日本統治時代のモンゴルにおける医療衛生の近代化――台湾原住民居住地域との比較」を発表し、「日本統治期の隘勇線前進による原住民伝統領域の変化」を鄭安晞が示した。GPSなどを活用した緻密な研究成果を披露した鄭安晞は、台湾史研究で著名な呉密察が指導教官であり、呉密察自身も会場にはじめて姿を現した。族群史研究の詹素娟がコメンテーターであった。

　二日目の第6セッション「教材と事典」では、童春発が座長となり、蔡佳凌が「九段階と四セット――二種類の民族語教材の編集」、林修澈が「二種の事典の編纂」の状況を紹介し、張郁慧がコメンテーターとなった。蔡佳凌は、原住民族研究中心が教育部と原住民族委員会の委託を受けて15年近くの歳月をかけて2006年に完成した「九段階民族語教材」と、2017年完成の「四セット民族語教材」の編集方針ほかの差異について述べた。林教授が紹介した二種の事典は『原住民族部落事典』と『原住民族事典』であり、前者は2018年7月に出版

された[2]。後者はインターネット事典を再編し、4 年後に出版される予定であるという。原住民族研究中心の言語教育や原住民族文化への貢献が改めて示されたセッションであった。

第 7 セッションは孫大川が座長をつとめ「原住民族教育の新体制」として、浦忠成が「台湾原住民族大学の実行可能性——評価と将来性についての初歩的考察」、陳枝烈が「原住民族教育実験学校の発展の状況について」を報告した。張建成がコメンテーターであった。浦忠成は、原住民の博士が 10 名以下であった時代から 100 名以上になったと報告したうえで、ニュージーランドの 3 大学、カナダのサチュスカワン、アメリカのインディアンコミュニティ大学などの事例を報告した。民族学校には「民族学の学校なのか、民族の学校なのか」という問題が常にあるうえ、台湾においても、将来的に少子化と大学増が懸念される。理想的には各民族の学科とキャンパスが必要であり、12 年一貫教育や総合大学、学生が学びたい分野が整備されるべきである。民族学博物館のような機能のある大学があるとよいと述べた。すでに中等教育の段階では、民族学校が導入されている。

陳枝烈の報告では、実験学校が主題となった。各地の小学校では「実験学校」の申請をすると、独自のカリキュラムによる民族教育を実施できる制度が 2017 年から本格的に導入されている。例えば、一般的な民族教育の 24 時間より時間数が多い 32 時間、タイヤル関係の授業がおこなえる。タイヤル語の授業を国語（中国語）の授業よりも多く確保するため、1 年生の段階では英語を学習しないで時間を確保するなどの工夫を凝らしている。いずれにせよ、「主流社会」の教育といかに区別していくかがカギとなる。

コメンテーターの孫大川は、アメリカ、オセアニア、東南アジアなどですでに設置されている原住民族大学の経験を知ること、つまり国際化によって原住民族はより強くなれると強調した。現在の児童の教育に何が必要か、学科を設置する際に自分たちの強みを教えることが必要となるだろう。それは環境、海、島、人権がカギとなると指摘した。

第 8 セッションは二つの時空がへだたったテーマを、「漂流」のキーワードでくくるものであった。傅琪貽が座長となり、魏徳文が「チョプラン（秀姑巒湾）漂流記——日本船の二つの座礁事件と日台関係」、林志興・黄國恩が「越境と繋がり——『三万年前の航海徹底再現プロジェクト 2017』研究活動の観察とその回顧」を発表した。コメンテーターは筆者であった。前者は、國立中央圖書館臺灣分館から復刻された『享和三年癸亥漂流臺灣チョプラン島之記』ほかに依拠しつつ、1803 年の北海道からの商船漂着と 1808 年に薩摩から東海岸の秀姑巒湾付近に漂着した船について紹介した。また、後者は日本の国立科学博物館により、すでに沖縄や台湾海域で試みられてきた原初の航海を再現する際に、国立史前文化博物館側が

いかなる協力をおこない、どのような摩擦が生じたかを報告した。台湾の人々がほとんど知らないため、筆者は、当時の漂流民が故郷に帰還できなかったことを紹介した。また、1970年代に今回の科博と同種の試みとして角川書店が主導した「黒潮の道プロジェクト」について述べ、関わっていた笠原政治、森口恒一から当時のエピソードを引き出すことができた。

第9セッションは、座長を許雪姫がつとめ、「東台湾の民族発展」がテーマであった。サキザヤ民族として長年活動してきた陳俊男による報告、「民族認定後のサキザヤ族の発展」があった。鴻義章が「国家体制下における東台湾原住民族——歴史、殖民、主権、新パートナーシップ、移行期正義」と題して、これまでの原住民族の歩みを振り返った。コメンテーターは、陳誼誠であった。

最後に、黄季平原住民族センター長と野林厚志を中心とした総合座談会がおこなわれ、閉幕式となった。このフォーラムが20周年を迎えるよう祈念しつつ、会は幕を閉じたのであった。

注
（1）後に、発表内容は本誌前号に掲載された。清水純 2017「1947 年、浅井コレクション渡米の経緯——アメリカ自然史博物館における台湾原住民収蔵品をめぐる一考察」『台湾原住民研究』21 号、38-79、風響社。
（2）2016 年 4 月 30 日に発表された「原住民族部落人口統計」を基準とし、原住民族各集落のコード化が進められた。原住民族委員会が認める集落数は 746 であり、2018 年 7 月には同委員会から林修澈主編による『台湾原住民族部落事典』が出版された。台湾政府のニュースサイト「Taiwan Today」2018 年 7 月 13 日付記事によれば、『『台湾原住民族部落事典』は、先住民族集落の範囲、分布図などを詳細に描き、集落の現状とその歴史や沿革を完全収録している。また、重要な機関、社会組織、特色ある産業も紹介。集落の移転、重大事件、祭事や儀式などの内容にも触れている。また、行政区間、民族、言語、集落の中国語名、集落の民族名など 5 つの検索方法が選べ、読者が検索しやすい構成になっている。原住民族委員会によると、『台湾原住民族部落事典』は先住民族の居住地域について、「郷」や「里」などの末端の行政単位レベルで範囲を示しているほか、郷、村、里ごとの林班（森林区画の単位）と先住民族の保留地の面積を記録している。その上で、これに原住民族委員会が作成した人口統計、集落踏査などの基本統計を結びつけ、誰もが先住民族集落について全方位的に理解できるようにしている。これは先住民族集落の調整と認定を大きく助け、集落の自治と文化や伝統の保存への取り組みを前進させるものになる。（後略）」とのことである。

台湾原住民研究第 22 号
2018 年 11 月 20 日

今日の台湾における伊能嘉矩の"踏査"
国立台湾大学図書館特別展「重返・田野——伊能嘉矩與臺灣文化再發現」

宮岡真央子

従前に行われた伊能嘉矩に関する特別展

伊能嘉矩（1867-1925）は、よく知られるように岩手県遠野の出身で、1906 年に台湾から帰郷し、その地で生涯を終えた。伊能が遠野に遺した台湾関係資料の過半は 1928 年に台北帝国大学の所蔵となり、そのうちの民族資料は今日の国立台湾大学人類学博物館に、図書や文書類は今日の国立台湾大学図書館に「伊能文庫」として収蔵されている（本号森口のエッセイ参照）。他方、遠野にも伊能の台湾関係資料の一部は現存し、それらは遠野市立博物館に収蔵されている。

1990 年代半ば以降、遠野と台北でそれらを用いた特別展が開催され、伊能の研究が回顧・再評価される大きな契機となった。まず遠野で 1995 年に伊能渡台 100 周年記念として、次いで台北で 1998 年に国立台湾大学および「伊能文庫」設立 70 周年、同大学図書館のリニューアルオープンを記念してなされたものである［国立台湾大学図書館伊能嘉矩與台湾研究特展専刊編輯小組 1998、笠原 1999、遠野市立博物館 1995］。

その 20 年あまり後の 2017 年 7 月から 11 月、遠野市は伊能生誕 150 周年記念行事の一環として、ふたたび遠野市立博物館で特別展「伊能嘉矩と台湾研究——台湾人類学の先駆者」を開催し、国立台湾大学図書館との間に文化交流協定書を締結した［山本 2017］。それを受け、2017 年 11 月から翌年 2 月には、国立台湾大学図書館で伊能文庫 90 周年を記念する比較的小規模な展示「観風蹉跎——伊能嘉矩的田野歴程書誌展（観風蹉跎——伊能嘉矩のフィールド歴程の書誌展）」が開催された。

この台湾大学図書館での展示「観風蹉跎」では、伊能の著作や手稿、伊能文庫関係の資料が展示されるとともに、同館所蔵の伊能の調査日記「観風蹉跎」および遠野市立博物館収蔵

の伊能の調査日記「巡臺日乗」を用い、伊能の埔里調査の路線図や調査内容を各種電子地図上で再現するタッチパネル式液晶画面による展示が目玉であった。すなわち、グーグル・マップを用いて両日記に記載された埔里の地名を調査路線として再現し、また地理情報システムを用いて日本統治期の4種の地図上で伊能の調査資料（伊能の日記や手稿の画像等）をリンクさせて示すという展示である[1]。最新鋭の地理情報システムやIT技術により、伊能の歩いた路線が今日の航空写真や地図上に重ねて示され、伊能の特徴ある文字が日本統治期の地図上で大きく映し出されるという、いわば時空が交錯するような展示を筆者は興奮しながら見学した。その折りに、同館の阮紹微氏より「3月に始まる特別展は、もっと大規模で、今回の2種の電子地図の展示を台湾全島に拡大しておこなう予定だ」と聞き、筆者もその開幕の日に駆けつけることとなった。

特別展「重返・田野──伊能嘉矩與臺灣文化再發現」

特別展「重返・田野──伊能嘉矩與臺灣文化再發現（フィールド・回帰──伊能嘉矩と台湾文化の再発見）」は、2018年3月8日から5月6日まで、国立台湾大学図書館1階のホールで開催された。台湾政府文化部の助成を受け、国立台湾大学図書館、同大学人類学系および人類学博物館、同大学原住民族研究センター、行政院原住民族委員会台湾原住民族図書情報センターが主催となり、展示顧問を台湾大学人類学系の胡家瑜氏が、展示設計・策定を台湾大学歴史学系の陳偉智氏が担って行われた。胡氏は国立台湾大学所蔵伊能資料の調査研究の第一人者である。陳氏は伊能嘉矩論の著書をもつ［陳　2014］。

会場入り口には伊能嘉矩関係年譜が掲げられ、展示は大きく5つのテーマから構成された。「1.　遭遇：台湾と出会う」では、伊能が収蔵した写真資料や民族資料などを展示し、各キャプションに添えられたQRコードをスマートフォンなどで読み込むと、インターネット上の「Story Map 伊能嘉矩収蔵台湾故事地図」と連繋し、さらに詳細な資料解説を読むことができるという仕掛けが施されていた。「2.　構築：植民地人類学者となる」では、伊能の作成した研究領域体系図や調査研究項目体系図、語彙比較表などを用い、伊能の研究を紹介する展示に加え、胡家瑜氏によっておこなわれた伊能の言語調査資料の現地での確認調査の様子を映した動画も放映された。「3.　声を発する：誰がインフォーマントか」では、伊能の著作や日記や手稿中に記載されたインフォーマントの名前の一覧がパネルに示されるとともに、インフォーマントから伊能に宛てた書簡が展示された。陳偉智氏によれば、これらのなかに自分

の祖先や村の人物を見つける人が現れることを期待して展示したが、その例はすでに出現したとのことであった。

「4. 旅行：台湾フィールドワークと採集」では、伊能が作成した地図などが展示されるとともに、阮紹微氏が予告していた前回の拡大版となる2種の電子地図が展示された。1つはグーグル・マップ上で伊能の5度の台湾全島調査の路線を再現するものである。もう1つは、民族名などの語句を選択するとそれに関わる伊能の調査地点が地図上にプロットされ（その地図も日本統治期の4種の地図を重ねて見ることができる）、それをクリックするとさらに伊能の調査内容の詳細（伊能の日記や手稿の画像とその中国語訳テキスト）が示されるという電子地図である。

「5. 再現：現代の多元的な反響」と題された最後の一角は、従前の伊能嘉矩展にはなかった新たな視角の展示であった。伊能が採集し、国立台湾大学人類学博物館に所蔵される平埔族カハブの織布の隣に、それをもとに近年カハブの人々の手により復元された色鮮やかな織布が並べて展示された。また、瓦歴斯・諾幹（Walis Nokan）氏の詩「伊能再踏査」や、伊能をモデルにした人物が登場する漫画作品、近年台湾で翻訳出版された伊能の著作、伊能に関するドキュメンタリーDVDなども展示された。そのほか、胡家瑜氏が伊能の調査ノートの記載内容を原住民族の人々とともに再検討する、という内容の動画数点も放映された[2]。

以上のように、今回の特別展は、展示手法としてマルチメディア、地理情報システム、IT技術を駆使したことが特徴の一つであった。そしてまた展示内容として、伊能の人物像やその研究成果の紹介や解説にとどまらず、伊能の調査研究を支えたフィールドの人々の姿を可視化させるとともに、伊能の研究と現代のフィールドの人々とがどのような関係を持つのか、彼／彼女らが伊能とその研究を今日どのようにとらえているのかを知り考える、ということに大きな力点がおかれていたことが特徴であった。伊能嘉矩という一人の研究者とその研究業績を基軸としながら、台湾の人々の過去との付き合い方と今日のアインディティ、そこから生み出される現代の台湾の文化について考えるという意図があったものと思われる。

開幕イベントでも、その点は強調されていたように思う。まず展示場でのテープカットに続いて陳偉智氏が展示解説を行った後、地下の国際会議場で本会会員の笠原政治氏が「伊能嘉矩と台湾原住民研究」と題する講演をおこない、伊能の研究を総括するとともに、今日の日本の人類学界での評価のあり方などにも言及した。その後の「部落対談」と題するフォーラムでは、クヴァランの潘朝成（Bauki Angaw）氏、タイヤルの瓦歴斯・諾幹氏、サイシヤットの潘秋榮（itih ataw' Sawan）氏、カハブの潘正浩（Bauké Dai'i）氏がそれぞれ伊能と自分

あるいは自文化について語った。「学者対談」と題するフォーラムでは、陳偉智氏、国史館館長の呉密察氏、国立台湾大学人類学系の林開世氏と童元昭氏がそれぞれ伊能について語った。後者では、歴史学者2人と人類学者2人との間で伊能に対する評価が対照的だったことが印象に残った。いずれにしても、今日の原住民族の人々による伊能の評価、学界による伊能の評価をそれぞれ知り考えるという構成であった。

今日の台湾における伊能嘉矩の "踏査"

　展示と開幕イベントの見学を通じ、この特別展の「重返・田野（フィールド・回帰）」というタイトルの重層的な意味合いを次第に了解した。それは、今回の展示のために胡家瑜氏がおこなった確認調査により伊能のフィールドノートが調査地に戻った、という側面だけをさすものではない。このような研究者の営為が媒介ともなり、伊能の調査成果が今日のフィールドに還元され、現地の人々がそれらの成果と対話し、批判し、参照し、流用するといった側面をも指しているのだと了解した。そしてまた、伊能の著作が今日の台湾研究において意義を持ち続け、繰り返し読まれ続けているという側面、漫画などを含めた台湾文化の多元的なメディアで表象されてもいるという側面も、この語に表されているのだと理解した。上記フォーラムのなかで陳偉智氏が語った「実際に伊能はもう何度も台湾に戻ってきている」という言葉が、それをよく表していた。

　そしてこのような「伊能がフィールドに帰る」という現象は、展示の締めくくりでは、今日の台湾に伊能の姿を見出す立場から、次の文章としても表現されていた（訳は筆者による）。

　　伊能嘉矩は、かつて研究者として、台湾についての資料を収集し台湾についての知識を構築した。今日では被研究者として、歴史書の中で対話、批評、批判、超越の対象となっている。また、各種の文化パフォーマンスの場において、繰り返し流用され再現されている。

　　伊能は台湾文化の発展における、その場にはいない参与者だといえる。現代の台湾文化の多元的な反響のなかに、われわれは再びさまざまな形で伊能の姿を見つける。

　　過去、伊能が台湾を踏査した。今日、私たちが伊能を踏査する。

　これは、伊能を文字通り "踏査" し続けてきた陳偉智氏による文章であろう[3]。胡家瑜氏

と陳偉智氏の手によるこの特別展は、まさに今日の台湾において多様な角度から行われている伊能の"踏査"の現時点での到達点を示すものであった[4]。特別展に先立ち、伊能の代表的著作『台湾文化志』『台湾蕃人事情』も相次いで中国語に翻訳出版された［伊能　2017、伊能・粟野　2017］。今後、台湾における伊能の"踏査"はさらに進展するであろう。日本の側ではどのような研究＝"踏査"が可能か。多元的な反響の中に身を置きながら、大いに考えさせられたのであった。

追記：大変痛ましく残念なことに、特別展「重返・田野」の展示顧問を務められた台湾大学人類学系胡家瑜教授（1961 年生）が、2018 年 11 月 24 日、台北でご病気のためご逝去された。多岐にわたる胡家瑜先生のご研究の全容をここで紹介することはできない。ただ、台湾大学人類学博物館をはじめとする台湾内外の博物館に収蔵される原住民族関係資料について長年にわたり綿密な調査研究を積み重ね、データベースの整備にご尽力され、そして博物館資料と今日の原住民族の人びとを繋げる活動に多々取り組んでこられたことは、ここで強調しておきたい。

　近年は闘病しながらも研究活動を精力的に続けられ、2017 年 8 月には人生のご伴侶でもある国史館の呉密察館長とともに遠野市を訪れ、本稿で述べた台湾大学図書館での 2 つの伊能嘉矩展の開催にこぎつけた。それらの功績が評価され、2018 年 7 月には遠野市遠野文化研究センターより呉密察・胡家瑜ご夫妻に対し「遠野文化賞」が贈られたという。2018 年 3 月の「重返・田野」の開幕式典にはご登壇予定で、久しぶりにお目にかかれることを楽しみにしていたが、ご体調不良で叶わなかった。2 つの伊能嘉矩展は、大英博物館の台湾資料コレクションの図録出版とならび、胡家瑜先生の最後の大きなお仕事となった［胡・欧 2018］。

　この場をお借りし、胡家瑜先生の台湾原住民族研究への多大なるご貢献とご尽力に対し、心より敬意を表します。そして心より哀悼の意を捧げます。

注
（1）　以上の 2 種の電子地図を含めた展示内容は、国立台湾大学図書館のウェブサイト上に設けられた「観風蹉跎──伊能嘉矩的田野歴程書誌展」で閲覧することができる（http://www.lib.ntu.edu.tw/events/2017_inokanori/index.html、2018 年 9 月 23 日最終閲覧）。
（2）　以上の動画や電子地図等も含めた展示内容は、国立台湾大学図書館のウェブサイト上に設けられた「重返・田野──伊能嘉矩與臺灣文化再發現」で閲覧することができる（http://www.lib.ntu.edu.

tw/events/2018_InoKanori/index.html、2018 年 9 月 23 日最終閲覧)。

(3)　国立台湾大学図書館で近年行われた二つの伊能嘉矩展の設計・策定を担った陳偉智氏の回想は、「芭
　　　樂人類學」ウェブサイトに 2018 年 4 月 2 日付で掲載された「「觀風蹉跎」與「重返・田野」的伊
　　　能嘉矩──策定後記」を参照（https://guavanthropology.tw/article/6654、2018 年 9 月 23 日最終閲覧)。

(4)　この特別展は、台湾大学図書館での会期終了後、新出の展示資料も加えて「重返・田野──伊能
　　　嘉矩與台湾特展（フィールド・回帰──伊能嘉矩と台湾特展)」という名称で国立台湾歴史博物館
　　　に場を移して開催された（会期は 2018 年 7 月 24 日から 2019 年 1 月 1 日)。

文献

陳偉智
　　　2014　『伊能嘉矩──台湾歴史民族誌的展開』国立台湾大学出版中心。

胡家瑜・歐尼基（Niki Alsford）（編）
　　　2018　『他者視線下的地方美感──大英博物館藏臺灣文物』国立台湾大学出版中心。

国立台湾大学図書館伊能嘉矩與台湾研究特展専刊編輯小組編
　　　1998　『伊能嘉矩與台湾研究特展専刊』国立台湾大学図書館。

伊能嘉矩（国史館台湾文献館訳）
　　　2017　『台湾文化志（全 3 巻)』大家出版。

伊能嘉矩・粟野傳之丞（傅琪貽訳）
　　　2017　『台湾文化志』行政院原住民族委員会。

笠原政治
　　　1999　「国立台湾大学図書館で開催された「伊能嘉矩と台湾研究」特別展」『台湾原住民研究』4：
　　　　　　229-231。

遠野市立博物館編
　　　1995　『特別展図録　伊能嘉矩──郷土と台湾研究の生涯』遠野市立博物館。

山本芳美
　　　2017　「生誕 150 周年「伊能嘉矩と台湾研究」展──岩手県遠野市立博物館と国立台湾大学図
　　　　　　書館で開催」『台湾原住民研究』21：216-220。

台湾原住民研究第 22 号
2018 年 11 月 20 日

北海道大学アイヌ・先住民研究センター主催
国際シンポジウム 2018
「民族のあり方と先住民族政策
——台湾平埔族の原住民族認定をめぐって」

原　英子

はじめに

　2018 年 7 月 7 日に北海道大学アイヌ・先住民研究センターによる「国際シンポジウム 2018」が、北海道大学人文・社会科学総合教育研究棟で開催された。今回のテーマは「民族のあり方と先住民族政策——台湾平埔族の原住民族認定をめぐって」であった。台湾原住民族政策における平埔族認定に関する認定をめぐって、現場に関わる報告者 3 名による報告、ならびに 1 名によるコメントがおこなわれた。会議の発表タイトルと発表者は以下のとおりである。

(1)「蔡英文政権の原住民族政策」
　　浦忠成（総統府原住民族転型正義委員会副委員長・国立東華大学原住民民族学院長）
(2)「台湾政府による平埔族施策の回顧と展望」
　　雅柏甦詠・博伊哲努（原住民族委員会総合企画局副局長）
(3)「台南市の平埔族施策——自治体の役割」
　　汪志敏（台南市民族事務委員会委員長）
(4)「コメント——平埔族としての経験から」
　　王昱心（国立東華大学芸術学院准教授）

原　英子

1　発表内容およびコメントについて

　シンポジウムではまずは、北海道大学アイヌ・先住民研究センターの常本照樹木センター長より、台湾の平埔族をめぐる近年の動きについて説明があった。それによると平埔族認定は、蔡英文総統が、2016年に平埔族を原住民族として認める方針を出して大きく動き出したという。平埔族に対しては、これまで認定された16の原住民族とは大きく異なるアプローチが求められている。その理由は、明の時代に台湾へ漢民族の移住が始まって以降、平埔族は漢民族との同化がすすんだため、言語、文化がこれまで認定された原住民族ほど明確ではないという点である。こうした文化的・歴史的背景をもつ平埔族は、原住民族に含めたほうがよいのか、異なるカテゴリーを設けたほうがよいのかという検討がおこなわれていることが紹介された。

　また、先住民族政策について、アイヌ・先住民研究センターではこれまでもアメリカ、ニュージーランド、カナダ、台湾の先住民族に関するシンポジウム等をおこなってきた。こうした世界の先住民族の中でも、台湾の事例は、アイヌ政策を考えるときに得ることが多いという。それに加え、台湾の平埔族をめぐる新たな動きもあり、今回、これに注目したシンポジウムを開催する旨の説明がおこなわれた。

1　浦忠成「蔡英文政権の原住民族政策」

　最初の報告は、蔡英文総統のもと、総統府原住民族転型正義委員会で副委員となりながら、国立東華大学原住民民族学院長も兼任している浦忠成より、蔡英文政権の原住民族政策についてであった。

　報告では、まず、台湾原住民族の言語、居住地域、区分の歴史的変遷について説明された。区分についての説明は、スペイン、オランダ時代は、集落名で記載されており、平埔族と原住民族の区分ではなかった。それが清朝時代になると、それぞれいくつかの名称があるが、台湾先住民たちは「生蕃」と「熟蕃」が区分されるようになった。つまり、清朝の支配下では「剃髪、辮髪、漢姓、漢語（閩南語）、漢式家屋、漢式服装など」を指標に具体的に「生蕃」と「熟蕃」に区別されるようになったのである［浦 2018: 2］。日本統治時代には戸籍に明記されるようになった。平埔族なら「平」か「熟」である。1945年以降、国民党政府になると、戸籍に「平」「熟」と記載された平埔族について「平地原住民」[1] として登記するよう求め

られたが、このことに対して政府は消極的だったので、登記しなかった場合もあったという ［浦 2018: 2］。1994 年になると、それまでの憲法が改正され、はじめて「原住民族」の名称 が使用され、台湾の多元文化を認め、原住民族の言語と文化の積極的な維持と発展が肯定された。その後 2000 年に民進党の陳水扁が総統になり、国と原住民族の新しいパートナーシップが提唱された。それにしたがい、原住民族が原住民の名前や土地の名称を唱えること、民族自治や伝統小域の土地等の権利を求めることができるようになり、2005 年には「原住民族基本法」によって、原住民族の身分、教育、言語文化、土地、経済発展、漁労、狩猟、採集等に関する基本的権利が規定された［浦 2018: 2］。

　1990 年代以降、大きく変化した動向であるが、このとき平埔族は原住民族に含まれていなかった。そこで現在、平埔族側から、平埔族の原住民族身分と権利を回復しようとする動きがでてきている。蔡英文総統は、2016 年に原住民族への謝罪をした。また、総統府に「原住民族歴史正義與轉型正義委員会（原住民族の歴史的正義及び『移行期の正義』委員会)」を設立したが、このなかには、平埔族群も含まれている［浦 2018: 3］。

　平埔族の原住民族身分と権利の回復について、すでに原住民族身分を有する者からの疑問として、5 点が例として挙げられた。(1) 平埔族群の各族は過去に漢化し、漢族の一部を占め、隘勇線など「不公不義」の植民統治を助けた。(2) 平埔族は漢化により言語文化を維持していない。言語文化を維持している原住民族と並べることは適切ではない。(3) 1950 年代に政府が平埔族群の戸籍記載者に登記を求めたとき、多くが未登記だった。それが今になって回復を求めるのは非合理的である。(4) 原住民族への経費や各種資源（選挙議席や教育費優遇等）の配分や土地の分割に影響を与える。(5) 平埔族群が加わることで原住民族人口が大幅に増加すると、国の原住民族政策が改変し、後退するのではないか。これらの反対意見に対し、平埔族の歴史的環境から、そうせざるを得なかった状況についての説明があった。加えて、現在の原住民族にも言語消失の深刻さの問題があることを掲げ、反対意見者への理解を求めていた［浦 2018: 3-4］。

　台湾の行政院（内閣）は「2018 年 5 月 13 日には原住民族歴史正義及び権利回復条例」案を作成し、立法化を進めている。この法案には、「原住民族歴史正義及び権利回復調査委員会（原調会)」の設立により、原住民族の権利侵害についての調査をおこなうことが記され、そこに平埔族も含まれていることが説明された［浦 2018: 5］。現、蔡英文総統政権下では、原住民族に平埔族を含める動きがあることが報告された。

2　雅柏甦詠・博伊哲努 Yapasuyongu Poiconu「台湾政府による平埔族施策の回顧と展望」

　報告ではまず、台湾原住民族が漢民族との接触移行、「生番」と「熟番」に区別されたこと、次に日本統治時代に、戸籍制度の導入により平埔族の戸籍には種族欄に「熟」が記載されたこと、そしてこの戸籍の「熟」の記載が、平埔族が原住民身分の主張の有力な証拠となっていることが指摘された。

　その後、1945 年、政府は山地原住民を認定し、1956 年、平野原住民の認定も行った［雅柏甦詠 2018: 1］[2]。当時平埔族にも身分申請の資格が与えられたが大多数の人々は申請しなかった。それが 1990 年代になり、多くの平埔族が原住民の身分回復を求めて政府に働きかけ、2007 年には、行政院により「平埔族原住民を認定し」、平埔原住民の言語と文化を中心とした復興のための予算がとられ、基礎研究がすすめられることになった［雅柏甦詠 2018: 1］。それにより 2012 年には、1 つ、あるいは複数の集落で部落史、生命史、および伝統文化の記録や民族のシンボルを作る活動をおこない、それに援助がおこなわれるようになった。その他基礎研究として、オランダ時代以降の歴史文献から、集落の分布調査やそのマッピングがおこなわれるようになったことが報告された。

　2016 年に蔡英文総統により、平埔族の原住民認定が主要政策として取り入れられた。2017 年には原民会により、原住民身分法の改正案が提出され、2018 年に最高行政裁判所により、平埔族の方による身分回復（取得）が認められた。それにより、戸籍に「熟」の記載がある者に対し原住民身分を取り戻す（または取得する）ことができるという法の立場が示されたことが報告された。

　最後に、シラヤ族の原住民身分を求める訴訟があったことが紹介された。

3　汪志敏「台南市の平埔族施策——自治体の役割」

　台南市民族事務委員会の汪志敏委員長による報告では、平埔諸族のひとつ、シラヤ族に焦点があてられた。

　そこでは、まずシラヤ族が台湾で初めて外国[3]により文字に記録された先住民族であること、しかし平埔族であるため政府から先住民とはみなされてこなかった歴史についての説明があった。これに対し台南市政府は民族事務委員会を中心としてシラヤ政策をおこなっている。2005 年には、シラヤ族の人々を市や県の原住民として承認し、行政組織の制定、予算編成、背作計画案の策定に取り組んできた。そして 2010 年には台南県政府が国にシラヤ族を原住民族として認定するよう訴えていることが報告された。

シンポジウム当日渡されたプロシーディングには、以下の政策が記されている。

（1）シラヤ民族公認の推進と歴史的地位を返還するためのもの、これには下記の 4 大戦略
　　が含まれる。

　①「『熟』注記による民族身分の回復」

　②「行政訴訟による民族の正義の回復」

　③「開かれた政府と民間との協力」

　④「国際支援を求めたフォーラムの実施」

（2）政策の方向性を促すもの、これには下記の 2 大戦略が含まれる。

　①「全国サミットで意識共有」をすること

　②「重要な会議で政策への提言を形成」すること

（［汪志敏 2018: 2］より作成、番号は筆者付加 ⁴⁾）

そのほか、言語文化振興政策として、以下の 8 大政策が紹介された。

　①「文化会館設立と交流の場の提供」

　②「健全な法制と民族の相対的発展の確立」

　③「言語復興と文化発展」

　④「夜祭りの発信と文化の創生」

　⑤「集落の活性化と自主的能力の育成」

　⑥「土地の守護とシラヤ園区の永続的発展」

　⑦「民族公認に関する書籍出版と文化遺産調査の実施」

　⑧「資源に関する異部門間協力と民族を主体とした実践」

（［汪志敏 2018: 2］より作成、番号は筆者付加）

　今後、シラヤを中心とした平埔諸族の支持と理解を求め権利の回復をはたらきかけること、
そのための戦略として以下のものが取り組まれる方向にあることが紹介された。

　①「立法院（国会）における『原住民身分法』修正案の可決の推進」

　②「台南市シラヤ族振興発展行政規則の実施」

　③「集落および山や川などの伝統名称の回復」

　④「台南市におけるシラヤ族の参政権の推進」

　⑤「『原住民身分法』修正後の権利と民族区分審査批准の獲得」など

（［汪志敏 2018 : 2］より作成、番号は筆者付加）

　報告では、2015 年に全国平埔族正名サミットを開いたことなど、具体的な活動があった
ことについてもふれられた。また、山地原住民、平地原住民に加え、平埔原住民をつくる動
向があることが報告された。

4　王昱心「コメント——平埔族としての経験から」

　3 名の報告のあと、王昱心によるコメントがおこなわれた。それによると、王が自分の家
の戸籍をもとにウェブサイトで調べたところ、母の父が台南から台東にやって来た「熟」で、
シラヤ出身であること、キリスト教会の宣教活動に携わっていたことがわかった。つまり、
日本統治時代の自己の戸籍を取り寄せ、その情報をもとに、ウェブサイトを使用することで
今まで知らなかった自分と平埔族の関係が明らかになる場合があることが紹介された。

2　おわりに

　今回のシンポジウムでは、それぞれ実際に平埔族問題にかかわっている 3 名からの報告で、
現在平埔族問題がどのような動向にあるのかの一端を知ることができた。3 名の報告者は、
奇しくも全員が、台湾中部山地の西側に居住し、歴史的に平埔族と様々な交渉を行ってきた
ツォウ族だった。

　また、コメンテーターのコメントは、自己のルーツを調べる際に、戸籍とウェブサイトを
使用することで、多くの情報が今や入手可能である場合があることがわかった。現代的ツー
ルによるルーツ探しは、今後、平埔族の身分回復に大きな影響を与えると推測される。

　今回のシンポジウムは、北海道アイヌの人々に近年の先住民政策の動向を伝えるため、企
画されたものだが、台湾の先住民族のことをよく知らない人々にも、わかりやすく伝えるこ
とができたのではなかろうか。

注
(1)　「原住民」という表記については、浦論文の記載のとおりに記した。
(2)　「山地原住民」、「平野原住民」の表記については、雅柏甦詠・博伊哲努 Yapasuyongu Poiconu 論文
　　の表記にしたがった。

（3）　欧米人ということだろうか。

（4）　筆者は、番号間をつなぐための言葉を付加している。

参考文献

北海道大学アイヌ・先住民研究センター主催　国際シンポジウム 2018「民族のあり方と先住民族政策——台湾平埔族の原住民族認定をめぐって」で配布された日本語訳のプロシーディングには、以下の論文が含まれていた。

汪志敏

　　　2018 「台南市の平埔族施策——自治体の役割」1-2 頁。

浦忠成

　　　2018 「蔡英文政権下の原住民族政策——平埔族の認定を中心に」1-4 頁。

雅柏甦詠・博伊哲努（Yapasuyongu Poiconu）

　　　2018 「台湾政府による平埔族施策の回顧と展望」1-2 頁。

浅井恵倫収集資料に関する調査報告
台湾大学人類学博物館の収蔵品について

清水　純

はじめに

　国立台湾大学人類学系の「人類学博物館」は、旧台北帝国大学土俗人種学講座に付属した標本室がもとになってできた博物館である。1945 年、台北帝大は国立台湾大学として再出発した。1949 年には考古人類学系が設立され、1982 年には人類学系に名称変更された。戦後集められた収蔵品と、台北帝大の時期に収集された収蔵品とが、今日の人類学博物館の収蔵品の中核をなしている。

　2018 年 7 月、筆者は台湾大学人類学博物館を訪れ、言語学者浅井恵倫が収集した資料について調査した[1]。その結果、当博物館に収蔵されている浅井資料には大きく分けて 2 種類があることがわかった。その 1 つが文物標本である。浅井がフィリピンの民具をコレクションとして台北帝大に寄贈したもので、博物館所蔵庫に大切に保管されている。もう 1 つは、浅井が収録した円盤レコード 8 枚である。そこには、消滅寸前のトルビアワン語の最後の話者、呉林氏伊拝による語りや歌が収録されている。

　以下に、まだ一般には公開されていないこれら 2 種類の資料の内容について調査結果を解説し、さらに、アメリカ自然史博物館及び東京外国語大学アジア・アフリカ言語文化研究所に収蔵されている浅井資料との関連性について述べる。

2　ザンバレス・ネグリトの文物標本

　浅井は大阪外国語学校の教授であった 1934 年に、フィリピン、ルソン島のネグリトを調査している［浅井 1937a: 1-11］。AA 研にはこの時に収録したとみられるタガログ語、イロカ

ノ語、ネグリト語の音源資料も残っている［土田 2005: 255］。人類学博物館に所蔵されている浅井収集の文物標本は、いずれもフィリピンで浅井が購入した道具類である。筆者は博物館のご協力により、これまで未公開のまま収蔵庫に保管されていた文物標本を直接参観することができた。以下にその概要を列挙する。博物館によるこれらの文物標本の取得年月日は1942 年 12 月 22 日である。

① 彫刻をあしらった木の鞘におさめられた刀
② 竹を編んで作った煙草入れ
③ 木製の洗濯棒
④ 皮袋（毛の生えた動物の皮を材料として製作された、蜂蜜を入れるための袋）
⑤ ひも付きの竹籠　3 点
⑥ 木製の杵　長いものと短いもの各 1 点
⑦ 長弓　4 点

以上はいずれも浅井がフィリピン、ルソン島ザンバレス州で購入したものである。①～⑦はどの民族のものか説明がないのでわからないが、⑦はいずれも Aeta とあるので、先住民アエタ族（ザンバレス・ネグリト）の人々の道具である。長弓の長さは全長 155 cm から181 cm のものまである。これらは整理番号が付されて保管されている。今後、これらの所蔵品が館内展示として、あるいはインターネット上の画像として、一般に公開されることを期待したい。

ところで、人類学博物館が浅井の文物を取得したのは 1942 年 12 月 22 日と記されているが、浅井がフィリピンのザンバレス州でアエタの言語を研究したのは 1934 年である。その時期に購入したと考えるのが最も自然であるが、浅井は 1940 年にもフィリピンを訪問しており、その時にはマニラで貴重な文献資料を購入して台湾大学にもたらしている［土田 2005（1984）：332］。ザンバレス州を訪れていたかどうか定かではないが、その時に購入して台湾に持ち帰った可能性もある。いずれにしても、人類学博物館の浅井収集による標本の中には台湾原住民の文物は残っていない。したがって、筆者が前号で紹介したニューヨークのアメリカ自然史博物館が所蔵する浅井コレクションが、浅井の収集した台湾原住民文物の全容であるとみてよいだろう［清水 2017: 67-70］。

清水　純

2　トルビアワン語の音源資料

　浅井は消滅寸前の平埔族諸語を含めて台湾原住民諸族の言語を調査したほか、それらの言語を円盤レコードにも録音した。浅井が台湾原住民の言語の録音を始めたのは、1923 年のヤミ族調査の頃からではないかと土田滋は推測している［土田 2005: 248］。浅井の没後、自宅で発見された多数の円盤レコードは、AA 研がほかの資料と共に一括購入し、整理・公開している［土田 2005: 248, 258-273］。このほかに財団法人民族学振興会に保管されていた 106 枚のレコードも AA 研に移されて保存された。その中に、浅井が 1936 年に録音した 75 歳のトルビアワン族の老婦人、呉林氏伊拝によるトルビアワン語の伝説と歌謡の録音がある。呉林氏伊拝は当時の宜蘭郡壮囲庄社頭、すなわち清代に哆囉美遠社があった土地の住人で、完全なトルビアワン方言を話し、歌謡と伝説の知識も深く、最後の有能な伝承者であった［浅井 1937b: 55-56］。この時、呉林氏伊拝の歌謡と伝説を収録したレコードは 7 枚制作されたということである［浅井 1937b: 56］。人類学博物館に残る 8 枚の円盤レコードも、呉林氏伊拝の録音による歌謡・伝説である。これらは AA 研のレコードと内容的にほぼ同じものだが、一部の収録内容に違いがあることが今回の調査で判明した。

　まず、台大のレコードについてみてみよう。ドーナツ盤の真ん中に「テレフンケン式吹込、テレフンケンレコード」と記され、「呉林氏伊拝、台湾台北州壮囲社頭、言語学研究室・土俗人種学研究室」の表示が見える。8 枚あるレコードのうち、2 枚のタイトルに重複があり、AU01 と AU02 のレコードの録音は同じ語り（「笛吹く子の話」）である。2 枚存在する理由はよくわからないが、録音時間がやや異なるので、同じ話の異なる録音ヴァージョンかもしれず、確認が必要である。ただ少なくとも 8 枚のうち 2 枚のタイトルが重複しているので実質的には 7 種類のレコードがあることになり、呉林氏伊拝の歌謡言語のレコード 7 枚は、台大にすべてそろっていることになる。

　次に、これらのレコードと同じものであると考えられる AA 研所蔵のレコードについて述べる。浅井音源資料を整理した土田は、呉林氏伊拝のレコードは確かに 7 枚存在するが、内容が重複している盤もあるため 7 枚分に足りないのが不審であると指摘している［土田 2005: 250］。土田は 7 枚と述べているが、実際には 8 枚のレコードがあったらしいことが、「浅井文庫保存レコード・言語順リスト」［土田 2005: 258-269］の整理番号一覧からわかる。このリストの整理番号 A ～ C から始まるレコードは民族学振興会からまとめて AA 研に移さ

れたものである。一方、Dで始まる整理番号のレコードは、魚住によって「浅井恵倫氏録音レコード」として分類されたものであり、浅井宅からAA研が買い取ったものである。浅井宅にあったレコードと民族学振興会の保存レコードは、どのような経緯で別々に保管されていたのかについては、わかっていない。しかし、両方とも浅井が台湾で録音したものであると考えて間違いない。

北大プロジェクトに際して作成された魚住純（当時北大応用電気研究所・助手）によるリスト［魚住 1988: 47］では、A-2は「空」とされ、A-3は両面が呉林氏伊拝によるKisaizと記されている。しかし、筆者の手許にあるAA研の電子化された音源資料中にはA-3のレコードの録音はない。また、AA研の荒川慎太郎准教授に確認していただいたところによると、現在A-2およびA-3に該当する原盤レコードはAA研には残っていないということである。北海道大学で再生プロジェクトが進められた時の整理番号が残されているので、原盤レコードが行方不明になったのは北大での整理と解析の後だったと思われる。

ところで、AA研の録音タイトルをみると、同じSaturai（酒を飲んだときなどに歌う歌）の歌をA面とB面に収めたレコードが2組ある（D-02-A、D-02-BおよびA-1-A、A-1-B）ことがわかる［土田 2005: 258］。筆者が録音を聴いたところ、この2組は、タイトルが同じSaturaiでも音声はかなり異なっていた。A-1の方はAB両面とも録音不良で、何節かごとに同じ音声が何度も機械的に繰り返され、そのために歌が各所で途切れており、同一人の音声が二重になる箇所もある。レコードの針が同じところを繰り返し回っているような録音状態である。魚住によるリストにも、原盤の状態が「破損」と書かれているので、破損したまま再生を試みた結果がそのまま電子化され、レコード針が同じところを回っている状態が録音されて残っているのかもしれない。それに対して、D-02の音声はよどみなく歌い進んでおり、録音は良好である。ただし、D-02はA-1と同じ歌い出しではないうえ、D-02の方がAB両面とも録音時間がやや長い。もともと別のヴァージョンが作られたのかもしれないが、A-1の録音に失敗したので、Saturaiの録音をやり直し、D-02を制作した可能性もあるのではないか。

次に、D-10のレコードのA面B面にはそれぞれKisaiz（A）とKisaiz（B）が収録されており、同じくA-3のレコードのA面B面にもKisaiz（A）とKisaiz（B）が入っている。AA研の音源資料にはA-3の録音は欠落しているので録音時間と内容はわからないが、両方とも同じくキサイーズ儀礼の歌であると考えられる。人類学博物館所蔵の7枚の中にKisaiz（A）とKisaiz（B）が含まれるレコードは1枚しかない。AA研のD-10とA-3の2枚のレコードは、

同じキサイーズの歌の別のヴァージョン（あるいは録音し直し）かもしれない。そうであれ
ば、AA 研のリストにあるはずの 8 枚のレコードとは、7 種類 7 枚のうち良好な録音の 6 枚
と所在不明の重複分 1 枚、失敗作あるいは破損 1 枚ということになる。しかし、A-3 が所在
不明であるので、実際には AA 研には 7 枚しか保存されていない。つまり、実質的には AA
研に保存されているのは浅井によって 7 枚（7 種類）制作されたヴァージョンのうち 5 種類
分のみである。

　以下は、人類学博物館及び AA 研のレコード内容、および魚住のリスト内容［魚住 1988:
47-64］を対照させて一覧表を作成したものである（表 1）。

表 1　浅井恵倫録音によるトルビアワン語レコード内容対照表

台湾大学人類学博物館所蔵		
整理番号	円盤レコードタイトル （1 は A 面・2 は B 面）	録音時間
AU01-1	笛吹く子の話（1）	3 分 21 秒
AU01-2	笛吹く子の話（2）、父を殺せし子の話（1）	2 分 55 秒
AU02-1	笛吹く子の話（1）	3 分 15 秒
AU02-2	笛吹く子の話（2）、父を殺せし子の話（1）	3 分 32 秒
AU03-1	父を殺せし子の話（2）	2 分 43 秒
AU03-2	父を殺せし子の話（3）	3 分 1 秒
AU04-1	Ngazi の話（1）	3 分
AU04-2	Ngazi の話（2）	2 分 17 秒
AU05-1	Ngazi の話（3）、Mutravai	3 分 13 秒
AU05-2	Mutravai の話（2）	2 分 32 秒
AU06-1	Mutravai の話（3）	2 分 36 秒
AU06-2	Mutravai の話（4）	2 分 57 秒
AU07-1	Saturai（1）	2 分 23 秒
AU07-2	Saturai（2）	2 分 56 秒
—	—	—
—	—	—
AU08-1	Kisaiz（A）	2 分 32 秒
AU08-2	Kisaiz（B）	2 分 25 秒
—	—	—
—	—	—

（AA 研の浅井音源資料の調査結果、台大人類学博物館の調査結果、および魚住によるリスト［魚

　表1に示したように、台大人類学博物館（以下、台大と略す）の実質7枚、AA研の実質5枚のレコードの内容を比較したところ、台大に所蔵されているがAA研にないものは、「笛吹く子の話」であることがわかる。この物語を収録した台大所蔵のレコードのB面には、「笛吹く子の話（2）」に続いて「父を殺せし子の話（1）」が収録されている。しかし、AA研ではその録音は発見されておらず、「父を殺せし子の話」は（2）からしか聞くことができないのである。つまり、台大にあってAA研にないものはAU01（またはAU02）のレコードに相当する内容ということになる。

　また、AA研のレコードA-6のA面（A-6-A）には、「Ngaziの話（3）」と「Mutravaiの話（2）」

東京外国語大学アジア・アフリカ言語文化研究所所蔵			
整理番号	円盤レコードタイトル （AはA面・BはB面）	録音時間	AA研所蔵分に関する備考
―	―	―	
―	―	―	
―	―	―	
―	―	―	
A-4-A	父を殺せし子の話し（2）	2分53秒	原盤の状態は「ひびあり」［魚住 1988: 48］
A-4-B	父を殺せし子の話し（3）	2分33秒	
A-7-A	Ngaziの話（1）	2分57秒	原盤の状態は「両面：前面にカビ」［魚住 1988: 48］
A-7-B	Ngaziの話（2）	3分6秒	
A-6-A	Ngaziの話（3）、 Mutravaiの話（2）	3分30秒	AA研の録音タイトルは、Mutravai (2) ではなく(1) の間違いか？盤の状態は「両面：前面にカビ」［魚住 1988: 48］
A-6-B	Mutravaiの話（2）	3分25秒	
D-03-A	Mutravaiの話（3）	2分33秒	原盤の状態は「両面：良好」［魚住 1988: 58］
D-03-B	Mutravaiの話（4）	2分31秒	
D-02-A	No.1　Saturai（1）	2分24秒	原盤の状態は「両面良好」［魚住 1988: 58］
D-02-B	Saturai（2）	2分18秒	
A-1-A	Saturai（1）	2分11秒	AB両面とも録音不良。音声繰り返しが多い。音声の重なりもあり。失敗作か？魚住のリストでは原盤の状態は「破損」とあり、内容は「D-2と同じ（？）」とある［魚住 1987: 47］。ただしD-2とは録音時間が異なる。
A-1-B	Saturai（2）	1分52秒	
D-10-A	Kisaiz（A）	2分24秒	原盤の状態は「両面：多少カビあり」［魚住 1988: 59］
D-10-B	Kisaiz（B）	2分41秒	
A-3-A	Kisaiz（A）	不明	所在不明。北大調査の時点では、民族学振興会保存レコードの1枚としてリストに掲載されているので、現存していたらしい。ただし、魚住のリストによれば、原盤の状態は「破損」とあり、内容は「D-10と同じ（？）」とある［魚住 1988: 47］。
A-3-B	Kisaiz（B）	不明	

　住　1988: 47-64］から、筆者が作成。）

の2つが含まれるという表示があるが、「Mutravaiの話（2）」は同じレコードのB面（A-6-B）に収録されているので、順番から考えればA面に収録されているのが（1）、B面が（2）であるはずである。したがって、A-6のA面は「Mutravaiの話（1）」のミスプリントと思われる。このレコードに相当すると思われる台大のAU05のレコードのタイトルを見ると、A面に収録されているのは、「Ngaziの話（3）」および「Mutravai」の2つとなっており、B面（AU05-2）が「Mutravaiの話（2）」である。A面には（1）の表示はないが、B面が（2）であるので、同様のことが言えるだろう。したがって、AA研のA-6-Aおよび台大のAU05のA面のタイトルは、それぞれ「Mutravaiの話（1）」にあたる内容であると考える。

　ところで、「笛吹く子の話」を含むトルビアワン語の伝説は、浅井のフィールドノートをもとに李壬癸が活字化している［Li 2014］。例えば「笛吹く子の話」は、「嗜笛如命 Too Fond of Playing a Flute」のタイトルが付けられた話［Li 2014: 88-95, 207-218, 271-273］と一致すると思われる。ただし、それらは録音から音声を聞きとって解析したものではなく、浅井が聞き取ってフィールドノートに走り書きした内容を李壬癸他2名が解読し、浅井による日本語訳を中国語訳に翻訳したものである。これまで述べてきたように、AA研と台湾大学の両方には円盤レコードの録音が残っており、呉林氏伊拝の歌謡伝説を録音した円盤レコードは7枚分すべてが存在している。その多くは良好な録音なので、これらの音源資料を利用し、録音されたトルビアワン語の発音を、浅井の聞き取り結果と対照させるという研究も可能なのではないだろうか。

　また、上記の表には収録時間も付け加えてある。これらを見ると、台大とAA研との間で対応すると思われる同じタイトルの録音でも、必ずしも収録時間が一致していないことがわかる。1分近く差があるものもある。また、台大の「笛吹く子の話」についても、2枚のレコードの録音時間が全く同じ長さではなく、B面に明らかな長短がある。こうした録音時間の違いが内容の違いを反映するのかどうか、台大とAA研の音源資料をあらためて精査し、比較することも必要であると思われる。

まとめ

　台湾大学人類学博物館の浅井恵倫収集による資料を検討した結果、文物標本はフィリピンのものだけであることが判明した。したがって、ニューヨークの自然史博物館が所蔵する浅井コレクションが、浅井の収集した台湾原住民文物の全容であり、書簡にあるようにそれら

がひとまとまりに売却されたと推測される［清水 2017: 45-63］。一方、台湾大学人類学博物館と東京外国語大学アジア・アフリカ言語文化研究所の 2 カ所に収録されたトルビアワン語の言語レコードの内容は、タイトルを相互に対照させた結果として判明した点もあれば、疑問が残された点もあった。今回の調査時にはまだ公開準備が完了していないということで、博物館内での音声視聴のみ可能であったため、AA 研の音源資料との詳細な比較は行わなかった。公開準備が進み、音源資料がインターネット上に公開されれば、AA 研の資料との比較検討も容易にできるようになるだろう。

　近い将来、分散した資料をつなぎ合わせることが可能になり、これまで知られていなかった情報が浮かび上がってくることを期待したいと思う。

＊本研究にあたっては、台湾大学人類学博物館コレクション・マネージャーの蔡秀芳さん、ならびに東京外国語大学アジア・アフリカ言語文化研究所の荒川慎太郎准教授のご協力を得ました。この場を借りてお礼申し上げる次第です。

注
(1)　本研究は、2018 年度日本大学経済学部研究費による個人研究プロジェクトとして行われた。

参考文献

浅井恵倫
　　1937a「サンバレス・ネグリトの言語と土俗（1）」『南方土俗』4（3）：1-11。
　　1937b「熟蕃言語の調査」『南方土俗』4（3）：55-56。
魚住純
　　1988　「民族学振興会保存レコード・浅井恵倫録音レコードリスト」、朝倉利光（代表）『環シナ海・日本海諸民族の音声・映像資料の再生・解析』（昭和 62 年度科学研究費補助金〔綜合研究 A〕研究成果報告書）47-64、北海道大学応用電気研究所。
清水純
　　2017　「1947 年、浅井コレクション渡米の経緯──アメリカ自然史博物館における台湾原住民収蔵品をめぐる一考察」『台湾原住民研究』22：38-79、風響社。
土田滋
　　2005　「浅井音源資料の整理」三尾・豊島編『小川尚義・浅井恵倫　台湾資料研究』247-269、東京外国語大学アジア・アフリカ言語文化研究所。
　　2005（1984）「［人と学問］浅井恵倫」三尾・豊島編『小川尚義・浅井恵倫　台湾資料研究』322-339、東京外国語大学アジア・アフリカ言語文化研究所（初出は『社会人類学年報』10：1-28、弘文堂）。

三尾裕子・豊島正之編

    2005　『小川尚義・浅井恵倫台湾資料研究』東京外国語大学アジア・アフリカ言語文化研究所。

〔英文〕

Paul Jen-kuei Li, with the assistance of Hsiu-min & Dorinda Tsai-hsiu Liu

    2014　"Texts of the Trobiawan Dialect of Basay", Research Institute for Language and Cultures of Asia and Africa, Tokyo University of Foreign Studies.

台湾原住民研究第 22 号
2018 年 11 月 20 日

幻の「臺灣帝國大學」
伊能嘉矩文庫の不思議

森口恒一

1　はじめに

　國立臺灣大學圖書館では、2017 年 11 月〜 2018 年 2 月の「観風蹉跎——伊能嘉矩的田野歴程書誌展」と 2018 年 3 月〜 5 月の「重返田野——伊能嘉矩與台湾文化再發現」という学問的に非常に重要で貴重な同館所有の文献資料を公開する特別展が開催された。特に、台湾原住民研究の学徒にとってこの上もない貴重な展示会であった。貴重な資料を保存するだけではなく、研究者や一般の人達への公開活動も行っていて同図書館の今後の発展を祈念したい。

　ところで、展示されている伊能文庫のオリジナルの文献資料の最初のページを見ているといくつの蔵書印が押されていて、いろいろな種類があって興味深いものがある。以下のような蔵書印がみられる。

伊能嘉矩文庫に押印された蔵書印

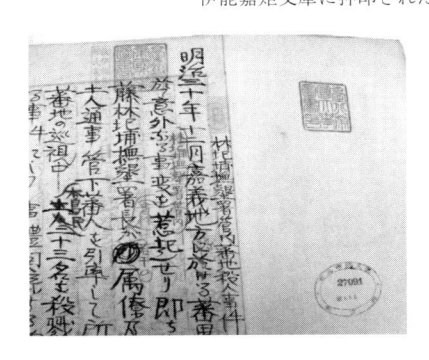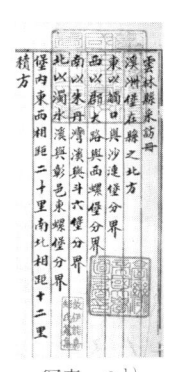

写真 − 1　　　　　　　　　　　写真 − 2 [1)]

蔵書印（臺北帝國大學図書館）

蔵書印（國立臺灣大學）

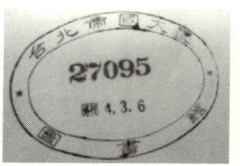

写真－3

写真－4

写真－5

写真－6

伊能文庫の印（故伊能嘉矩氏蒐集印）

臺灣帝國大學図書館の蔵印

写真－7

写真－8

写真－9

　臺北帝國大學の日本語の蔵書印と英語の蔵書印の2種と國立臺灣大學の蔵書印、そして、伊能文庫（「故伊能嘉矩氏蒐集印」）の印は台湾の歴史等から見ても当然の印であるが、ページの一角には、現実では存在しないと考えられる「臺灣帝國大學圖書舘」という蔵書印がある。「臺灣帝國大學」という大学は、設立されてはいない、幻の大学である。上の蔵書印は正式な蔵書印であり、勝手に押印されたりしたものではないし、公のものであるから、まさか、印鑑を作り間違えて押したという冗談めいたものではない。

　そこで、「臺灣帝國大學」について調べてみると、実は、大学自体としては存在しないが、台湾の教育史の中で出て来た名称であることが明白になった。大きな歴史の流れの中で生まれ消え去って行ったことを証明するのが、この「臺灣帝國大學」の蔵書印であることが判明した。

2　帝國大學

　明治政府は、最初から各地に官立の帝國大學を作ったわけではない。1877 年（明治 10 年）に創立された東京大学が、1886 年（明治 19 年）に公布された「帝國大學令」に基づいて「帝國大學」に改称されたが、「京都帝國大學」が創立されると、それまでの「帝國大學（旧東京大学）」は「東京帝國大學」に改称された。これにより同令に基づく大学が複数となったため、これ以降「帝國大學」は、同令によって設置された官立の大学の総称となり、「内地」に 7 校（7 帝大：北海道、東北、東京、名古屋、京都、大阪、九州）、「外地」に 2 校（京城、台北）が設置された。台湾での旧制高等教育機関、すなわち、「臺北帝國大學」は、東京帝國大學、京都帝國大學、東北帝國大學、九州帝國大學、北海道帝國大學、京城帝國大學[2]の後、1928 年（昭和 3 年）創立された。したがって、どこにも「臺灣帝國大學」は、存在しないのである。

3　台湾での高等教育機関

　台湾では、植民地化以降徐々に教育体制を整えて、旧制高校を台北にも設立した。そして、この旧制高校の最初の卒業生が、1928 年（昭和 3 年）に出た時に、さらに高等教育を継続するため、高等教育機関、すなわち、大学の設立を 1922 年（大正 11 年）の勅令第二十号臺灣教育令の公布により、総督府を中心にして計画した［臺北帝國大學 1928］。

　後に臺北帝國大學の総長となる教育行政官の幣原坦は、1924 年（大正 13 年）5 月 2 日に京城帝國大學の開学式に参列し、その後、欧米に出かけ、視察中に政府から台湾での官立の大学の創設を知らされ、それに着手せよとの命令から 1925 年（大正 14 年）7 月 23 日に渡台した。大学創立会議が、1925 年（大正 14 年）10 月 9、10、11 日、そして、10 月 16 日に開催され、最後の日に予算案が決定された。1926 年（大正 15 年）6 月に総督の交代があったが、設置計画は、続行され、文政学部と理農学部のいわば総合的な大学が構想された。その時の提案された大学名は、「臺灣帝國大學」であった。特に、従来の大学にない南洋史学、民族心理学、民族学（土俗人種学）と、言語学、それも、資料収集を東・南両洋の言語に採るという趣旨で学科名の提案があった。当時の関係者の移川子之蔵博士は、学科名を民族学（Ethnology）で提案したが、民族という用語が問題あるとして、土俗人種学（Ethnology）になっ

た。その後、総督府から関係書類と予算書が拓殖局に提出された。書類は拓殖局長のところで長い間保留されていたが、最終的には、閣議に提出された。

拓殖局からの提案が遅れたが、1927 年（昭和 2 年）12 月 16 日に、台湾に関する閣議で「臺灣帝國大學開始」も含まれ、台湾に関する予算が通過した。1928 年（昭和 3 年）1 月 27 日に閣議にかけられる予定だったが、議会の問題で、3 回の閣議も流会になり、その後、政友会内閣で閣議を通過した。それまでは「臺灣帝國大學開始」であったが、法制局からの唯一の変更指示により、名称を「臺北帝國大學」に修正され、3 月 17 日に勅令第三十一号により「臺北帝國大學」官制が公布され、大学が開設された。総長は、幣原坦で、1928 年（昭和 3 年）4 月 30 日に第一回入学宣誓式を行って開講の運びとなり、5 月 5 日に授業を開始した［臺北帝國大學 1928、幣原 1953］[3]。

4 伊能文庫獲得の経緯

伊能文庫の設立には、最初の土俗人種学学科主任の移川子之蔵博士の提案と努力が重要なものであった。

移川博士は、1922 年（大正 11 年）6 月に台湾総督府蕃族調査事務嘱託に任じられ、1926 年（大正 15 年）3 月に台北高等学校の教授として赴任している。それと同時に「臺灣帝國大學」創設準備在外研究員として 1 年 10 か月（2 年）[4] の間、英、仏、蘭、独、印度に留学をした。そして、臺北帝國大學の設立の年の 3 月に文政学部勤務・土俗人種学担当、教授を命ぜられた。しかし、留学を終えて帰国した後の博士の渡台は、開学の後の 1928 年（昭和 3 年）4 月 7 日であった［馬淵 1947］。

この時代の大学設置予算の中には、今にはない、非常に研究者にとってはありがたい予算が計上されている。明治時代の先進国へ追いつけ、追い越せの精神で海外での勉強とそれに加えて、遣唐使の時代から踏襲されている資料、書物、図書の持ち帰りを義務として、そのための予算も準備されている[5]。そして、「臺灣帝國大學」の在外研究員外国滞在中の文政学部の書籍購入費は、1926 年（大正 15 年）度、一万四千円、1927 年（昭和 2 年）度、二万二千円の予算が組まれている［李 2007］。それだけ、その時代は、図書が非常に大事にされていた。一方、大学設置の際には、現在でもある一定の図書を所有していなければいけないようである[6]。

そこで「臺灣帝國大學」の設立のために、伊能嘉矩関係の資料が台湾の高等教育で重要な

ものであることに気がついたのが、移川博士であった。その重要な橋渡しの立役者は、板沢武雄であり、おそらく、板沢にアドヴァイスしたのが、柳田国男であったようである［板坂・伊能他書簡 1926］。移川博士は、「臺灣帝國大學」の設置計画の中で、伊能嘉矩の遺品が新しい大学での教育に必要であることを主張し、伊能家所有の図書、民族資料、原稿、その他の資料の購入を促し、台湾にもたらしたのである。その予算が前述の移川博士の留学時の図書購入費から出たのか、別会計で購入したのかは明らかではないが、何人もの留学生がいるので、前述の留学予算だけでは賄えないと思われるところを見ると、幣原達の指示で、別会計で購入したと推定される。

5　元東京帝國大學教授・板沢武雄から伊能清子への手紙 [7]

　伊能嘉矩の遺品の購入は、「臺灣帝國大學」が移川博士（多分、初代総長の幣原坦と柳田国男のバックアップにより）の提案で可能になった。ここで重要な役をなし、橋渡しを行い尽力したと思われるのが、板沢武雄教授である。

　同教授は、1895 年に岩手県南閉伊郡釜石町に生まれ、県立遠野中学校に入学し、その時、伊能嘉矩の家に寄寓し、すでに帰国していた伊能に感化され、歴史学を目指し、日蘭関係史などの研究に従事した学者である。遠野市立博物館には、板沢教授（おそらく、当時は学習院大学の教授）から伊能未亡人の伊能清（子）への手紙が 9 通あり、その他の 1 通は、鈴木重男から板沢教授に送られ、後に清子に転送されたものである。また、残っている手紙は、1926 年（大正 15 年）1 月から 5 月までで、「臺灣帝國大學」設立事務局（準備局）が、伊能文庫を購入する直前の書簡であろうと思われる。

　板沢から清子への書簡中で、購入に関して重要なのは、1926 年（大正 15 年）1 月 27 日、2 月 5 日、2 月 8 日、2 月 17 日、3 月 25 日、4 月 10 日である。また、わざわざ板沢から清子に転送した鈴木から板沢への 2 月 1 日の手紙も重要な書簡であるため、加えて論ずることにする。

・1 月 27 日の書簡　板沢武雄から伊能清子へ

　（時効の挨拶）（略）
　町への寄付に添える目録を差上げますので御覧の上鈴木様（おいでくださるやう申し

上げました）に御頼みして今月中に御提出下さるやう願ひ上げます。出版費の方の運動も大てい出来さうになってをりますが未だ決定をみません。

台湾との交渉はうまく進んでをります。大体三千円位までの見当で運んでをりますが未だ長官の決裁をへてをりません。この方は決定すれば三月末には現金受け取ることができるだらうと存じます。

冨山房は見合わせて別の方法をとるやうに柳田先生はじめ二、三の方からすすめられてをります。

　（中略）

（『臺灣文化志』の原稿の印刷のための処理方法、お金が必要なので百五十円程送ってほしいということ、墓石のこと。）

書籍は東京の本屋を出張させては経費にとられてつまらぬからなお私の方の目録が出来たら東京へ取り寄せてこちらで直接本屋にひきとらしたほうが運賃をかけても有利だと柳田先生が申して下さいます。いづれ近日具体的なご相談を申し上げます。

詳しい御様子が承りたう存じます。

先に要件のみ。

板沢武雄拝

　　　伊能清子様

　　　（二伸）

　　　（目沢様によろしく御傳聲願ひ上げます。）

　この日附以前に「臺灣帝國大學」との交渉がすでに始まり、その後、遠野町と話し合いがあったようである。台湾関係の資料は、台湾の大学に、郷土資料は、町に寄付し、書籍は、東京の本屋に売却する予定だったらしい。後日の2月5日、3月25日の手紙によるとその話し合い・承諾が12月にはなされていたようである。

・2月1日　鈴木重雄から板沢武雄へ

　　冠省

　　　中略（時効の挨拶等）

伊能家より御送りの目録により寄付採用願調整始めるに、この目録のみの品ならば町としても果たして快諾するや否や頗る疑問に候。また、故先生のありし日の俤は、この品目にてしのばれ難しとも存じ候。

この二点は中舘様も同感にて此まま町への提出を見合わせ、一応貴意を確かめたる上の事といたし候。

勿論廿六日附け（27日の差出）御手紙中にて後日追加寄付の御見込みもあるやう見受け候が、その程度等も承り度く、それとも町の意見はどうあらうともこの目録により提出せよとのご意見なれば別に又当方も考へ有之候まま、至急明確に御もらしを被下度願ひ上候。

鈴木

　　　板澤様

　　　　　　侍史

何しろ貴下と未亡人と真弓婆さんとのお三人の御意見不明にて困却いたし居り候ままこの辺の関係も御差障なき限り御もらし被下度く願上候。

　この手紙によると町会の風向きとしては、郷土資料だけでは不足であるという意見があり、町への寄付計画を押し進めようと模索中であるが、遠野町への寄付は未だ不透明でわからないと述べている。

・2月5日の書簡　板沢武雄から伊能清子へ [8]

　　拝啓厳寒の……

　　　　（時効の挨拶　中略）

遠野町への御寄附の一件につき例のよって又、ごたつきまして、（誰がさしたのか知らぬが）御心配をかけて居る事を承って実に心外に存じました。鈴木重男様からも貴簡と同日に同封の御手紙がございましたから、ムカッパラも立ちましたが、今、私の腹を立つべきところでないと存じまして左の如き返事を差し上げました。

『

伊能先生の後始末について種々の御高配感謝致します。先日小生より御送りいたしました、遠野町への寄付願につける目録について、あれだけでは町は快諾するかどうか疑問だとの事、困った話だと考へます。何故ならば、あの話が中舘様の御宅で皆様から出た時に、私はかねて未亡人とも御相談してをりましたのでもあったから、台湾関係のものは全部除きます、郷土関係のものだけと申し上げ、皆様も御了承下すった筈と記憶いたしております。又、町会議員にも貴下からご説明下さった筈、若しその疑問といふのが台湾関係のものが入っていないからと申さるれるなら、それは全く違ったことになりませう。又、若し郷土関係のものにしても点数が足らないとおっしゃるなら、それはないものはしかたがないと申すより外ないと存じます。これは貴下が御調査くだすった目録によって小生が作成して差上げたものですから尤もよく御承知の事と存じます。

　（中略）

私としての意見を徴せらるならば極めて明らかな事です。

一．台湾関係の標本書籍は全部臺灣大学に有償で寄付することに已に決定したから、(中略）これは学問上の合理的な処分方法であると共に、出版費の助となるといふ両得の策と信じます。

一．遠野の町で郷土関係のものばかりで維持費ばかりかかって困るといふなら、御迷惑な事ゆえ寄付しないことにしたらよからうと存じます。

一．行きがかりもあるから　（中略）否決されてもよいでせう。

一．結局折角の我々の好意が町に容れられなかった場合には、郷土関係の資料標本を記念郷土学会に於て保存の道を講ずることにしたらいかがでせうか。（中略）

一．吾々が必ずしも無理解な町会に恩にきせられても寄付を受けて貰はなくてもよいではありませんか。　（中略）

一．（中略）

一．何もかもただ寄付させやうとする町会の人達に到底真の理解を求めることが困難でせう。何卒この際貴下の最も御理解ある熱心なる御尽力をお願ひ申し上げます。

　（中略）

』

　私の意見は、略右の通りでござります。構わないから文句をいふ人があるならば寄付をしないと申してください。台湾の方は別紙目録通り、幣原総長まで寄付をすることを申し込んで決定いたしました。礼金三千円は3月に差し上げることになるだらうと存じます。臺灣大學ではすぐにも人を出張させて受け取りたいと申しましたが、小生が参らんでは不便と存じ7月まで延期して貰いました。町で文句をいふなら、私達の記念郷土学会を法人組織にしてここで永久保存の方法をこうじます。

　　（中略）

売却は暫く見合わせてもうっかり話に乗ぜられぬ方がよいと存じます。（中略）それでも何となく私が中に入ってゐるためにいろいろごたごた起こすやうですなら、私は断然手を引きます。台湾への御世話下すった先生方には致命的の打撃ですがいたしかたたありません。

　　（中略）

目沢様にもよろしく。

武雄

　　伊能清様

　この時点で、台湾関係の資料をも含めた寄付を町が要求して来たため、町への寄付が暗礁に乗り上げた。しかし、板沢は、台湾関係の資料は、その学問的価値を考えて当初から「臺灣帝國大學」へすべて寄付することが妥当と考えていた。そこで、鈴木への返事を示し、伊能清子を熱情的に説得しているのが、この書簡である。この説得により台湾関係の資料は散逸を免れ、消失せず、台湾のすでに消滅した原住民のかけがえのない資料になった。そして、現在でも大事に保管されているのである。

・2月8日の書簡　板沢武雄から伊能清子へ

　冠省

先便にて申上候卑見につき今日柳田先生を御訪ねいたしましてご意見を徴し申候処、先生も小生と同意見にて、そんな不人情な町会に寄付をする必要のあるまじ、それよりは記念郷土学会にて保管を託せられて利用いたす方よろしからんと申され候、鈴木

様にもそのつもりにて会の方の基礎をはやくつけるやう御相談申上候。

遠野の町費などにて維持せらるるよりも、會の方に託せらるる方先生の御意志にも合ふ事と考申上候。出版費の方も後藤子爵の御尽力にて近く解決出来さうに御座候間御安心下され度く。中々思ふやうにのみまゐらず候間御猶予願上候、末筆ながら御当所様の御自愛を祈り上候。

敬具
板沢武雄

伊能清子さま　膝下

　板沢は、遠野町への寄付に関して先があまり見えないのと追加の要求をしてくるかもしれないということから、遠野の町に寄付することよりは、計画中の記念郷土学会に保存する方が良いと考えた。そこで、柳田に相談すると、板沢と同意見であることがわかり、遠野の伊能未亡人にその旨を知らせ、鈴木に会の設立を促進させるように連絡したようである。この時点で、「臺灣帝國大學」のみへの寄付だけに変更した模様である。

・2月17日　板沢武雄から伊能清へ [9]

前略

今日鈴木様から御手紙がございました。町会の方が否決らしいとの事、何ともいたし方ないと存じます。悪口は申されないでせうが何も遠野町に義務を感ずる必要なしと考へます。蔵書迄売却するといふのがほんとうか、未亡人は売却せぬでも筆工料位はあると申さるるとの御言葉ですが、何も好んで人の財産をどうなさいと申すのではないのですから、御考への上どうなり御処分あって然るべきと考へます。

それから南部家関係の書物が沢山ある筈だが目録にのってゐないが他に貸し出し中かとのことですが「如何なるものを御所持あらせられたか詳しく存じませんが、只私のとって来た目録によって書き上げたばかりです。零細な史料等はなほのことでせうが他日調べてみなければわかりません」と、お答へしておきました。

　　どうも私でもどうかするかの如くとられることが心外です。どうかこれ
　　からつまらぬ誤解をひき起さぬやう御話しを願ひ上げます。

兎角私は御遺稿の出版と共に記念郷土学会を円満に設立して発達させてゆき度いと、これのみ念願いたしておりますが、この前には大ていのことは忍びます。

末筆ながら御自愛お祈り上げます。

　　　二月十七日　　　　　　　　　　　　　　　　　　　　　板沢武雄

　　　伊能清様

　　　二伸　　御自身の財産を処分せらるのに他からどうこう申されることはないのですからあまり遠慮せらる必要がなからうかと存じます。

　そこで板沢は、自分が利益を求めて伊能嘉矩の遺品を売り渡すと思われていて遺憾であると述べ、書籍の売却と「台湾文化志」の出版費用に関しては、未亡人が自分で良く考えて決定を下すようにと手紙をしたためた。

・3月25日　板沢武雄から伊能清へ

　拝啓　春寒なほ厳しく候処お変わりも在らせられずや候や、御伺申上候。

鈴木様よりの再三により町会その他町有志之御意見も承り候へとも、巳に12月参上の節御承諾を得て、臺灣帝國大學の幣原総長との約束済みのものを今更破約いたす事も出来るものにあらずと存じ申し候、且つ学術上の意義より観て遠野に置く事はきっと有識者の笑ひを買ふものと信じ候、確信をもって実行いたし度く。　然る処大学の方の会計の都合上三月中に支払済にせねばならぬといふので、一昨日電報にてお尋ねいたし御異議なき故よろしく頼むとのことでしたから、

　　　　　　謝礼金

昨二十四日　三千円御預かり申し候。なほ臺灣大學の人種・土俗学の教授にあってこの三月二十九日洋行せらるる移川ドクトルが、是非一見して置きたいといふので出発前の忙しさにもかかわらず小生同道御地へまゐることに相成り候間、二十七日午后標本室書斎を拝見出来るやう御手配願上候。小生はいろいろと御相談いたすべきことも有之、鈴木様にも用事有之一日位滞在いたし度く候へとも、目下入学試験にて寸暇も無之、二十九日は卒業式故是非二十八日に帰京せねばならず、止むなく左の時間割を

作製いたして同道いたする事に都合をつけ申し候。

3.26 日　午后　6.00　上野発
27 日　午前　7.11　花巻着
〃〃　11.40　遠野着

都合よろしければ此の日午后 5 時帰るつもりに候へども
どうしても都合出来ぬ時は小生は

翌 28 日
午前　4.45　遠野発
7.30　花巻着
7.44　〃〃発
午后　10.45　上野着にて
帰京の予定

三月二十五日　朝　　　　　　　　　　　　　　　　　　　　　　武雄

伊能清様

　3 月 29 日に海外留学で離日予定の移川博士が、購入予定の伊能の資料のチェックを行いに 27 日に板沢とともに遠野を訪れる計画を 3 月 25 日に知らせた。その後の変更の手紙がないところを見ると実際に二人は遠野を訪れて計画の最終段階の話し合いを行ったようである。

・4 月 10 日　板垣武雄から伊能清へ

　冠省
　墓石の体裁について御相談が……

（中略）　（以下、墓碑銘刻字の際の死亡年月日、名前の上に伊能と冠するかなどの7
　　　　　項目のチェック）

　書籍を送り出しましたなら差し上げて置きました目録に送ったものをしるしをつけて
一応私まで御送りを願ひ上げます。つきあわして先方に渡しますから。
　送料等は運送屋から総督府出張所宛て請求書を送らして頂きます。

　　　4月10日　　　　　　　　　　　　　　　　　　　　　　　　　　武雄

　　　伊能清様

　4月10日の時点では、資料は台湾総督府東京出張所には着いていなかったが、後日、板
沢自身が自分で目を通して、リストと照らし合わせて、同出張所に渡す計画であったようで
ある。一方、台湾総督府東京出張所に運送屋から輸送費の請求処理を行うようにと依頼した。
　これ以後は、2通の書簡があるが、墓石の件と『地方辞書台湾之部』が校正に必要なので
送ってほしいという依頼と辞書が着いたという書簡である。

　　そこで、板沢から清子への書簡集から、伊能文庫購入の経過は次のように考えられる。

　1925年（大正14年）12月には、台湾関係の資料は、「臺灣帝國大學」に、郷土資料は遠
野町に寄付し、書籍は東京の本屋に売却することが提案されていた。そこで、板沢は、遠野
の寄付予定の目録を作り、1月27日の書簡では、目録が出来たので送るということと台湾
との話し合いは順調に行っているが、未だ決済ができていないと述べている。遠野町への寄
付は未定であると伊能未亡人に知らせた。この時点では、「臺灣帝國大學」への寄付のみが
決定されていた。
　その後、2月1日に鈴木が遠野町の形勢を知らせ、未だ寄付の可否に関しては不透明であ
ることを連絡し、さらなる情報が欲しいと返事を書いた。
　しかし、町からの台湾関係の要求があり、町への寄付をあきらめた。板沢は伊能の遺品の
学問的価値を理解し、台湾関係の全てを「臺灣帝國大學」に寄付することを主張した。板沢
は、鈴木からの書簡を同封した2月5日の書簡で、鈴木に対する返事を示し、自分の意見を

述べ、清子に提案する書をしたためた。

　その後、板沢は、柳田に相談したところ、柳田は同意見で、その資料の重要性を考え、台湾関係は予定通り台湾へ、そして、郷土資料は新たに設立予定の記念郷土資料館に託す方がよいとの助言があった。このことを板沢は、2月8日の書簡で未亡人に知らせた。

　3月25日の手紙で、大学から伊能の遺品に対して3000円を預かっていて、支払う準備ができていることと移川博士の3月29日の洋行前に、一度、遠野を訪れたいが、大学の仕事があって、27日（最悪の場合は28日）の日帰りでしか、時間的に余裕がないとし、27日の旅行予定を示した。

　4月10日の書簡には、前半は、伊能の墓の話であったが、後半に、資料を板沢のところに送り出してから、同氏が現物を突き合わせるために預けてあった伊能の遺品の目録を送り返してほしいことと、送料費の請求書を、運送屋を通して東京の（台湾）総督府出張所に送るようにとの依頼の旨が書いてある。目録との照合の終了後は、板沢は、伊能資料は東京出張所に送ったようである。

　これ以降板沢から清子への手紙がなかったことから手続きが行われ、台湾総督府東京出張所から台湾への発送は、5月か6月以降であったようである。

　以上のような、伊能の遺品の受け渡しの大まかな経緯を考えることができ、台湾への資料の到着は、1926年（大正15年）夏以降と思われる。

6　何時、「臺灣帝國大學」の蔵書印が押されたか。

　移川博士は、1926年（大正15年）4月からの2年間（実際は1年10か月）[10]の留学を前に、本土に戻り、板沢を通して伊能嘉矩の遺族の伊能清(子)[11]へ移川博士の購入品のチェックの計画予定を3月25日に知らせた。移川博士の3月29日の洋行の出発直前に遠野へ赴き、伊能の原稿、蔵書、台湾原住民の民族資料のチェックを行ったようである。購入の終了と共に、当時、東京に臺灣総督府東京出張所があったので、板沢は伊能資料と自分の作成した遺品リストとの照合を終えてから同出張所に送り、そこから台湾へ移送したと思われる。そして、購入の書籍、文物、資料等は、同博士の海外留学中に台北に到着していたようである。

　宮本［1985］によると、同氏の1928年（昭和3年）5月の臺北帝國大學への赴任時には、購入した伊能嘉矩の図書、民族資料はすでに到着していて、図書類は、本部の一室におかれていたが、民族資料は台湾総督府博物館（現国立台湾博物館）に保管されていたという。こ

の整理が宮本達助手の最初の仕事であったようである。また、歴史学者であり南方に興味を
持つ最初の臺北帝國大學の総長の幣原坦は、民族学と言語学に非常に興味を持ち、総長就任
以降しばしばこの伊能文庫から資料を取り寄せて読んでいたようであるとしている。

　前述のように、1928年（昭和3年）3月17日に大学設置の議案が閣議を通過した。それ
までは提案していた名称は「臺灣帝國大學」であったが、変更され、その後の大学の名称は、
「臺北帝國大學」になった。

　そうなると、「臺灣帝國大學圖書舘」の印は、何時押されたのであろう。國立臺灣大学で
保存されている伊能文庫の図書には、「臺北帝國大學」蔵書印（日本語、英語）、「臺灣総督
府國語學校圖書舘印」、「国立臺灣大學蔵書印」の他に、「臺灣帝國大學圖書舘」の蔵書印と
伊能文庫の「故伊能嘉矩氏蒐集印」がある。伊能文庫の資料と寄付品の資料目録は、まず、
遠野から板沢を通して、台湾総督府東京出張所へ移送され、その後、台湾に送出されて、大
学創設事務局、ないしは、1927年（昭和2年）に予算がついていた建築中の図書館へ送ら
れたと推測される。そのいずれかの時点で押印されたようである。

7　結　論

　以上の板沢―伊能他書簡等から日本での伊能資料の寄付の時間的なおよその経緯が明白
になった。しかし、伊能嘉矩の遺品の「臺灣帝國大學」への移譲に関する公文書が今のとこ
ろ見つからない現在、推論するしか方法はない。事実としては、1926年（大正15年）3月
に契約は終了し、4月以降に資料と資料目録は、遠野から板沢経由で臺灣総督府東京出張所
へ移り、そこから台湾に送られた可能性がある。

　そうすると、問題になるのが、3種類の蔵書印がいずれの時点で捺印されたということで
ある。また、宮本が、台北に赴任した時には、図書は、本部に、そして、民族資料等は、台
湾総督府博物館に置かれていて、整理が終わっていなかったようである。

　そこで、推論できるのは、以下のような経緯である。

1.　伊能嘉矩資料と資料リストが、1926年（大正15年）4/5月に板沢のところに到着し、
　　板沢の目録との照合終了後、同氏を通じて臺灣総督府東京出張所に届いた。さらに、
　　同出張所で資料と目録の照合を行った時点で、「故伊能嘉矩氏蒐集印」が押された。

2. 同出張所での照合と「故伊能嘉矩氏蒐集印」の押印の終了後、台湾に移送され、移川博士洋行中の 1926 年 5 月から「臺北帝國大學」の開設の決定以前に、大学設立事務局（準備局）、ないしは、新しい図書館に荷物が届き、再度、政府に提出した大学設置計画案に沿った大学の名称の「臺灣帝國大學」の蔵書印が押された。

3. その後、宮本達助手が、整理をし、新たに図書番号等を決定し、「臺北帝國大學」の蔵書印が押された。

［謝辞］
　本論文で使用した図書館の蔵書印、その他の資料は、國立臺灣大學図書館の特蔵組編審の阮紹薇さんを通して提供していただき、大変お世話になった。この資料がなければ本稿を書き上げることが出来なかった。ここで、お礼を申し上げたい。

注
(1)　伊能文庫に一部（1 セット）にだけ押印された印鑑がある。「臺灣総督府國語學校圖書舘印」で あ る（写真 2）。1 セットだけであるので、何時押印されたか明白ではないが、セットの最初の捺印にバツ印が書かれている。どのような経緯があったかはわからない。二つの可能性がある。第一の可能性は、伊能嘉矩が当該図書館の捺印があった資料を日本に持ち帰った。第二は、大学の資料購入後、資料が再度台湾に来た時に、申請途中の「臺灣帝國大學」の図書館印が作成されてなかったか、作成中であった。ところが、すでに廃校（学校名の変更）になっていた「臺灣総督府國語學校」の印鑑が総督府に残っていて、その印鑑が 1 セットだけに間違って捺印されたのかもしれない。その後すぐにその間違いに気づき、バツ印がつけられたとも思われる。
(2)　申請当初は、「朝鮮帝國大學」であったようであるが、法制局の指示で「京城帝國大學」に最終的に 決定されたようである。
(3)　［李 2007］には、当初は、台湾大学という名称であったというが、官立の大学設立には「帝國大學令」に従って設立され、単なる大学ではなく最初から帝國大学であったと考えられる。
(4)　出張命令は、2 年間であるが、実際の洋行は、馬淵［1947］によると 1 年 10 か月であったようである。
(5)　夏目漱石のイギリス留学の時の公費での図書購入の時の話は、良く知られている。
(6)　ある著名な学者は、大学の設置審査時に自分の個人所有の本に大学印を押され、図書リストに挙げられたという。
(7)　この書簡集は、遠野博物館所有であるが、國立臺灣大學図書館から公開されている。(http://dtrap.lib.ntu.edu.tw/DTRAP/search?query=hierarchy%3A%22%E9%81%A0%E9%87%8E%E5%B8%82%E7%AB%8B%E5%8D%9A%E7%89%A9%E9%A4%A8%22+corpus%3A%E4%BC%8A%E8%83%BD%E5%

98%89%E7%9F%A9%E6%89%8B%E7%A8%BF+concept%28%E4%BA%BA%E7%89%A9%29%3A%2
2%E4%BC%8A%E8%83%BD%E6%B8%85%22+corpus%3A%E4%BC%8A%E8%83%BD%E5%98%89
%E7%9F%A9%E6%89%8B%E7%A8%BF&highprec=1）（2018 年 10 月現在）

　また、［板沢武雄・伊能キヨ（清〔子〕）他書簡 1926］では、宛名が前半の書簡では「清子」となっ
ているが、後半では「清」になっている。［伊能嘉矩 1928］の板沢の序文では、伊能の未亡人は、「清
子」となっている。菩提寺である遠野の大慈寺に 2018 年に建てられた伊能家の墓碑では、「キヨ」
となっている。

　　一通だけ鈴木から板沢への手紙が入っている。この書簡は、伊能文庫取得の経緯に重要な書簡
であるので、含めた。

(8)　この書簡は、伊能の資料購入で、非常に重要な部分である。この説得の書簡がなければ、あるい
は説得がうまく行かなければ、重要な台湾の原住民関係の資料は、散逸し、消滅してしまったか
もしれない。板沢の先見の明と柳田の後押しと伊能清子の理解があったからこそ現在でも目にす
ることができるのである。

(9)　宛名はそのまま記した。（注 7）を参照。

(10)（注 4）を参照。

(11)（注 7）を参照。

文献

淵脇英雄
　　1938 「伊能文庫に就いて」『愛書』第 10 輯、187-196、台北：臺灣愛書會。

伊能嘉矩
　　1928 『臺灣文化志』（上）957 pp.、東京：刀江書院。

板沢武雄・伊能キヨ（清〔子〕）他書簡
　　1926 「1926 年（大正 15 年）1 月 27 日、2 月 1 日、2 月 5 日、2 月 17 日、3 月 25 日、4 月 10 日、
　　　　　5 月 13 日、5 月 22 日」遠野市立博物館所蔵。

金関丈夫？（k 生）
　　1939 「A 博士の質問に答へた伊能嘉矩氏の書翰」『南方土俗』第五巻第三・四號、67-86、台北。

国分直一
　　1998 「移川子之蔵──南方民族文化研究のパイオニア」綾部編『文化人類学群像　3』167-
　　　　　190、東京：アカデミア出版会

國立臺灣大學圖書館
　　1998 『伊能嘉矩與臺灣研究特展專刊』190pp.、台北。

李恒全
　　2007 「台北帝国大学設立計画案に関する一考察──幣原坦の設立構想を中心に」『神戸大学
　　　　　大学院人間発達環境研究科研究紀要』1（1）、45-64。

馬淵東一
　　1947 「移川先生の追憶」『民族学研究』12 巻 2 号、143-156、東京。

宮本延人

　　　1985　『台湾の原住民族――回想・私の民族学調査』237 pp. 、東京：六興出版。

幣原坦

　　　1953　『文化建設――幣原坦六十年回想記』236 pp.、東京：吉川弘文館。

臺北帝國大學

　　　1928　『臺北帝國大學一覽　昭和三年』。

『粟種與火種——臺灣原住民族的神話與傳説』

鹿憶鹿著

台北：秀威經典、2017 年 6 月、314 頁、400 元、ISBN 978-986-94686-7-1

山田仁史

　鹿憶鹿女史が新たな境地に到達された。そう思わせる研究書である。

　著者は澎湖諸島に生まれ、読み書きを知らない母方の祖母と、子ども思いのやさしい母から愛情を受ける一方、小学校教師の父により、胡適やフローベール、ゲーテらの文学世界へと導かれた（本書 5 頁）。王孝廉氏や馬昌儀女史らを師として神話を学び、研究をすすめてきた彼女は現在、東呉大学中文系で教授を務めている。先に著した『洪水神話——中国南方民族と台湾原住民を中心に』［鹿 2002］ではまだ、文学として神話をとりあつかう姿勢が顕著であった。しかし本書『粟種と火種——台湾原住民族の神話と伝説』においては、神話を語りつたえてきた人々の生活と、そこに由来する思考のあり方にできる限り迫りたいという、人類学的な視点が強くなっている。新たな境地とは、そういう意味においてである。

　著者の研究のこうした展開には、3 つほどの背景を考えることができるだろう。第 1 に、日本統治時代に公刊された報告書・民族誌の類が続々と中国語に翻訳・出版されて、ひろく利用できるようになったこと。とりわけ故・楊南郡氏の孤軍奮闘ともいうべき努力により、伊能嘉矩・鳥居龍蔵・森丑之助・鹿野忠雄といった先駆者たちの著作のみならず、『台湾高砂族系統所属の研究』などの古典的大著も、豊富な注釈とともに中国語訳されたことの意義は大きい。また『番族慣習調査報告書』・『蕃族調査報告書』の全 16 冊も、中央研究院民族学研究所による中訳版が完結をみた。本書ではこれらが存分に活用されている。

　第 2 点として、故ボリス・リフチン氏の存在が挙げられる。ロシア科学アカデミー世界文学研究所アジア・アフリカ文学部門長を務めた彼は、台湾にもしばしば滞在し、原住民の神話伝承を比較研究して、その成果を『神話から怪談へ——台湾原住民の神話伝承の比較研究』［李福清 1998、増訂本は 2001］として出版した。一読して評者が受けたのと同じ衝撃を、鹿

女史もまた体験したものと思われる。そのことは、

　　　　とくに注意すべきことは、原住民族によく見られる洪水神話・火種神話・粟種神話・
　　　ネグリート神話というモチーフを、リフチンがまだ比較していないことである。彼は
　　　原住民における神聖な粟の文化・信仰もまだ掘り下げて研究してはいないし、洪水後
　　　に火を得るという、原住民族に特有な神話プロットも、まだ比較の対象とはしていない。
　　　筆者（鹿憶鹿——山田注）が本書で論じることの一部は、リフチン氏が私にその機会
　　　を与えてくれたようなものである。彼は、研究の空白地帯をいくらか残してくれたの
　　　である（18頁）。

という一節から、推察される。
　リフチン氏は、幅の広い学者であった。プロップ流のロシア型構造主義、北欧流の歴史地
理学的方法、そして人類学の豊富な成果を組み合わせて、台湾原住民の神話比較を高い水準
に引き上げたと言える。それに影響を受けた著者が人類学的な方向を目ざしたのは、自然な
流れであっただろう。
　もと文学畑の彼女はこのようにして、フィールドへも足を踏み入れた。これが背景の第3
である。すなわち台湾各地の原住民集落において、粟の耕作と儀礼を自ら観察し、粟ごはん
を食べ、少しは粟酒も飲みながら、人々と語り合う中で、著者は「研究室の外には、広大な
学術世界が開けていたのだ。研究をするには人とつながり、文化に根ざさねばならない」（56
頁）との認識にいたったのである。そしてパイワン族のもとで粟の起源神話を採録もしてい
るし（78–79頁）、アミ族において粟を搗く小屋と臼のスケッチも試みた（175頁）。
　現在の原住民社会にふれたことで否応なく気づかざるを得ないのは、神話や信仰の問題が、
まさに今アクチュアルな形で動いている、という事実である。たとえば本書ではパイワン族・
ルカイ族の聖なる壺の問題にふれた箇所において、婚礼用の土器を新たに制作している陶芸
家が紹介される。彼はアミ族の儀礼用土器からもインスピレーションを得て、現代のニーズ
に合った作品を創作しているのである（49頁）。またルカイ出身の作家が記した、粟盗みの
神話も引用されている（81–82頁）。このように、神話などの「伝統」が現代においてどう
解釈され、いかに新たな創造を生んでいるのか、という問題に、部分的ながら目を向けてい
るのも本書の新境地と言えよう。
　さて本書の基本的な枠組みは、書名ともなった作物起源神話と火の起源神話に求められる。

それは、台湾原住民の文化が東南アジア古層の粟の栽培に根ざしていたこと、そして粟こそが彼らの信仰や儀礼や神話の核心にあったという認識にもとづく（21 頁）。よって、これらをあつかった第 2 章「粟種の神話」と第 4 章「火種を得る神話」とが、2 本の柱をなしている。残る 4 つの章は、台湾原住民の神話的思考をさぐる際に重要だと思われるテーマを厳選しており、第 1 章「始祖神話と信仰——石生・蛇生・壺生神話を例として」、第 3 章「洪水神話」、第 5 章「ネグリート（小黒人）の神話」、第 6 章「女人国（女子國）の神話」という構成である。

第 2 章は、故・大林太良氏の議論を基盤におく。つまり、オーストロネシア語族の間には死体化生型の作物起源神話が広く伝わっているが、台湾では希薄であり、盗み型の方が圧倒的に優勢だ。これはなぜか。大林氏は、かつて台湾にも前者が分布していたが、のちに後者により駆逐されたと考えた（57 頁）。著者は、中国南方民族においても死体化生型はいまだ駆逐されず、盗み型と並存している所が多い、と独自の見解を述べつつも、最終的な結論は与えていない。ただ、原住民文化にとって粟の有してきた重要性を理解する必要を、くりかえし説いている（118–119 頁）。

第 4 章では、オーストロネシア語族における火の起源神話を広く紹介した後、台湾原住民族における特徴を 5 点指摘する。つまり（1）火を得る神話はほとんど洪水神話と結合しており、動物ことに鳥類がとりわけ貢献をはたすこと、（2）火を得るのに成功した動物は特別視されていること、（3）火を盗むというプロットはあまり見られないこと、（4）粟の起源神話と火の起源神話はあわせて考察すべきこと、（5）とくにアミ族と他のオーストロネシア語族の神話に共通点が見いだされること、である。そして（4）については、作物と火は料理という媒介項によってつながるという、評者の観点を採用されてもいる（219 頁）。

全体として議論の進め方は慎重である。エッセイの類も多数上梓している著者ならではの、文学的な言い回しも散見するのだが、これまでに提出されてきた仮説や学説を公平に紹介し、いずれかに直ちに偏することなく、かつ重要な問題については即答を避けている。こうした姿勢は本書を、今後ひろく参照されるべき、バランスの取れた好著たらしめている。

世界的に見るなら昨今、ロシアのユーリ・ベリョースキンや米国のマイケル・ヴィツェルといった研究者たちが、人類史上における神話の発生と伝播、移動と分布について幅広く論じている［ベリョースキン 2012、ヴィツェル 2014］。そうした刺激も受けながら、昨年には日本国内でも、拙著も含め神話・神話学の入門書が 3 冊刊行された［後藤 2017、篠田 2017、山田 2017］。台湾の学者による大きな寄与が加わったことを心から喜び、今後の展開

を期待したい。

文献

ベリョースキン、ユーリ（Berezkin, Yuri）

 2012　「環太平洋における日本神話モチーフの分布」山田仁史訳、丸山顕徳編『古事記——環太平洋の日本神話』（アジア遊学；158）：25–41、東京：勉誠出版。

後藤明

 2017　『世界神話学入門』（講談社現代新書；2457）東京：講談社。

鹿憶鹿（Lu, Yilu）

 2002　『洪水神話——以中國南方民族與台灣原住民為中心』（大專院校通識叢書）台北：里仁書局。

李福清（Riftin, Boris）

 1998　『從神話到鬼話——台灣原住民神話故事比較研究』（台灣原住民系列；26）台中：晨星出版。

 2001　『神話与鬼話——台湾原住民神話故事比較研究』増訂本（文学人類学論叢）北京：社会科学文献出版社。

篠田知和基

 2017　『世界神話入門』東京：勉誠出版。

ヴィツェル、マイケル（Witzel, Michael）

 2014　「神話の「出アフリカ」——比較神話学が探る神話のはじまり」井上順孝編『21 世紀の宗教研究——脳科学・進化生物学と宗教学の接点』85–122、東京：平凡社。

山田仁史

 2017　『新・神話学入門』東京：朝倉書店。

台湾原住民研究第 22 号
2018 年 11 月 20 日

『垃垃庫斯回憶——我的父親高一生與那段歲月』

高英傑著

玉山社、2018 年、261 頁、ISBN978-986-294-203-1

宮岡真央子

　本書の著者・高英傑氏（Yavai Yatauyongana、1940-）は、ウォグ・ヤタウヨガナ（Uongu Yatauyongana、漢名：高一生、日本名：矢多一生、1908-1954）の次男、第 5 子にあたる。20 世紀の原住民族／ツォウを代表する知識人、音楽家、政治的指導者であったウォグ・ヤタウヨガナが突然逮捕されたのは、1952 年、著者が 11 歳の時であった。著者はその後に台湾省立嘉義師範学院（現国立嘉義大学）を卒業し、嘉義県内の小学校で 42 年にわたり教鞭をとり、音楽教育でも大きな貢献を果たしてきた。2003 年に退職後、「わたしが心の中で認定する 3 つの時代（日本統治期・戒厳令期・現在の自由民主期）の個人と家族の境遇を、子や孫にきちんと理解させたい」という思いから、自身の成長過程を少しずつ書き溜めてきた。その随筆 92 篇をまとめたのが本書である（「自序」13 頁）。以下では、著者を筆者がいつも呼ぶように「高英傑先生」と記したい。

　1994 年以降、高一生に関する資料の発掘、公表、研究が重ねられてきたが、その基礎となる一次資料——高一生の遺した手紙や文書類の多くは、高一生の遺族が提供した。爾来多くの研究者が高一生の生涯や思想、彼を捕え処刑した政治権力や時代状況について論じ、高一生の無罪、先見性、民族自治構想などは広く知られるところとなった。2005 年には天理大学の下村作次郎教授を中心に「高一生（矢多一生）研究会」が組織され、高英傑先生は顧問として、東京在住の六女・馬場美英さんは会員として参加した。会誌『高一生（矢多一生）研究』全 10 号（2005-2008 年）には、高英傑先生による随筆の翻訳、馬場美英さんの日本語による論考が多数掲載されている（その後 2013 年草風館刊の下村作次郎・孫大川・林清財・笠原政治編『台湾原住民族の音楽と文化』には、それらをもととする随筆や論考が収録された）。2008 年には同大学で「高一生（矢多一生）生誕 100 年記念国際シンポジウム」が開

催され、高英傑先生、馬場美英さん、四女の高春英さん、六男の高英洋さん、トフヤ社有志が参加し、前日天理市文化ホールでの「春の佐保姫　高一生記念音楽祭」にも出演した。またその後、高英傑先生は台湾の舞踊劇団「原舞者」による高一生を主題とした舞台「杜鵑山的回憶」（2008 年）、「廻夢 Lalaksu」（2011 年）に出演し、後者では高一生役を演じたという（本書周婉窈「推薦序」8 頁）。しかし、高英傑先生自身が中国語の文章で、台湾の人々に向けて、このようにまとまった形で父高一生について著わすのは、本書が初めてのことである。刊行された 2018 年は、ちょうど高一生の生誕 110 年にあたる。

　書名を和訳すれば「ラクスの追憶――私の父・高一生とあの歳月」となろう。「ラクス」とは、ツォウ語でラクス laksu（つつじ）がたくさん生える場所、という意味で、現在の阿里山郷達邦村トフヤ社の東方、阿里山山脈の自忠山の麓を指し、ヤタウヨガナ氏族が伝統的に猟場とし、トフヤの人々が耕作地として利用してきた土地である（20 頁）。高一生は、生前に多くの歌をつくりのこした。その一つが「つつじの山」（中訳名：杜鵑山）である。馬場美英氏は『高一生（矢多一生）研究』第 3 号（2005 年）掲載の論考「高一生（矢多一生）からのメッセージⅡ――「最期の手紙」と『つつじの山』」で、この歌について、獄中で自分が故郷へは二度と戻れないことを悟った高一生が自身に宛てた「最後の手紙（歌）」であり、家族や故郷の人々への「最後のメッセージ」であると論じている。ラクスとは、高一生の故地であり、著者にとっては父とともに幼少期を過ごした阿里山の村の生活そのものをさすものと理解してよいだろう。

　本書には、『高一生（矢多一生）研究』や『台湾原住民族の音楽と文化』で日本語に翻訳・掲載された随筆もある一方、新たに書き下ろされたものも数多く、内容は父高一生に関する回想にとどまらない。幼少時に村で起こった出来事や笑い話、ツォウの文化的慣行、日本統治期や戦時下の状況、二二八事件当時の様子、キリスト教の布教、平地の学校での経験など、多岐にわたる。そしてそれらのなかに父の被逮捕、家族への手紙や歌、父亡き後の一家の生活が静かな筆致で綴られる。著者撮影の風景写真や、高家に残された家族写真なども多く収められる。

　大変な悲運と辛苦を経験されてきた高家の人々は、みな一様に穏やかで朗らかで優しい。高英傑先生の文章にはそれがよく滲み出ているのだが、同時にそこには深い悲哀も横たわり、「つつじの山」の物悲しいメロディーを彷彿とさせる。残念なことに、ここ数年で高家の長女高菊花さんをはじめ、3 人のごきょうだいがこの世を去られた。本書は、白色テロの受難者である高家の経験を記した書だが、ツォウ／原住民族／台湾の人々の歩んだ近現代史とし

て読むこともできる。読後には無念さと悲しみが残る。この消えることのない無念さと悲しみに向き合い、書き記し、世に問うた高英傑先生の勇気とご尽力に、心より敬意を表したい。そして、本書が多くの人に読み継がれることを心より願うものである。

[付記]

　本書所収の写真には「宮岡真央子提供」と注記された5枚が含まれる。そのうち27頁上段の1枚は、日本順益台湾原住民研究会編著『伊能嘉矩所蔵台湾原住民写真集』（順益台湾原住民博物館、1999年）158頁の図版56を出典とする。27頁下段、37頁上・下段、38頁の計4枚は、山路勝彦氏所蔵の『河合鈰太郎博士写真帖』所載の写真である。

『台湾原住民族部落事典』

林修澈主編

原住民族委員会（発行）・2018 年・ISBN 978-986-05-5817-3・1000 元（新台幣）・791 頁

松岡　格

　2018 年 6 月に、政治大学原住民族センター（ALCD）による『原住民族部落事典』（編集：ALCD、発行：原住民族委員会）が刊行された。

　この事典の特徴は、何と言っても、原住民族の「部落」とは何か、ということを多元的な指標を用いて、極めて具体的に示していることである。

　「部落」とは、ごく簡単に言えば、原住民達が生まれ育った集落のことを指している。周知のように、原住民族にとって部落というのは生活の出発点であり、コミュニティであり、政治の起点でもある。少なくとも前近代の国家による統治が原住民族居住地域に及ぶまでは、この部落が自立した政治共同体であったと考えられる。現在台湾では原住民族による民族自治実現への道が模索されているが、例えば原住民族の統一された政治共同体が（近代国家の台湾到来以前に）存在したかと言われれば、そういうわけではない。しかし、規模は小さくても、数多くの部落が自律的な政治共同体として（台湾の面積の半分近くを占める「山地」に）存在していたと考えることができる。

　したがって部落というのは、原住民族の文化・社会について考える際の欠かせないキーワードと言える。しかし、抽象的にそのようにまとめられるとしても、部落とは何かということを具体的に説明するとなると、そう簡単なことではない。

　これに対して、『部落事典』では、台湾原住民族の部落一つ一つについて、わかりやすく具体的な情報で説明している。それぞれの部落について、その位置を各縣・郷・村レベルの地図や GIS 位置情報などで示すとともに、部落の名称（漢字および部落名の母語ローマ字表記）、部落の行政区分を示すシリアルナンバー、部落の主体となる民族、使用言語、居住戸数、人口データ（総人口、原住民族人口比率、民族の比率）、部落に所在する公的機関等

の名称（学校、図書館、派出所、教会等）、部落の移住歴、歴史事件などの情報を提供している。また各村の保留地、林業地のデータなども掲載している。原住民族行政従事者に限らず、誰にとっても使い易いような、非常に行き届いた設計になっている。

　このような情報項目構成は、一つには、災害時など実務的用途の要請に応えたものである。この点については本書の序で原住民族委員会主任委員（イチャン・パルー氏）も触れている。例えば GIS による位置情報の明示などがその例である。こうした正確な情報があれば、災害救助時に、被災部落の特定までの時間を短縮することが期待できる。

　中には、データ自体が資料として有用、という項目もある。それが例えば各部落の人口データである。本事典では、全ての部落について統一した時点（2016 年 4 月 30 日）での人口データを示しているが、このようなデータは他では手に入りにくい。ALCD だからこそ入手できたデータであり、逆に言えば、多くの人にとっては、この『部落事典』でしか入手できないデータと言える。

　ALCD 編纂の独自性が最も表れているのは、部落毎の使用言語項目であろう。各部落において「何語」が話されているか、というデータは、長年母語教材の編纂に携わってきたALCD だからこそ責任をもって示せる点であり、他の研究機関には真似できないところである。

　他にも「ALCD らしい」目のつけどころ、というのがある。例えば、部落の地図に「隣」の違いを書き込んだことが挙げられる。この「隣」は台湾の行政区画のうち、「村」をさらに分けた区画区分である。外から見れば「かなり細かい区分け」ということになるが、これは場合によっては、一つの部落の中に存在する異なる民族の住み分けを示す目安となる。あるいは同じ民族でも移住時期による違い、元部落の違いなどがこの「隣」の違いに反映される場合もある。

　このような項目構成のあり方については、本書の「凡例」に続いて掲載されている「部落概論」で詳細に説明されている。この「部落概論」は同時に『部落事典』の理論的枠組みを示しているものであり、特に研究者は読むべきところであると言える。

　さて、今後の原住民社会のあり方を考えるに当たって、一つポイントとなってくるのは、『部落事典』でも示されている部落の数である。『部落事典』では 746 の部落について、以上のような詳細な情報を示している。

　この 746 の部落の構成というのは、行政院原住民族委員会の認定した「核定部落」（公認部落）の情報に基づいている。この事典に掲載されている部落の名称等もこの公認部落の情

報にもとづいている。一例だけ、この事典編纂の過程で部落の構成が変更されたところがあった（3部落から1部落に統合）。しかしこの変更も後に「核定部落」一覧に反映されているので、現時点では両者（「核定部落」一覧と部落事典）の部落数は746で一致している。

　したがって、その問題（「核定部落」が残している問題）を引き継いでいる部分もある。例えば、部落の主要構成民族と部落名の母語表記は異なっているにもかかわらず、部落の漢字名が重なってしまっているという例がある。あるいは逆に、漢字名は異なっているが、部落の母語名が重なっているという場合もある。また母語表記自体も、非統一なところが散見される。いずれも運用上の問題を引き起こしかねないということで、今後の課題となるようだ。

　このような形で台湾原住民族の部落全てを一覧できる事典が出版されたということは、それ自体が歴史的事件と言ってもよいだろう。

　このように部落のなんたるかを示す、というのは原住民族自治に向けた動きでもある。というのも行政レベルの上のレベル（例えば縣・郷レベル）での自治が台湾社会内で壁に突き当たる中で、原住民族は部落公法人（法人〔公法人〕としての部落）レベルからの、下からの民族自治の実現を目指しているからである。この部落公法人路線の民族自治自体も、まだ具体的な実現のタイムスケジュールは見えていないようではあるが、まずは部落がなんであるか、をこのように示すことは、その実現に向けた第一歩とみることができるであろう。

　原住民族社会の変遷過程から考えても、部落を出発点として、下からの民族自治を目指すことは正統な路線であると言える。ただ、それにはそれなりの困難がある。台湾の行政体系の中で法人としての部落と、既存の地方行政体系との関係をどのように位置づけるのか、運用上の行政権限の振り分けをどうするのか、など課題が山積みであると言える。

　こうした行政上の改革を進めるという点から言っても、「部落」を何たるかを確定しなくては何も始まらない。原住民族委員会によって「核定」された「部落」を法人として見なしていくにあたり、見直しなどの動きが出てくる――部落の数が再び変わる――ことはあり得るし、実際にもう出てきている。そのような変化の可能性は否定できないが、まずは政府によって「核定部落」が確定され、『部落事典』にて具体的な形が誰の目から見ても明らかな形で示されたことは、大きな一歩と言えるだろう。

［謝辞］本稿の執筆にあたっては、主編者の林修澈先生や主任の黄季平先生をはじめとした原住民族研究センターの皆様にご協力いただいた。この場をお借りして、厚く御礼申し上げたい。

彙報

研究会の開催

◇ 2017 年度第 2 回日本順益台湾原住民研究会

開催日：2018 年 3 月 16 日（金）

時間：13：30 ～ 17：30

開催場所：国立民族学博物館第 3 セミナー室

プログラム：

13：30 ～ 14：50　「プユマの占い鳥をめぐる情報の個人差」蛸島直

14：50 ～ 15：30　特別展観覧

15：30 ～ 16：30　「卑南学簡解」林志興・王勁之

16：30 ～ 17：30　「最近の展示会情報」宮岡真央子、山本芳美、野林厚志

参加者（敬称略）：

魚住悦子、王勁之、大谷青渚、岡田紅理子、小川正恭、荻原まき、笠原政治、紙村徹、小林万里絵、スコット・サイモン、清水純、末成道男、竹井恵美子、蛸島直、田本はる菜、野林厚志、原英子、松岡格、松澤員子、皆川隆一、宮岡真央子、森口恒一、山田仁史、山本芳美、尤騮、林志興、呂怡屏（27 名）

◇ 2018 年度第 1 回日本順益台湾原住民研究会

開催日：2018 年 9 月 17 日（土）

時間：14：00 ～ 17：30

開催場所：日本大学経済学部 7 号館 7 階 7072 教室

プログラム：

14：00 ～ 15：00　皆川隆一「鳥居龍蔵写真調査ノート④：データーベース №7238「鳥居龍蔵と雅美族の船」について

15：00 ～ 15：15　質疑

15：25 ～ 16：10　山本芳美「公文書から考察する「プユマの女性頭目 陳達達」」

16：10 ～ 16：25　質疑

16：35 ～ 17：30　笠原政治「原住民事典作成計画について」（検討事項）

参加者（敬称略）

乾尚彦、小川正恭、笠原政治、紙村徹、清水純、末成道男、角南聡一郎、土田滋、新居田純野、荻原まき、原英子、松岡格、山西弘朗、山本芳美（14名）

研究会への参加

◇第10回台日フォーラム

　日程：2017年9月4日（月）～9月5日（火）

　テーマ：「大趨勢（メガトレンド）」

　場所：国立政治大学 研究・創新育成総合センター

　主催：国立政治大学原住民族研究センター

　後援：原住民族委員会、教育部、国立政治大学研究発展処

　日本からの参加会員（敬称略）：

　笠原政治、野林厚志、清水純、紙村徹、森口恒一、石村明子、山本芳美（7名）

　＊参加報告は本号に掲載。

機関誌の発行

◇『台湾原住民研究』21号

　編集：日本順益台湾原住民研究会『台湾原住民研究』21号編集委員会

　発行年月日：2017年11月20日

　発行：株式会社風響社（東京）

　頁数：258

　定価：3000円＋税

執筆要領
（2012/11/20 改訂）

1 投稿資格

　台湾原住民の学術研究に関心を持ち、順益日本台湾原住民研究会の研究活動に参加している研究者、または編集委員会より依頼した執筆者による投稿を原則とします。

2 審査

　編集委員会で審査し、掲載の採否を通知いたします。学術誌として一定の水準を保つために査読を行ない、その結果書き直しをお願いすることもあります。原稿は採否に関わらず返却いたしません。

3 字数

　原稿は、寄稿分野に応じて原則として以下のような字数制限を設けます（本文、注、文献等を含めて換算した字数で、範囲がないのは上限の字数です）。なお、本誌には A5 判に 40 字 ×30 行で印刷されます。

　①論文　　2 万字〜 3 万 2000 字

　②研究ノート　　1 万 2000 字〜 2 万 4000 字

　③資料　　2000 字〜 1 万 6000 字

　④報告　　2000 字〜 8000 字

　⑤書評　　4000 字〜 8000 字

　⑥書籍紹介　　上限 2000 字程度

　⑦エッセイ　2000 字〜 6000 字

　⑧コラム　上限 2000 字程度

　⑨その他

4　投稿形式

【本文】原則としてワードファイルとし、Ｅメールの添付ファイルとしてお送りください。なお、その際、本会ホームページ（8参照）の「ひな形」を用いて作成し、「入稿フォーム」も同時に電子ファイルとし、Ｅメールに添付してお送りください。

【図表】本文には貼り付けず、別のファイルに保存し、Ｅメールの添付ファイルとしてお送りください。本文ファイル中に挿入箇所を指定してください。フォントはソフト標準の明朝体 10 ポイントを基本とします。なお、図でやむをえず手書き・コピーなど紙の原稿となる場合は、なるべくきれいなものを郵便にてお送りください（例えば1頁大の場合、Ａ4用紙に 10 ポイント程度の文字で作成してくださると、縮小してほぼ適当な大きさになります）。また、電子ファイルの容量が大きすぎて送信できない場合は、ＣＤとハードコピーを編集委員会あてに郵送してください。

【写真】本文には貼り付けず、1枚ごとのファイルとして保存してください。形式は、原則としてＪＰＧファイル（解像度は、長辺 120 ミリ以上、精細度 300 ｄｐｉ以上）の形式で、Ｅメールの添付ファイルとしてお送りください。プリントの場合はカラー・モノクロともサービスサイズ程度とし、やむをえずポジを原稿とされる場合には適宜厳重な包装でお送りください。いずれも、通し番号を付し、本文プリントアウトに挿入箇所を指定し、キャプションを別ファイルで付してください。なお、写真は必要最低限の枚数としていただくようお願いいたします。

【外字・中文等】和文フォントで出ない文字を中文フォント・今昔文字鏡等で置き換えた場合は、その旨メモしてください。また、どうしても出ない文字やご自身で作成された外字は全て■で置き換えて、プリントアウトに手書きで鮮明に注記して郵送されるか、または手書き原稿をスキャナで読み込んだものをＥメールでお送りください。

5　校正

校正は著者校正、初校のみとなりますので、頁に影響が出るような加筆訂正には対応できません。字句の訂正のみに留めてください。

6　掲載料

掲載に関わる原稿料、掲載料はありません。掲載原稿に関しては 1 件につき完成本を 1 冊差し上げます。抜き刷りは作成いたしません。

7　原稿送付先

『台湾原住民研究』第 23 号の原稿および入稿シートの送付先アドレスは、以下のとおりです。

　　　shimizu.jun@nihon-u.ac.jp

なお、電子ファイルで送れないものについては下記の宛先に郵送してください。

〒 101 － 8360

東京都千代田区三崎町　1-3-2

清水純研究室気付

『台湾原住民研究』23 号編集部　宛

8　その他

本執筆要領および執筆細目は本会ホームページにも掲載しております。また、原稿の「ひな形」ファイルおよび「入稿フォーム」ファイルも同ホームページからダウンロード出来ますので、ご利用ください。本会ホームページのアドレスは次のとおりです。

http://www.fukyo.co.jp/08-taiwan.html

・上記にあげた規定外の投稿形式をご予定の方は編集委員会にご相談ください。
・本誌に発表されたものを転載する場合は、編集委員会にご一報ください。

執筆細則

1　構成

論文の場合は、はじめに・第一節……・おわりに・注・参考文献、を基本型とします。

2　見出し

節、小見出しの２階層を原則としますが、その下に細目（１階層）を付すことも可。

3　引用参照文献の表示

本文中および注の文中に［著者名　刊行年：頁数］を入れ、同一引用が重なってもこれを繰り返してください。［］は日本語、欧文文献に関わらず全角のものを用いてください。

4　注

注は後注とし、本文中には全角で（注１）（注２）のように入れてください（もしくは、ワードの注機能を使用されていても結構です）。

注の本文は、（１）○○○○……。（改行）とし、特に長いもの以外は本文の改行は不要です。

なお、字下げなどでスペースを入れて形を整えることは決してしないでください。また、（）は全角もの、数字は半角ものを使用してください。

5　写真・図表

写真のキャプションは、通し番号、説明文（必要なら撮影地、撮影年月日、撮影者）とし、プリントの場合には裏に通し番号を記入してください。

図表にも、図１、図２、表１、表２のように通し番号を入れ、表題を付けてください。

また、図表をパソコンで作成された場合には、必ず本文とは別ファイルにし、電子ファイルとして、Ｅメールに添付してお送りください。容量が大きい場合は、プリントアウトとともに、作成ソフトを明記の上、ファイルをディスクにコピーしてお送りください。

6　特殊な言語の表記

　最終的に Macintosh 上で編集して出力します。Mac で入力できる方はファイルにそのまま入力してください。ウィンドウズをお使いの方もＯＳ附属の他言語には対応いたします。それ以外の特殊言語をお使いの方は、ご相談ください。

7　文中の数字

　年号を表記する場合は、2007（平成 19）年もしくは平成 19（2007）年、の形式とし文中で統一してください。計量数字は、13 万 4200 人、3500 メートルなどのように、コンマを用いない方式とします。

8　欧文

　欧文表記はスモールキャピタルを使用せず、N. Matsumoto のようにしてください。イタリックはプリントアウトに下線で注記してください。固有名詞は頭文字を大文字、普通名詞は小文字とします。

9　外字・特殊文字

　ワープロ等で作成した外字は全て文字化けの原因となりますので、■に置き換えてください。

10　文献目録

　論文末に一括して入れてください。配列は日中英の著者名のアルファベット順もしくは50 音順とします。記載は、

　　　著者姓名（改行）
　　　刊行年、「論文名」『誌名または書名』巻号、頁数、出版地：出版社（改行）

の順とします。
　なお、字下げのため、あるいは 1 件の文字数が多くなっても、決してスペースを入れて体裁を整えるようなことはしないでください。

11 要旨とキーワード

論文には、400 字以内の日本語で要旨をつけてください。また、論文、研究ノート、資料にはそれぞれ 5 語以内でキーワードを付記してください。

注記：以上は人類学の通常の論文を想定した内容です。歴史学その他で学界のルールが異なる場合には、その旨お知らせの上、そのルールに従ってください。また、ご不明の点、疑問点はなるべく早期に調整したいと思いますので、編集委員会にご相談ください。

付

（入稿フォームの内容）

【執筆者事項】

1）名前（和文表記・英文表記：どちらもお書きください）

2）所属・肩書き

3）住所

4）電話

5）ファックス

6）メールアドレス

7）長期ご不在の予定がある場合は、期間とその際の連絡方法

【原稿事項】

8）和文タイトル（サブタイトルを含む）

9）英文タイトル（論文、研究ノート、資料、報告の場合に記入してください）

10）寄稿分野（論文、研究ノート、書評など）

11）原稿枚数（字数）

12）写真・図・表の有無（有の場合、それぞれの点数と原稿形式）

13）ファイル形式（ひな型以外を用いた場合）

＊　寄稿分野については変更をお願いする場合がございます。

＊　写真は必要最低限の枚数として下さい。

編集後記

　本誌は今回で 22 冊目の刊行となります。台湾原住民研究会による刊行物として独自の
スタートを切って以来、今日まで年 1 冊のペースを崩さず刊行できたことは、原稿を寄せ
てくださった皆様の熱意のおかげと感謝しています。

　22 号の刊行にあたり、前編集長の笠原先生が目標として繰り返し言及されてきたある
雑誌のことが思い出されます。戦前、植民地下の台湾で刊行されていた『南方土俗』です。
この学術雑誌には、当時台湾に赴任していた研究者たちによる台湾原住民の民族学・人類
学・言語学・考古学などの研究報告が多数掲載されています。『南方土俗』は昭和 6 年に
台北で創刊されてから、昭和 18 年の最終号まで、13 年間にわたって合併号も含めてちょ
うど 22 冊が刊行されました。戦時情勢下の厳しい研究環境によるさまざまな制約を受け、
当時の研究者たちが思うように現地調査や研究ができなくなっていく時代を背負ってはい
ましたが、台湾原住民に関する貴重な現地報告や情報は、今なお学術的な価値を失ってい
ません。フィールドデータを重視することは、本誌における基本的な姿勢でもあり、その
意味では、かつて『南方土俗』の編集に集った研究者たちの考え方に連なるものがありま
す。今号をもって本誌が『南方土俗』と同じ数の号数にまで到達したことは、笠原先生が
強調されるように確かに私たちにとって一つの節目であるといえるでしょう。今は平和な
時代であるとはいえ、本誌 22 号までの積み重ねが簡単ではなかったことを考えれば、お
そらく『南方土俗』22 冊の編集にあたった研究者たちもさまざまな努力と模索の過程を
繰り返していたのだろうと想像されます。先人たちになんとか追いつき、来年度以降は数
の上で『南方土俗』を追い越すことになります。今後のさらなる歩みを進めるため、本誌
を滞りなく次の世代につなげていきたいと考えています。(J・S)

22 号編集委員会名簿（アイウエオ五十音順）

石垣　　直	小川　正恭	清水　　純（編集委員長）
原　　英子	松岡　格	宮岡真央子
山田　仁史	山本　芳美	

執筆者紹介（掲載順、2018 年 11 月 20 日現在）

蛸島　直	愛知学院大学文学部・教授
尤　驍	神戸大学大学院国際文化学研究科・博士後期課程
森口恒一	静岡大学・名誉教授
浅井恵倫	台北帝国大学文政学部・元教授
清水　純	日本大学経済学部・教授
山本芳美	都留文科大学・教授
宮岡真央子	福岡大学人文学部・教授
原　英子	岩手県立大学盛岡短期大学部・教授
山田仁史	東北大学大学院文学研究科・准教授
松岡　格	獨協大学国際教養学部・准教授

台湾原住民研究　第 22 号

2018 年 11 月 20 日発行

編集　日本順益台湾原住民研究会
東京都千代田区三崎町 1-3-2
日本大学経済学部清水研究室
編集代表　清水　純

発行　株式会社　風響社
東京都北区田端 4-14-9
TEL：03-3828-9249

印刷所　モリモト印刷